交通项目评估

主　编　何　南
副主编　董美霞　王志远　杨大鹏

西南交通大学出版社
·成都·

图书在版编目（CIP）数据

交通项目评估 / 何南主编. —成都：西南交通大学出版社，2022.7
ISBN 978-7-5643-8716-7

Ⅰ.①交… Ⅱ.①何… Ⅲ.①交通工程 – 基本建设项目 – 项目评价 – 高等学校 – 教材 Ⅳ.①F502

中国版本图书馆 CIP 数据核字（2022）第 096533 号

Jiaotong Xiangmu Pinggu
交通项目评估

主　编 / 何　南　　　　　责任编辑 / 宋浩田
　　　　　　　　　　　　封面设计 / GT 工作室

西南交通大学出版社出版发行
（四川省成都市金牛区二环路北一段 111 号西南交通大学创新大厦 21 楼　610031）
发行部电话：028-87600564　　028-87600533
网址：http://www.xnjdcbs.com
印刷：成都蜀雅印务有限公司

成品尺寸　185 mm × 260 mm
印张　17.5　　字数　368 千
版次　2022 年 7 月第 1 版　　印次　2022 年 7 月第 1 次

书号　ISBN 978-7-5643-8716-7
定价　49.00 元

课件咨询电话：028-81435775
图书如有印装质量问题　本社负责退换
版权所有　盗版必究　举报电话：028-87600562

前 言
PREFACE

交通项目评估是一门将多学科知识交叉应用的课程，是在学生学习掌握交通、技术、财务、经济、社会、环境等多学科理论知识的基础上，将所学知识灵活应用，从而实现面对交通项目复杂工程问题时，能够设计解决方案，实施数据收集，构建理论模型，分析结果，进行综合评估。通过本门课程的学习，理解和应用需求预测方法、技术设计方法、财务测算方法、经济决策方法、社会评估方法；面对不同项目设计方案，培养学生的系统思考能力，以使学生正确认识交通运输工程实践对环境和可持续发展的影响，能够针对运输组织和规划设计解决方案进行多角度评估。

教材的编写思路来源于授课，将课程中的所学、所想、所讲、所闻、所感、所喜书写为教材，为交通运输专业、交通工程专业的学生贡献绵薄之力。"项目评估如做人，有依有据免出错"。本课程结合教学过程，根据教学特点，设计了章节导读、课前案例与游戏、案例剧本、调研报告，以使学生可以多维度学习，使学生与教材交流，培养学生的学习兴趣，实现学生通过教材达到自主学习的目的。

本教材由大连交通大学何南（交通运输工程学院）、董美霞（经济管理学院）、王志远（交通运输工程学院）、杨大鹏（机械工程学院）编写。其中第一章、第二章、第六章、第七章、第八章由何南编写，第三章由杨大鹏编写，第四章由董美编写，第五章由王志远编写。特别感谢王孝坤（经济管理学院）、冯晓静（交通运输工程学院）两位老师在教材编写过程中给予的支持。

由于编者水平及编写时间与篇幅有限，书中难免存在一些错误和不足之处，敬请广大读者斧正。

何南
于大连
2022 年 5 月 4 日

目 录
CONTENTS

第一章 交通项目评估概述 ………………………………………………………… 1
引言 趣味案例，写在课前 ………………………………………………… 2
第一节 交通项目相关概念 ………………………………………………… 9
第二节 交通项目评估及其相关概念 …………………………………… 15
第三节 项目周期中各阶段的评估工作 ………………………………… 21
第四节 总结与作业 ……………………………………………………… 30

第二章 运输需求预测 ………………………………………………………… 33
引言 趣味案例，写在课前 ……………………………………………… 34
第一节 市场分析概述 …………………………………………………… 37
第二节 运输需求概述 …………………………………………………… 38
第三节 交通调查 ………………………………………………………… 44
第四节 运输需求预测方法 ……………………………………………… 48
第五节 总结与作业 ……………………………………………………… 78

第三章 交通项目技术评估 …………………………………………………… 81
引言 现实案例，写在课前 ……………………………………………… 82
第一节 项目技术评估概述 ……………………………………………… 84
第二节 交通项目技术评估 ……………………………………………… 99
第三节 总结与作业 ……………………………………………………… 106

第四章 交通项目财务评价 …………………………………………………… 109
引言 趣味案例，写在课前 ……………………………………………… 110
第一节 财务评价基础知识 ……………………………………………… 112
第二节 交通项目财务评价的内容和步骤 ……………………………… 127

第三节　交通项目财务评价的基础数据·································133
　　第四节　交通项目财务评价报表和评价指标·························150
　　第五节　总结与作业···157

第五章　交通项目经济评估···161
　　引言　趣味案例，写在课前···162
　　第一节　交通项目经济评估概述··163
　　第二节　交通项目经济费用与效益的识别·······························168
　　第三节　交通项目经济费用和效益的调整与估算·······················173
　　第四节　交通项目经济评估基本报表与指标·····························190
　　第五节　总结与作业···193

第六章　交通项目社会评估···195
　　引言　趣味案例，写在课前···196
　　第一节　社会评估的基本内涵··199
　　第二节　交通项目社会评估概述··203
　　第三节　环境评估概述··207
　　第四节　交通项目环境评估··213
　　第五节　总结与作业···217

第七章　交通项目不确定性分析···219
　　引言　趣味案例，写在课前···220
　　第一节　不确定性分析概述··221
　　第二节　盈亏平衡分析··223
　　第三节　敏感性分析···227
　　第四节　概率分析··232
　　第五节　总结与作业···236

第八章　交通项目后评估 239
引言　趣味案例，写在课前 240
第一节　项目后评估原理与方法 241
第二节　项目持续性评价概述 250
第三节　综合评价方法 253
第四节　总结与作业 269

参考文献 271

第一章

交通项目评估概述

章节导读：

　　欢迎来到本书的第一章，在开启这段旅程前，请你认真思考一个问题：你期望从本书的学习过程中获得什么呢，给自己定个目标吧。

　　我们先不用管这章要讲的概念，而是先尽兴玩起来，但同时也要带着思考融入其中。"玩得有多投入，这章内容就会学习得有多好"。悄悄告诉你开启本章的魔法口诀：标准。章节中涉及的概念请带入到案例和游戏中进行理解。千万不要忘了学习课后内容。

引言　趣味案例，写在课前

一、课前游戏（玩在课前）

　　谁是数7王者？你是数7高手吗？哪个同学可以赢得数7游戏？

　　游戏总体流程：

　　（1）你是游戏者：观察所有参与游戏的人，你认为谁会获胜？写出评判依据。在游戏结束后，对游戏进行总结，以在游戏过程中积累足够经验，然后进行下一次游戏，进行评价总结。

　　（2）你是观赛者：在比赛开始前，请仔细地观察参赛的学生，选择你认为会获胜的学生，并写明选择这名同学的原因和评判依据是什么。并在比赛结束后进行总结，总结内容包括你选择的同学赢了还是输了、原因等。如果再来一次比赛，这次你又认为哪位同学会获胜呢？为什么呢？

　　玩后分析：

　　（1）本游戏总分为3分（大于等于3分的同学按照3分记录），你获得了几分？

　　① 如果你是游戏者，评分标准如下：

　　· 你赢得了比赛，请给自己加上3分；

　　· 请看自己书写的评判标准：有依据的评判加1分，"我认为""我理解""我想"都不加分；

　　· 请看自己书写的总结内容：客观分析了游戏过程的加0.5分，为下一次游戏提出建议的加0.5分。

　　② 如果你是观赛者，评分标准如下：

　　· 如果你猜对了会获胜的同学，请给自己加1分；

　　· 请看自己书写的评判标准：有依据的评判加1分，"我认为""我理解""我想"都不加分；

　　· 请看自己书写的总结内容：客观分析了游戏过程的加0.5分，为下一次游戏提出建议的加 0.5 分。

（2）游戏目标设计。

使学生明白评估不再是原来简单的"我认为，我猜，我感觉"。而是依据什么样的标准设计，为了寻求设定目标（如利益最大化），而进行的研究、分析、评价。而游戏结束后，如何总结经验、下次再战的环节，则体现了持续发展的意义。"如果再来一次游戏，你觉得谁会赢呢？"

（3）游戏过程总结。

① 游戏前：所有参赛学生是"数 7 游戏"可能会获胜的"可行解"，谁最后胜出，就是"最优解"。你如何选择你认为的"最优解"，就是对于每一个可行的选项进行评估，这个评估是有依据的。这样的一个过程就类似于我们要在本章中要讲到的"前评估"。

② 游戏中：如果你是参赛者，你的游戏过程体验好吗？你最初的练习、设计与比赛时的现状是否有差距呢？如果你是观赛者，游戏过程是否顺利进行？有没有突发情况，你选择的选手获得/没有获得第一名的那一刻，你是什么感受呢？你有想过如何帮助该选手获胜吗？这样的一个过程就类似于我们要在本章中讲到的"项目管理"。

③ 游戏后：如果你是参赛者，你的总结内容都写了什么，会对于你下一场的比赛有帮助吗？如果你是观赛者，你的总结内容都写了什么，会改变下一场比赛的人选吗？会把你书写的总结内容告诉参赛者吗？这样的一个过程就类似于我们要在第一章中讲到的"后评估"。

二、课前案例

请看图 1-1，对于这张图要表达的内容你想说点什么吗？如何评价这幅图呢？如果你是驴的拥有者（一对老夫妇），你今后出门时如何选择？是骑驴还是不骑驴？

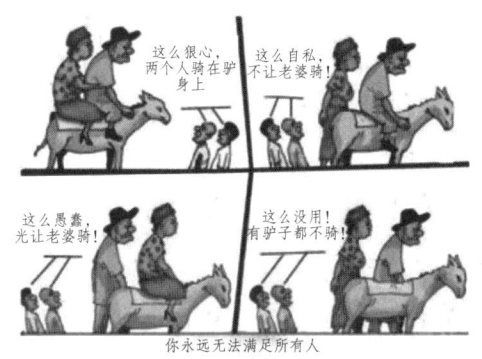

图 1-1 出行的苦恼

这幅图来源于心理学的价值体系，就像该图最下面的一行小字写的一样，"你永远无法满足所有人"，用于告诉大家建立自己的价值评价体系的重要性，这意味着你的价值体系中一定不要丢了自己，不要让他人成为你的人生主导，否则你的人生就会迷茫。

你会如何评价这幅图呢？可能你会说："这有什么好评价的，分情况探讨呗。"那如果你是图中的角色，你会怎么选择呢？你肯定也会结合自己的情况做出自认为合理的选择，也有可能你还在四幅图中徘徊，不知道该选哪一个。有人可能会说："如果我是图中的角色，当路程是短距离时，我想两人牵手走完，那就不用带着驴子；如果这段路程很辛苦，驴子会作为交通工具，那就在想骑驴的时候就骑，不想骑驴的时候就不用骑；如果驴子能够承受两个人的重量，那就可以一起骑；如果不能承受，那就谁累了，谁就骑。"

那么现在如果是让你评估一下是否要购买驴呢？可能很多人迷茫在"评价"与"评估"的异同。有人会说我想买就买，或者更理性的说法是我有这个需求就买。是不是也有人在说，我要是知道买完之后是这图的四种结果，我就不买驴了。因此，在你评估你是否要购买驴的时候，你是在确定驴是否能买得到，驴的价钱是多少，你是否愿意支付价格购买，以及买完驴以后能带来什么效益等一系列问题。

可能你会说："这不还是依人而定嘛？"我认为什么样我会购买，什么样我不会购买。

但如果驴是稀缺的动物，我们需要你的需求达到需求的标准才能购买，需要驴是什么样子时才能购买，而与此同时，在拥有的资产下，你可能想要购买的东西很多，以达到设定目标。你就需要明白驴的价格在什么水平的时候可以购买，以及带来的效益达到多少时才能购买。因此，我们要明确，评估是需要一个标准的，并在购买驴后，为了达到设定目标。如果你购买驴后，要像图中右下方那样不骑驴，也不用它，可能你也不会购买驴了。你可能会说，我都购买了驴，难道退了不成，如果退不成，我猜下次你也会避免去购买一头驴。

综上所述，这样的一个过程就类似于我们要在本章中讲到的"评估内容"。我们要明确评价与评估的含义与区别。评价是指对一件事或人物进行判断、分析后的结论。一般为评价人、事、物的优劣、善恶、美丑、合不合理，是以自我的价值体系、认知为基础的。评估是指根据预定的准则，去衡量方案已有或者将有的效果，以决定其可行性，供选择、改进等，主要以客观准则为标准。这也是为什么是项目评估而非项目评价的原因。如果是评估，就需要知道你是否需要"买驴"，即这个项目是否需要建设。

你可能会说，为何买个驴还要定标准，我们将目光移开漫画创作，回到现实中，其实与漫画类似的交通项目很多，下面我们以公路建设项目为例，来评估一下这个项目是否应该建设。A 城和 B 城坐落在山间，由一条绕山小路相连（如图 1-2 中曲线所示），人们从 A 城到 B 城不仅路途遥远，并且坎坷难走，会花费大量的时间。请问，AB 两城之间是否需要建设一条公路？新建的公路将会减少 A 城和 B 城之间的出行时间。

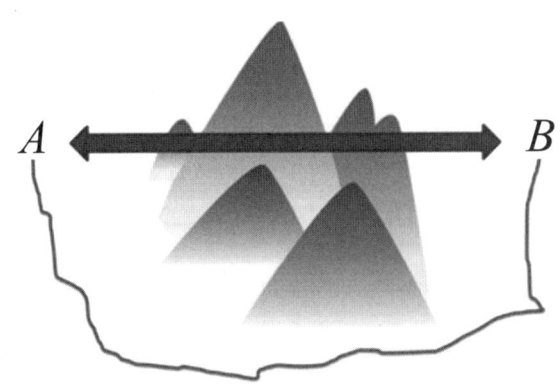

图 1-2　公路建设项目

想必很多人会建议修建 AB 直通的公路,但是,AB 公路项目真的就应该凭直觉建设了吗?如果是这样的话,任意两个城市间如果没有直通公路,是否就需要建设呢?"公路是否建设"的分析过程和"买不买驴"其实是一样的。我们首先需要考虑需求,只有一个人的需求要不要花这么多钱去满足;其次需要考虑技术,这种山间的地形是否适合建设公路;最后需要考虑金钱,即政府有没有钱去做这个项目,这个项目是否会拉动经济的发展。如果公路建设后是免费的,人们会使用公路,但如果公路建设后,需要收取通行费用,又会产生什么影响呢。除此之外,这笔钱用到其他项目上,是否会带来更好的效益?以及项目的建设是否会破坏环境,造成污染等,在现实生活中,这样的例子也是极为常见的,比如高速铁路是否在某城市建设,既有线是否拆除,等等。

综上所述,评估是以目标为依据的,交通项目目标的设定,应该包括交通需求(交通项目的建设满足多少人的需求)、技术(交通项目实施技术是否可行)、财务(交通项目是否会使交通企业盈利)、经济(交通项目是否经济合理)、社会(交通项目是否会影响社会稳定,是否带来环境污染)等方面,我们需要具备系统的思想,在各专业基础知识掌握的基础上灵活应用。而标准的满足一般是在需求、技术、财务、经济、社会方面必须全部满足,在项目评估的过程中,财务方面的标准是可以适当放宽的,其中缘由会在后续章节中讲解。

三、课中案例(剧本杀)

请对郑州陇海路高架桥这个项目进行评估:这个高架桥是否需要建设?这个高架桥建设得好吗?你有什么疑问或建议吗?这么复杂的交通项目要如何组织进行呢?

(一)你的角色:郑州市政府

郑州陇海路高架桥,是中国河南省郑州市境内一座直接贯穿东西、连接高速路的跨线高架桥,是郑州市快速路网体系"环形+井字"中的组成部分。它于 2013 年 10 月 7 日开工建设;2015 年 1 月 26 日开通陇海快速路—新田大道至明理路段,于2015年11月上旬开通陇海快速路—明理路至商都大道段，于2015年11月20日连通北京—港澳高速公路。郑州陇海路高架桥西起新田大道，沿线经过西四环互通立交、西三环立交、京广路立交、中州大道互通立交等，东至北京—港澳高速公路，全长26.5 km，桥面为双向六车道城市快速路，全线在主要路口设40条上下匝道，设计速度为80 km/h。效果图如图1-3所示。

图1-3　郑州陇海路高架桥实施效果图

（二）你的角色：设计单位

郑州陇海路高架桥工程是一项BT（Build Transfer）项目，主线高架桥采用整幅布置跨越路口或规划轨道线；桥全线设置多处上下桥平行匝道（共计34个匝道）。该桥具有梁跨径大、结构轻便、造价低，技术指标高、施工难度大的特点。郑州市陇海路高架跨南水北调特大桥，采用悬臂浇筑施工。其设计参数为：郑州陇海路高架桥路段全长约32.5 km，主线高架桥宽度为25.5～43.5 m，标准段宽25.5 m，加宽段桥面最宽达到43.5 m，标准联为3×30 m、3×33 m；跨越路口或规划轨道线，采用变高度连续梁结构；兴华街路口采用单跨49 m的简支钢箱梁；上下桥平行匝道，桥长146～206.785 m，宽度8 m；标准联为3×30 m、3×33 m；匝道桥梁上部结构均采用预应力混凝土连续箱梁，标准宽度为8 m。主要工程量有桩基2 731根、承台622个、墩身631个（含桥台）、混凝土箱梁138联，钢箱梁13联。

郑州陇海路高架桥在建设过程中，由于郑州市要求所有桥梁结构混凝土质量标准为清水混凝土，因此在桥梁墩柱施工中，施工单位通过改善模板制作及安装工艺、优化混凝土配合比、加混凝土脱模后养护及防护等手段，提高了桥梁墩柱混凝土整体观感质量，并且取得了较好应用效果。该项目进入2018—2019年度第一批国家优质工程奖入选工程名单，被评为国家优质工程金质奖。

（三）你的角色：居民

"这个桥是真的壮观，也是郑州重要的交通要道，但是这个项目修建的时候，就不能好好规划规划，各方面考虑清楚嘛，先不说施工过程中水管爆裂、噪声大、私家车出行难。都开通了，也不能那么堵吧。陇海路—中州大道互通式立交桥这个新'堵点'，在 2016 年 9 月，1 千米的路程，常常要花上半个小时才能通过。通车了，发现拥堵问题了，然后再建分流辅路，再扩宽道路，可能这样花费的钱更多不说，还会给我们这些生活在这里的居民带来很大的影响。我们期待发展，但我们也希望不是在实践中发现问题，再去解决。"

（四）你的角色：新闻记者

早在 2008 年，郑州市规划局便召集国内 8 名专家，集中评审了郑州陇海路高架桥设计方案，关注了高架桥噪声、汽车尾气等问题。在 2012 年，郑州市《畅通郑州白皮书》中提出了"井字+环线"的快速通道系统，并且提出了加装隔音设施、禁行私家车等出行预案。在施工期间水管被挖断多次，噪声大影响居民生活等事件的发生，让该项目遭到了居民的质疑。引起全国人民关注此事的原因在于刚刚通车两个多月的陇海路—中州大道互通式立交桥变成了新"堵点"，一千米的路程，常常要花上半个小时才能通过。随后发现拥堵原因是："井字+环形"快速路系统尚未全部建好，机场高速中州大道沿线分流系统尚未形成，附近地面道路渠化及配套设施还未完善。郑州市城乡规划局交通规划处表示："从规划部门来讲，可能从工程措施上、工程规划上偏重一些，但是也离不开其他部门的配合。这个问题需要一步步来解决。"目前，相关部门正在对这一路口进行优化调整，设计远程分流方案，但何时施工还不能确定，司机们在通过这一路段时也只能继续忍受拥堵带来的烦恼了。

（五）你的角色：交警

郑州交警部门对于新"堵点"的出现并不意外，因为早在项目施工阶段，郑州交警部门就向施工方指出了设计"缺陷"：从陇海路高架桥拐到中州大道北侧的 4 股车道，从机场高速、航海路方向过来的 5 股车道，共计 9 股车道，汇聚到中州大道郑汴路向南 100 米处时，车道猛然变窄，变成了 4 股车道。这必然会造成拥堵。而当时项目部一位负责人称，该项目部只负责按设计图纸施工，立交桥的设计单位也由规划部门选定，具体情况要问规划局。最后的结果也就是按照设计图纸进行施工形成的。目前的郑州陇海路高架桥修建前后的通行速度对比情况如图 1-4 所示。

（六）你的角色：交通专家

2016 年 11 月 6 日举行的中国城市学年会"城市交通问题"主题论坛上，国家"畅通工程"专家组组长、东南大学教授王炜指出，目前国家一些交通设施的"有效性"存在问题。他表示，很多交通设施被当成土木工程来建，而不是作为交通工程来建，"像郑州花 6.5 亿元建一座立交桥，通车首日就堵死。你去看这个土木工程是一流的，但是从交通工程来看是死的。如果交通工程只建硬件，没有去考虑建了以后的交通功能，这是非常大的问题。"王炜所说的立交桥即郑州市陇海路—中州大道互通式立交桥。央广网 2016 年 9 月 18 日的报道指出，这座立交桥刚刚通车两个多月却变成了新"堵点"，1公里的路程，常常要花上半个小时才能通过。

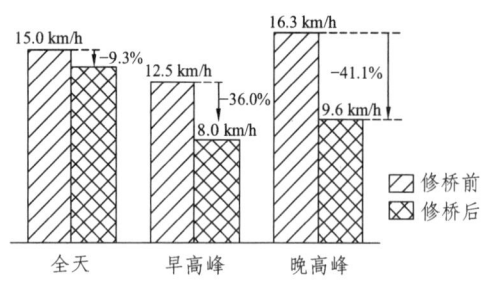

图 1-4 郑州陇海路高架桥实施前后对比情况

浙江工业大学政治与公共管理学院教授吴伟强也在会上指出，郑州这座立交桥"完全符合建筑的规范，但是个建筑工程，不是交通工程"。

（七）案例探讨思路

（1）你认为这个项目建设得怎么样呢？请进行案例分析。

（2）如果时间倒流，回到项目评估阶段，你会同意该项目的建设吗？你对这个项目有什么建议。

（3）如果时间倒流，我们来到 2010 年的郑州，目前郑州陇海路高架桥项目还没有开始建设，你认为郑州陇海路高架桥项目是否应该被建设，要如何建设呢？

（4）郑州陇海路高架桥项目建设后，又进行了一系列优化建设：在附近地面合理道路渠化、完善立交桥的环道建设、加装隔音设备、在中州大道沿线种植绿化带隔离沿线车辆等，在该项目建设、完善的过程中，你获得了哪些经验，为未来的交通项目建设又提供了哪些思考方向呢？

（八）案例总结

到底是什么原因造成该高架桥项目交通拥堵呢，总的来说：它忽略了系统，该项目不是放在那里看着好看就行，而是用于现实生活中解决交通问题的。因此，它忽略了站在交通角度解决交通工程问题，从而导致了经济的损失和社会的抱怨。这里也能看出交通项目涵盖了交通、技术、财务、经济、社会等多方面内容。除此之外，围绕项目评估过程中哪里出现了问题，怎么才能在下一次的交通项目中避免失误等，会在项目后评估当中进行分析，以汲取经验，为项目的需求预测、技术方案设计提供宝贵意见。这些案例的思想和内容都会在后面基础知识点的学习过程中落实。

第一节 交通项目相关概念

一、项目含义

从项目管理学的角度：项目是一种非常规性、非重复性和一次性的任务，通常有确定的目标和确定的约束条件（时间、费用、质量等）。其中主要包含以下三层含义。

（1）项目是一项有待完成的任务，并且有特定的运作环境要求，这一点明确了项目自身的动态概念，即项目是指一个过程，而不仅是指过程终结后所形成的成果（如建设完成后的住宅楼及其配套设施是这个项目完成后形成的产品）。

（2）项目是在一定组织机构内，利用有限资源（人力、物力、财力等），在规定的时间内完成的任务。

（3）完成这项任务必须要满足一定性能、质量、数量、技术指标等要求。

问题：以下这些是项目吗？请结合项目的含义进行判定。

① 工业生产中开发一种新产品。
② 在科学研究中，为解决某个科学技术问题进行的课题研究。
③ 在文化体育活动中，举办一届运动会，组织一次综合文艺晚会。

可能疑虑：③是不是项目呢？

答案：项目是为了创造独特的产品、服务或成果而进行的临时性的工作。尽管某些项目可交付成果中可能存在重复的元素，如运动会、综合文艺晚会。但这种重复并不会改变项目工作本质上的独特性。由于项目的独特性，其创造的产品、服务或项目成功与否可能存在不确定性。而临时性工作是指项目有明确的起点和终点。当项目目标达成时，或当项目因不会或不能达到目标而中止时，或当项目需求不复存在时，项目就结束了。结合项目的含义，①、②、③都属于项目。

选择题：请问以下哪个属于项目？（　　　）

A. 城市停车泊位共享的管理机制与影响分析
B. 面向移动交通检测的动态交通流建模与实时交通状态估计
C. 长大货物联合运输组织理论与方法研究
D. 需求导向的城际铁路网络列车开行方案与票价、票额一体优化

可能疑虑：这些选项能形成什么成果？

答案：ABCD，它们都符合项目的定义，这些内容都来源于国家自然科学基金的申请题目。它们旨在探索事物发展变化规律的理论性工作，即揭示自然规律，获取新知识、新原理、新方法的研究活动，或工业技术突破的基础性研究。综上所述，判定是否为项目一定要围绕项目的三层含义。顺便一提，本书中研究的项目是交通

运输方面的建设工程项目。

建设工程项目，为完成依法立项的新建、改建、扩建的各类工程（土木工程、建筑工程及安装工程等）而进行的、有起止日期的、达到规定要求的一组相互关联的受控活动组成的特定过程，包括策划、勘察、设计、采购、施工、试运行、竣工验收和移交等。建设工程是指为人类生活、生产提供物质技术基础的各类建筑物和工程设施的统称。按照自然属性其可分为：房屋建筑工程、铁路工程、市政工程、煤炭矿山工程、水运工程、海洋工程、民航工程、商业与物质工程、农业工程、林业工程、粮食工程、石油天然气工程、海洋石油工程、火电工程、水电工程、核工业工程、建材工程、冶金工程、有色金属工程、石化工程、化工工程、医药工程、机械工程、航天与航空工程、兵器与船舶工程、轻工工程、纺织工程、电子与通信工程和广播电影电视工程等。

二、项目特点

通过对项目含义的认识和理解，可以归纳出项目特点如下：

1. 目标明确性

一个项目必须有明确的目标（如时间目标、费用目标和进度目标等）。

2. 条件制约性

任何项目都是在一定的限制条件下进行的，包括资源条件的约束（人力、财力和物力等）和人为的约束，其中质量（工作标准）、进度、费用目标是项目普遍存在的三个主要约束条件。

3. 项目一次性

项目是一次性的任务，由于目标、环境、条件、组织和过程等方面的特殊性，不存在两个完全相同的项目，即项目不可能重复。

4. 生命周期性

任何项目都有其明确的起点（开始）时间和终点（结束）时间，它是在一段有限的时间内存在的。

5. 不确定性

多数项目在其进行过程中，往往有许多不确定的影响因素。

三、交通项目概念

交通运输是研究铁路、公路、水路及航空运输基础设施的布局及修建、载运工具运用工程、交通信息工程及控制、交通运输经营和管理的工程领域。交通运输是经济发展的基本需要和先决条件，是现代社会的生存基础和文明标志，是社会经济的基础设施和重要纽带，是现代工业的先驱和国民经济的先行部门，是资源配置和宏观调控的重要工具，是国土开发、城市和经济布局形成的重要因素，是服务于国民经济的生产过程、流通领域以及人民生活与旅行需要的产业。要发展交通运输业，就必然要增加对交通运输业的建设投资，并把投资具体落实到每个建设项目上。

交通项目，在本书是指交通运输建设项目，一般包括铁路、公路、水路、航空、管道等运输线路，而站场（如车站、机场、港口）和枢纽等基础设施的建设和扩建项目，属于基本建设和更新改造两大类。

铁路项目，在本书是指铁路建设项目，属于交通运输建设项目，是国民经济的基础设施，包括运输线路、站场和枢纽等基础设施的新建和改扩建项目，视为国民经济的生产过程、流通领域以及人民生活与履行需要服务的产业。

公路项目，在本书是指公路建设项目，属于交通运输建设项目，是国民经济的基础设施，包括路基工程、桥梁、涵洞、路面工程、交通安全设施、绿化及环境保护设施等基础设施的新建或改扩建项目，视为国民经济的生产过程、流通领域以及人民生活与履行需要服务的产业。

水运建设项目包括港口工程、航道整治、航道疏浚、航运枢纽、过船建筑物、修造船水工建筑物等及其附属建筑物和设施的新建、改建、扩建及其相关的装修、拆除、修缮等工程。

我国交通项目的投资情况（单位：亿元）如图1-5所示。

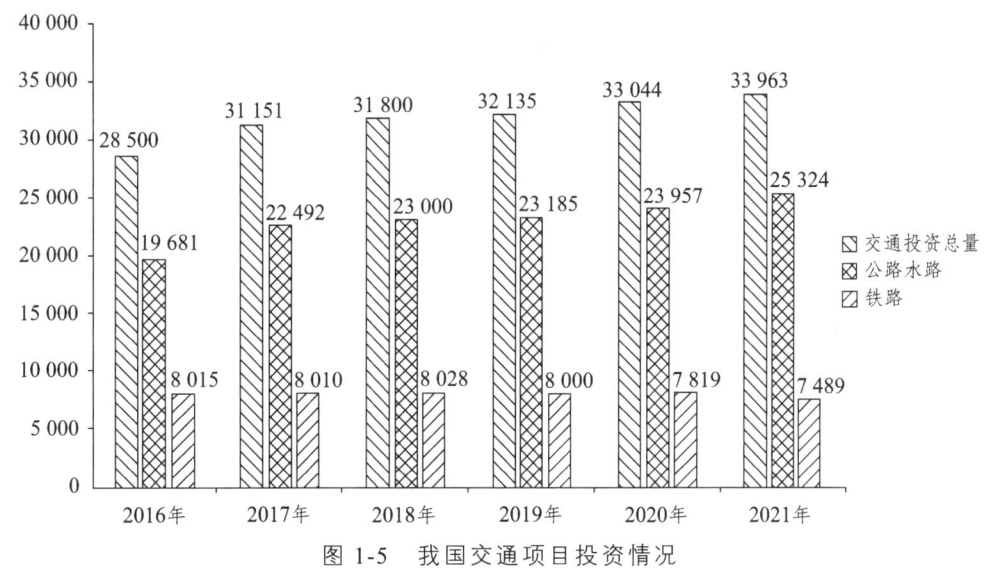

图1-5 我国交通项目投资情况

四、交通项目特点

1. 交通项目效益具有宏观性

交通项目的建设投资，不是根据项目建设后运营利润、效益的多寡，而是按照国民经济和社会发展需要而确定的，如仅在城市道路的建设上，运营单位是难以获得利润的，但道路的供给可满足人们的日常需求。由于交通运输是社会再生产过程在流通领域的继续，其效益不仅表现为本部门的直接效益，大部分是由利用运输的相关部门所获得，它既可带动工业、农业、商业、科技、文教、卫生、旅游、国防等部门的发展，也能促进地区经济的发展和人民生活水平的提高。因此，交通项目宏观效益远远超过企业本身的效益，这也就是交通项目的公益性体现，社会的各个部门、企业和个人从铁路运输业所产生的效益中直接或间接收益。

2. 交通项目效益具有外部性

交通项目具有准公共产品属性。交通项目及其形成的产品或服务，一方面为社会提供相当大的经济和社会效益，带动地区经济的繁荣，如改善地区投资环境、增加就业机会和居民的收入等；另一方面，其产生非市场力量能够调节的外部成本，如环境污染（大气污染、噪音污染、温室效应）、生态破坏、能源消耗、交通事故及运输安全损失，交通拥挤，对土地资源的占用等。

3. 交通项目的系统性

每种运输方式有其特定的运输线路和运输工具，形成各自的技术运营特点、经济性能和合理使用范围。即各种运输方式在分工的基础上进行协作配合、优势互补的有机结合，形成综合运输体系，即各种运输方式在社会化运输范围内和统一运输过程中，按其技术经济特点组成的分工协作、有机结合、连接贯通、布局合理的交通运输综合体。

4. 交通项目的成本和效益具有无实体性

交通项目的投产运行，使货物和旅客在一定时间内发生空间位移，被称为运输业创造的"特殊产品"，不是具体的物质产品。这种运输产品的无实体性决定了它的基础服务性职能。为国民经济和千家万户服务，与社会大生产和人民生活息息相关。因而其产品或服务价格也不能太高，否则会由于货物运输及人员出行成本的提高而引起其他行业物价的普遍上涨。

5. 交通运输产品具有非储存性

由于运输产品的无实体性，其体现为一种服务能力。运输业的生产过程同时也是产品发生效用和进行消费的过程。因此，运输产品不能相互替代、转移和储存。通常还受自然条件（如气候和地理环境）的制约和影响。运输产品的非储存性决定了运输线路的选择和运输能力的安排必须要合理规划，必要结合土地资源的合理利用、沿线的自然环境条件等诸因素，作全面综合衡量与必选，选取最经济合理、安全适用的线路技术方案，以满足人们生产及生活的需要。

6. 交通项目的投资额大、建设周期长、专业性强。

无论从国家发改委核准批复的项目看，还是从地方密集启动开工的项目来看，交通项目都需要大额投资，投资金额可达数千亿。同时，工期时间较长，还具有明显的专业特点、技术规范严格、建成后又很难改作他用等特点。

五、项目的利益相关者

项目的利益相关者是指那些参与项目规划、实施、管理、监督、控制等,或者其利益会因项目的进展而受到影响的个人或组织。

1. 项目发起人

一般为股本投资者,即项目的实际投资者,它通过项目的投资活动和经营活动,获得投资利益,通过组织项目融资,实现投资项目的综合目标要求。他们以现金和实物的形式为项目提供资金资源,是为项目分配资金、物资、条件的个人或组织。由于项目融资多于基础设施和公共项目,并且这类项目本身具有投资大、收益大和风险大的特点,所以项目发起人一般是项目所在国的最高资信者和受益者——政府机构或国有企业,有时也可以是许多与项目有关的公司组成的投资财团,或者政府机构和私人公司的混合体。

2. 客户

指项目最终成果的接受者、使用者或经营者。它可能是一个人,一个组织,一个团体或者是对同一项目结果有相同需求的多个组织。在项目合同中,一般以"甲方"的身份出现。

3. 承建方

是承接项目规划、实施、管理,并以满足客户需求的一方。也有人称其为"承约方""建设方""承约商"。在项目启动、规划到项目实施和结尾的整个管理过程中,被委托人始终处于主导地位。在项目合同中,一般以"乙方"的身份出现。

4. 工程监理

当建设单位没有能力、人员或时间,对项目进行全程或某个过程进行监督管理时,委托其他单位或个人代为监督管理,这个为监督管理的单位或个人就是工程监理。工程监理依据项目合同和监理合同,在贯彻执行国家有关法律、法规的前提下,促使项目的甲、乙双方顺利完成工作,实现项目目标。

5. 项目经理

是对保证按时、按照预算、按照工作范围以及所要求的性能水平完成项目的全面负责人。项目经理需要尽量保证项目按时、保质达到项目目标。

6. 变更控制委员会

是负责审议、评价、批准、推迟或否决项目变更请求的正式组织,负责记录和传达变更处理决定。变更控制委员会,一般在项目启动前成立,针对项目的变更事项有严格的、明确的、详细的审批控制流程,任何个人和组织都不得预约变更审批流程。

7. 项目管理办公室

制定项目管理流程,组建、建设、管理项目团队,建立科学的管理系统,为各项组织提供指导和顾问工作，合理分配企业资源，根据企业战略发展规划统筹安排项目的优先级等。

8. 项目团队

为了实现项目目标，由来自不同部门、不同专业、不同身份、不同背景、不同技术水平等的人员组成的临时团队。项目团队有共同的目标、明确的分工、不同的职责，通过彼此的协作共同完成目标。项目经理是其中一员。

9. 供应商

即为项目的承约商提供原材料、设备、工具等物资设备的商人。供应商要按照《合同》规定，保质、保量、按时将对应的产品送达指定的地方。

10. 分包商

建设方承揽了项目后，因受自身技术、资源和项目的时间、成本、风险等因素制约，无法满足客户需求时，将全部或部分项目内容转包给第三方（即分包商）。一个项目可能会有多个分包商。正确地选择分包商，可能会带来成本费用的降低、项目品质的改善和提高、降低项目风险等好处。

11. 其他利益相关者

除了上述介绍的利益相关者之外，还有一些组织、团体、个人的利益也受项目的影响，如社会公众、新闻媒体、行业协会、竞争对手等。

项目对其利益相关者之间的价值体系关联关系如图 1-6 所示。

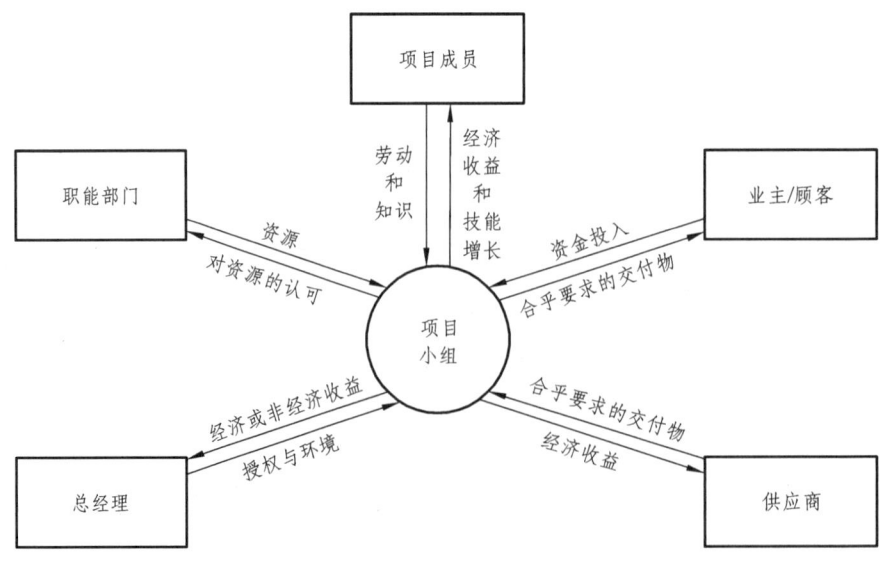

图 1-6 项目对其利益相关者之间的价值体系关联关系

❓问题：挑选大连地铁建设项目的利益相关者

2005 年大连市政府提出地铁修建，依据《大连市城市总体规划》和《大连城市发展规划》，提出了包含以《大连市轨道交通路网规划方案》规划为基础的 1 号线、2 号线，以及连接市区与旅顺口区的 4 号线的规划建设的大连地铁一期工程。2006 年 6 月，大连市政府已经成立了轨道交通建设工程指挥部，负责组织实施地铁工程建设。大连地铁建设公司总经理赵某某全面负责建设，由中国中铁承建，中国北车集团大连机车车辆有限公司负责制造地铁列车。

问：项目发起人是____？客户是____？项目经理是____？承建方是____？供应商是____？

答：项目发起人是大连市政府；客户是轨道建设工程指挥部；项目经理是赵某某；承建方是中国中铁，供应商是中国北车集团大连机车车辆有限公司。

六、项目周期和阶段

项目周期是一个项目从概念到完成所经过的所有过程，即投资项目筹划和建设的全过程。通常主要阶段包括：概念阶段（项目策划和决策阶段）、开发或定义阶段（项目准备阶段：开发设计阶段）、执行实施或开发阶段（项目实施阶段）和结束或试运行阶段（项目竣工验收和总结评价阶段）的工作。项目周期各阶段如图 1-7 所示。这些阶段互相密切联系并循着项目筹划建设的客观进展程序，一个阶段一个阶段地推进；先行阶段为后续阶段的工作奠定基础，后续阶段是先行阶段工作的自然延续与推进。项目周期各阶段划分对于投资管理的意义在于：为项目管理工作提供了一个合乎逻辑的基本结构和稳定的系统，使项目管理工作走向规范化和程序化，便于积累项目管理经验和改进项目管理工作。同时，也可以促进投资过程合理化并使之不断得到改进。

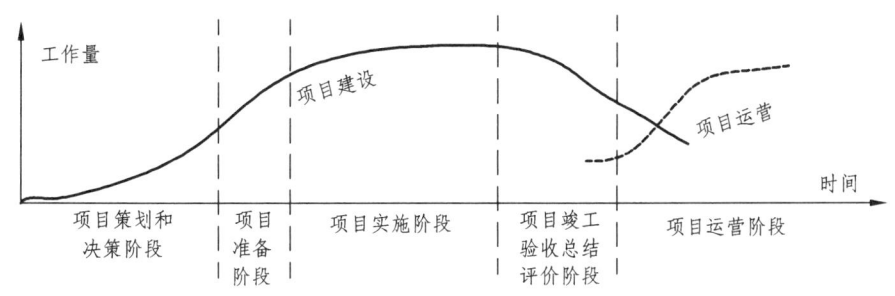

图 1-7 项目周期和阶段

第二节 交通项目评估及其相关概念

一、项目评估的含义

广义的项目评估是在项目决策与实施过程中所开展的一系列分析与评估活动，包括必要性、技术可行性、经济合理性、环境和运行条件可行性等方面的全面分析与论证。其目的是为项目决策提供依据。

狭义的项目评估是对上报的项目可行性研究报告进行再分析、再评价。即在直接投资活动中，在对投资项目进行可行性研究的基础上，依据国家有关政策、法规，从项目（或企业）、国民经济和社会的角度出发，由有关部门对拟建投资项目建设的必要性、建设生产条件、产品市场需求、工程技术、财务效益、国民经济效益等进行全面分析论证和评价，从而确定投资项目未来发展的前景。

二、项目评估的内容

在全面调查、预测、分析和评估上述各方面内容的基础上对拟建项目进行总结性评价，即汇总各方面的分析论证结果，进行综合研究，提出关于可否批准项目可行性研究报告和能否予以贷款等结论性意见和建议，为项目决策提供科学依据，总评估可以包括以下几个方面的内容：

1. 项目概况及建设必要性评估

项目概况评估着重研究项目提出的背景、项目设想、进展概况和项目评估文件审查。项目建设必要性评估是对建设项目能否确定、是否有建设必要所进行的审查和评价。主要从宏观和微观两个层面进行评估。宏观必要性评估涉及项目建设是否符合过敏经济发展与社会发展长远规划、区域经济发展的需要和国家产业政策。微观必要性评估涉及项目产品市场供求和竞争能力的审查、分析和评估；项目建设是否符合企业自身发展需要的评估；项目是否有利于科技进步的评估；项目建设规模的评估；项目经济效益、社会效益和环境效益的评估。必要性评估一定要落实到明确、具体的建设目标上。

2. 市场分析

对特定市场的过去和现状以及未来发展趋势进行的分析，以判定投资项目应不应该建设。市场分析的主要内容是对国内和国外市场进行需求分析与预测，从而确定投资项目是否建设以及其建设的相应规模。

3. 技术分析

构成项目组成部分及发展阶段上凡与技术问题有关的分析论证。项目的技术分析贯穿于可行性研究的项目确立、厂址选择、工程设计、设备选型和生产工艺确定等各项工作之中。根据国家的有关技术政策，对建设项目选用的工艺技术和技术装备的先进性、实用性和经济性进行评估。在厂址选择中评估建设条件，考虑对拟建项目在建设过程中和建成投产后的生产运行过程中所必须的条件进行评估，如与项目建设有关的宏观运行环境（如国民经济环境、政策法律环境、社会文化习俗环境）、自然环境、工程和水文地质条件等。

4. 财务经济效益的评估

项目财务效益评估是根据现实的市场价格和国家现行的财政金融制度，分析计算拟建项目所需投资和项目投产后的销售收入、产销费用、盈利状况、偿还能力及外汇效果，以反映项目自身微观的经济收益，为投资者考虑该项目是否值得兴建提供经济数据。

5. 国民经济效益评估

根据国民经济长远发展目标和社会需要，采用费用与效益分析的方法，运用影子价格、影子汇率、影子工资和社会折现率等经济参数，计算分析项目需要国民经济为其付出的代价和它对国民经济的贡献，评估项目投资行为在宏观经济上的合理性。

6. 社会效益

社会效益评价是评价项目对社会发展的贡献，以国家各项社会政策为基础，对项目实现国家和地方社会发展目标所作贡献和产生的影响及其与社会相互适应性所作的系统分析评估。包括其在促进公平分配、提高效率、增加就业、解决妇女问题等方面的影响和作用。

7. 环境影响评价

广义指对拟建项目可能造成的环境影响（既包括环境污染和生态破坏，也包括对环境的有利影响）进行分析、论证的全过程，并在此基础上提出采取的防治措施和对策。狭义指对拟建项目在兴建前，对其选址、设计、施工等过程，特别是运营和生产阶段可能带来的环境影响进行预测和分析，提出相应的防治措施，为项目选址、设计及建成投产后的环境管理提供科学依据。环境影响评价包括项目对生态环境等方面的影响分析评价。

8. 不确定性分析

针对生产、经营过程中各种事前无法控制的外部因素变化与影响所进行的估计和研究。不确定因素主要指在项目建设过程中不可预见的诸多因素，如政治方面的、经济方面的以及建设条件等。为了正确决策，需进行技术经济综合评价，计算各因素发生的概率及对决策方案的影响，从中选择最佳方案。

三、项目评估的目的、作用和依据

1. 项目评估的目的

审查和判断项目可行性研究的可靠性、真实性和客观性，针对拟建投资项目技术是否可行、经济上是否合理进行论证，并对政策法规要求、融资模式、设计方案等核心问题的确定是否合理提出评估意见，编写评估报告，以此作为项目投资最终审批决策的重要依据，从而判定项目是否符合国家有关政策、法令和规定；项目是否符合国家宏观经济意图、是否符合国民经济长远规划、行业规划和国土规划的要求，布局是否合理；项目在工程技术上是否先进、适用，在经济和社会效益上是否合理有效。

2. 项目评估的作用

通过项目评估工作，可以提高项目科学管理水平、决策的准确性和科学性，提高投资效益，保障国民经济良性运行、健康发展。项目评估的作用主要体现在以下四点。

（1）提高投资项目决策水平：通过评估，对业主、选址、规模、方案、土地、环保、资金等各个环节加以深化研究，从而提高投资部门对项目决策的科学化水平，为投资管理部门审批项目提供决策参考，避免决策失误。

（2）确保项目得到所需资金，提高投资效益：一般项目所用的资金为国家或地方财政的资金，从根本上说是纳税人的钱，所以涉及社会公众的切身利益，更容易受到社会各界的管制。因此，投资项目一定要具有严格的审批制度。项目评估是项目审批环节的重要组成部分，核心目的就是管好用好纳税人的钱，提高财政性投资资金的使用效益，避免决策失误带来的损失。

（3）作为项目实施、管理实践的重要指导书：项目评估是一项严谨且技术性很强的系统性工作。评估要求在可行性研究的基础上，从企业、国家或全社会的角度对拟建项目的计划和方案进行全面的技术、经济论证与评价。这种论证和评价力求客观准确地将与项目执行有关的资源、技术、市场、财务、经济、社会等方面的基本数据资料与实况进行完整的汇集与评价，以便决策层做出实事求是的、科学的决策。

（4）保证项目微观经济效益和宏观经济效益的一致性：项目评估是政府、金融机构或建设单位等投资主体进行项目决策的重要基础与依据；是保证重点基建项目及大中型企业技术改造项目投资决策成果的关键措施；是提高投资项目经济效益的重要手段；也是控制经济规模、落实宏观调控的措施之一；还是促进投资体制改革走向决策科学化、民主化管理的有力措施。

3. 项目评估的依据

项目评估的依据包括以下七点的内容：

（1）有关部门颁发的项目评估方法。

（2）国家发改委和原建设部发布的《建设项目经济评价方法与参数》。

（3）项目可行性研究报告、规划方案等。

（4）各有关部门的批复文件，如项目建议书、可行性研究报告的批复。

（5）投资协议、合同、章程等。

（6）有关的方针、政策、法规、规定和办法等。

（7）有关的年鉴、统计公报等信息。

4. 项目评估人员要求

项目评估人员必须从国家全局利益出发，坚持实事求是的原则，认真调查研究，广泛听取各方面的意见,对已形成的基础资料、技术和经济参数进行认真审查核实,对项目的评估意见尽量做到公正、客观和科学。

四、交通项目评估的特点

1. 评估目标的宏观性

由于交通业的发展直接影响到国民经济各部门的发展和社会的进步,同时交通业的发展规模、发展速度和发展水平都受到国民经济和社会发展的制约。因此,交通项目评估必须以宏观的国民经济和社会评估为主,以此作为项目取舍的主要依据。

2. 财务评价无时效性

交通项目的产出不是具体的物质产品,运输产品的无实体性,决定了其服务性,即为国民经济、千家万户服务。因此,其价格不能太高,不然会引起其他行业物价普遍上涨。综上所述,交通建设项目财务评价是不能决定项目可行性的,只能作为基础依据,在测算交通项目的投资效益时,应以取得外部效果的大小作为投资决策的重要依据。但是,凡有经营收入的交通项目(如铁路、收费公路、机场、港口、管道等),需要进行企业财务评估,按企业或集团承担的投资额分析和计算项目的财务盈利能力和清偿能力。

3. 经济效益的多重性和兼顾性

交通项目经济效益的评估,应将近期和远期效益相结合、交通部门的效益与国民经济和社会效益相结合、有形效益与无形效益相结合。项目除了本身投入、产出的经济费用和效益外,巨额投资将增加社会有效需求,对国民经济增长将产生乘数效应。建设期间对原有国民经济系统的破坏、障碍;建设期间导致的工程事故、新增的就业岗位;项目建设对自然景观的破坏、对水、土地、能源等资源的耗费;铁路建设项目的产出带来的工农商、科教卫生、旅游、国防的发展,会影响到经济、社会、文化、政治等各方面。因此,如果费用效益识别不全,势必会导致评价失真。

4. 运输项目系统性和整体性

由于交通运输生产过程的连续性、过程性以及各个环节的协调联动性特点,形成整体的运输生产能力往往不是通过一个项目就能完全解决问题,而需要各个子系统协调配合才能完成一个完整的生产过程。因此,单个运输方式中的子项目构建需要考虑相关配套设施项目和投资。如新建铁路应考虑与既有线路接轨和编组站、机务段(或动车基地)、车辆段等配套和改建。

5. 环境制约和影响环境

交通项目技术方案的确定是与地形、地貌、水文、地质、气象、潮汐、流沙等自然条件直接关联的,有时甚至会影响到项目建设的成败,如青藏铁路建设方案主要受到了青藏高原冻土层病害等地址条件的制约,为了解决这一问题,铁路部门投入大量的人力、物力和技术装备，进行了长期的勘探、观测和实验，取得了大量的数据和研究成果，才保证了项目建设的顺利实施。与此同时，交通项目在科研、设计、建设和生产过程中都要加强环境保护意识与管理，促进交通企事业单位在生产和建设过程中，合理利用各种资源、能源，控制和逐步消除污染，保障人民身体健康，促进交通运输事业的发展。

五、项目前评估和后评估

现在，请我们回忆一下本章开篇时我们进行的游戏，在游戏过程中，我们都做了什么呢？

在游戏还未进行前，我们先评估各个参赛同学，以从中选择会获胜的学生，游戏结束后，我们要书写总结内容，针对参赛学生的表现进行了评估，并选取第二次比赛会获得胜利的学生。这其实就在做前评估与后评估。

项目评估过程中，依据项目全生命周期过程，按照评估时间分为项目前评估和项目后评估。项目前评估是全部项目评估中最重要的一个部分。广义的项目前评估是指在项目前期决策阶段，从整个项目的全局出发，根据国民经济和组织发展的需要对项目及其被选方案所进行的全面评估，从而辨别项目及其被选方案的可行性和优劣度，决定取舍。项目前评估也可以根据评估主体的不同而分成项目业主的评估、贷款银行审查贷款项目的评估和承包商投标项目前的评估等。总之，项目前评估就是在项目的投资决策之前，对项目建设必要性和市场预测前景、建设条件、项目备选方案的技术、经济、运行条件和社会与环境影响等方面所进行的全面论证与评估的工作。项目后评估是指项目建成并投入使用或运营一定时间后，运用规范、科学、系统的评价方法与指标，将项目建成竣工验收完毕并投入使用一段时间以后所达到的实际效果与项目的可行性研究报告、初步设计文件及其审批文件的主要内容进行对比分析，全面地进行总结评价，找出差距及原因，汲取经验教训，提高改进项目决策水平，以提高投资效益。主要是评估项目目标的实现程度、项目实施的最终绩效情况、项目的实际效益情况、项目前评估的对错和优劣、项目跟踪评估和决策的优劣等。

项目前评估和后评估的区别：

（1）在项目建设中所处的阶段不同：项目前评估属于项目前期工作，它决定项目是否可以立项。项目后评估是项目竣工投产并达到设计生产能力后对项目进行的再评价，是项目管理的延伸。

（2）比较的标准不同：项目前评估依据定额标准、国家参数来衡量建设项目的必要性、合理性和可行性。后评估主要是直接与项目前评估的预测情况或其他同类项目进行对比，检测项目的实际情况与预测情况的差距，并分析原因，提出改进措施。

（3）在投资决策中的作用不同：项目前评估直接作用于项目决策，前评估的结论是决定项目立项与否的依据。后评估则是间接作用于项目投资决策，是投资决策的信息反馈。通过后评估反映出项目建设过程和投产阶段（乃至正常生产时期）出现的问题，将各类信息反馈到投资决策部门，从而提高未来项目决策科学化的水平。

（4）评价的内容不同：项目前评估分析研究的内容是项目建设条件、设计方案、实施计划以及经济社会效果。后评估的主要内容是针对前评估内容进行再评价、对项目决策和实施效率等进行评价以及对项目实际运营状况进行较深入的分析。

（5）组织实施上不同：项目前评估主要由投资主体或投资计划部门组织实施。后评估则由投资运行的监督管理机关或单独设立的后评估机构进行，以确保项目后评估的公正性和客观性。

第三节　项目周期中各阶段的评估工作

一、项目评估阶段划分

项目周期的阶段如图 1-8 所示，在一个项目的评价体系中，项目投资前期主要围绕项目可行性研究和前评估，是项目评估的重要内容；项目投资时期主要围绕过程评价（项目跟踪评估），即针对项目实施过程的评价，以项目管理为主。运营时期主要围绕后评估，总结项目经验。项目周期各阶段的评估工作，由建设单位组织开展，运营单位以未来用户的身份参与，由具有工程咨询单位资信证书并具有相关专业业务的单位进行具体的评估工作。

（一）投资机会研究

也称投资机会鉴别，是投资前时期的最初阶段，是指为寻求有价值的投资机会，对项目的有关背景、资源条件、市场状况等进行初步调查研究和分析预测。投资机会研究是进行初步可行性研究之前的准备性调查研究，它包括一般机会研究和特定项目机会研究，一般机会研究可以分为地区机会研究、部门机会研究、资源开发机会研究三类。机会研究一般与规划研究同步进行，以机会研究结果为基础，可以设立备选项目库，进行项目储备，供今后制定投资计划和开展投资项目可行性研究用。

投资机会研究的方法主要是依靠经验进行粗略的预测估计，一般可不进行详细的分析计算。

投资机会研究是寻找投资机会、实现组织战略规划目标的重要环节。投资机会研究的内容包括市场调查、消费分析、投资政策、税收政策研究等，其重点是对投资环境的分析，从而发现有价值的投资机会，投资机会研究的成果是机会研究报告。项目评估周期和阶段如图 1-8 所示。

（二）初步可行性研究

初步可行性研究是项目意向经过投资机会研究认为具有投资的可能性后，进一步对拟建项目建议进行的粗略的技术经济分析。初步可行性研究的目的如下：①投资机会是否如此有希望,甚至根据初步可行性研究的结论就可做出投资决策;② 项目虽未能决策,但项目是否具有可行性,项目范围是否值得通过可行性研究进行详细分析;③ 项目是否有一些方面对它的可行性是关键性的,并且有必要通过职能研究或辅助研究(如市场研究、实验室试验、中间试验等)进行深入调查;④ 项目建议经过初步可行性研究后,是否足以使投资者或投资者集团失去对项目的投资兴趣,或者项目建议没有可行性。

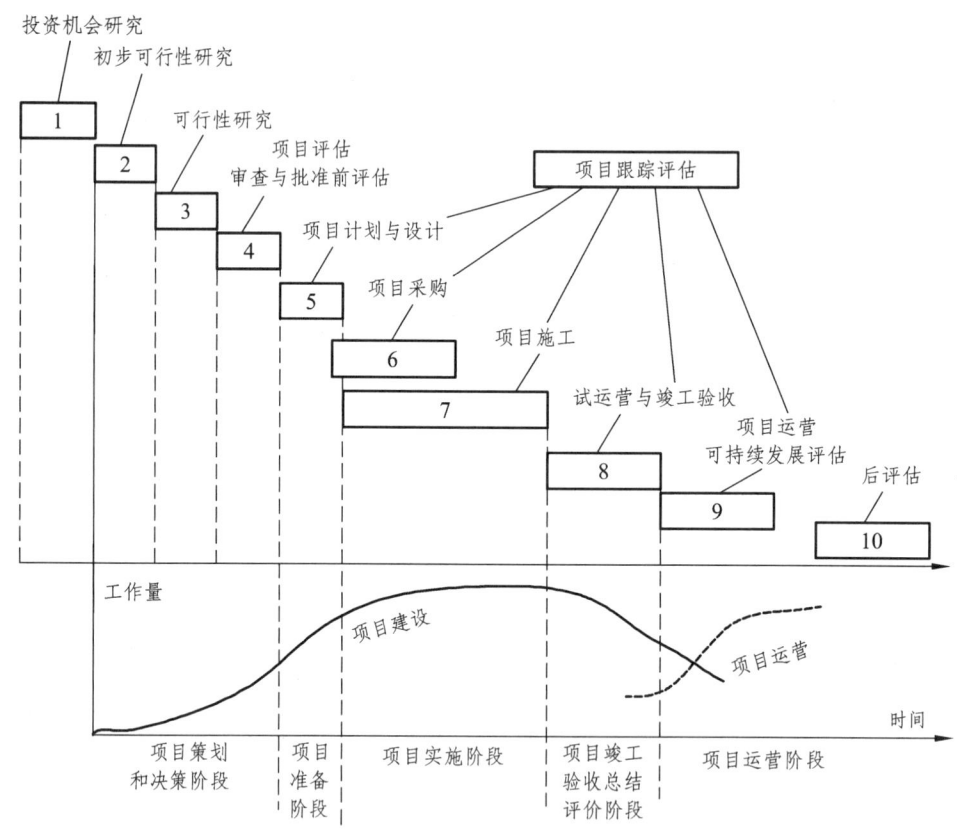

图 1-8 项目评估周期和阶段

不是所有项目都需要进行初步可行性研究。对投资机会研究所选择的较大或较复杂的项目,如果所掌握的基础数据对于项目目标的可实现性的判断仍显不足时,应进行初步可行性研究。这样做可以避免直接进行详细可行性研究时花费较多、费时较长,而最终又判定项目不可行所造成的损失。初步可行性研究是机会研究和详细的可行性研究之间的中间阶段。这三个研究阶段的内容和研究范围大体上是一致的,它们的主要区别在于数据的细节方面。三个研究阶段的过程,是基础数据从粗略逐渐过渡到精细,评价指标从概略到精确的过程。

(三)可行性研究

可行性研究是项目前期工作中最重要的内容,它是在项目投资决策前,对工程建设项目就有关建设方案、技术方案或生产经营方案进行全面的技术经济分析、论证的科学方法和工作阶段，即通过对拟建项目有关的市场（需求分析与评价）、技术（实现条件分析）、经济（宏、微观分析）和社会（社会、环境影响与效果评价）等各方面情况进行深入细致的调查研究；对各种可能拟定的技术方案和建设方案进行认真的技术经济分析与比较论证；对项目建成后的经济效益进行科学预测和评价的基础上，从而确定该项目是否应该投资和如何投资，做出环境影响、社会效益和经济效益的分析和评价，及工程抗风险能力等的结论，为项目投资决策提供可靠的科学依据。其具体作用主要体现在以下几个方面。

① 作为拟建项目投资决策的主要依据。

② 为筹备资金向银行申请贷款的依据。

③ 作为项目主管部门商谈合同、签订协议的依据。

④ 作为项目进行工程设计、设备订货、施工准备等基本建设前期工作的依据。可行性研究报告是编制设计文件、进行建设准备工作的主要依据。

⑤ 作为环保部门审查项目对环境影响的依据，亦作为向项目建设所在地政府和规划部门申请建设执照的依据。

⑥ 作为工程咨询单位编制节能评估文件的依据，同时作为发改委审查项固定资产投资项目节能评估文件的依据。

⑦ 作为工程咨询单位编制社会稳定性风险评估文件的依据，同时作为应急管理部门审查项目社会稳定风险的依据。

（四）跟踪评估

跟踪评估是在项目实施过程中对项目的实施和项目整体情况所做的评估，它是项目实施过程中的各种项目跟踪决策提供支持和服务的一种项目评估。主要是对项目进行监督与评估。监督是指对项目的实施情况、资源使用情况以及项目实施中的各种变更和环境变化等信息的收集和处理工作。评估是指对照项目计划与设计，对项目实际实施情况以及随着项目实施而造成的各种变更和环境变化所做的全面评价。

跟踪评估是项目实施工作的保障（分析发现项目实施的实际情况和项目计划中的变动）、是项目变更的前提条件（任何项目实施过程中都会出现各种各样的变更和变化，既有由客观环境和情况发生变化而引起的，也有由于人们在工作失误或主观意愿的改变引起的）、是项目绩效度量的手段（在项目实施过程中，各主体均要对项目实施的绩效进行科学的度量。评估则要从绩效评估入手，然后再进行其他评估）、是项目跟踪决策的基础工作（在项目跟踪决策中需要跟踪评估提供依据，评估初始决策方案的对错与优劣，以及项目实施中所出现的各种变化和发展对项目的影响，从而做出正确的决策）。

二、项目评估与可行性研究

在项目评估的含义中,狭义的项目评估是对上报的项目可行性研究报告进行再分析、再评估。因此,项目评估与可行性研究之间具有共同点、区别、联系。

(一)项目评估与可行性研究的共同点

1. 两者同处于项目投资的前期阶段

可行性研究是继项目建议书批准后,对投资项目在技术、工程、外部协作配套条件和财务、经济和社会上的合理性及可行性所进行的全面、系统的分析和论证工作;而项目评估则是在项目决策之前对项目的可行性研究报告及其所选方案所进行的系统评估。它们都是项目前期工作的重要准备,都是对项目是否可行及投资决策的咨询论证工作。

2. 二者的出发点一致

项目评估与可行性研究都以市场研究为出发点,遵循市场配置资源的原则,按照国家有关的方针政策,将资源条件同产业政策与行业规划结合起来进行方案选择。

3. 考察的内容及方法基本一致

研究内容包括拟建投资项目建设的必要性、建设生产条件、产品市场需求、工程技术、财务效益、国民经济效益、社会效益与环境影响评价等。这些内容研究过程中使用的方法基本一致。

4. 目的和要求基本相同

二者的目的均是要提高项目投资科学决策的水平,提高投资效益,避免决策失误,都要求进行深入、细致的调查研究、进行科学的预测与分析,实事求是地进行方案评价,力求资料来源可靠,数据准确,结论客观而公正。

(二)项目评估与可行性研究的区别

1. 概念与作用不同

可行性研究是在投资决策前对工程建设项目从技术、经济和社会各方面进行全面分析论证的科学方法,可行性研究报告是项目投资决策的基础,为项目投资决策提供可靠的科学依据。项目评估是对项目可行性研究报告进行全面审核和再研究工作,审查与判断项目可行性研究的可靠性、真实性和客观性,对拟建项目投资是否可行和确定最佳投资方案提出评估意见。项目评估报告是项目投资最终审批决策的主要依据,它为决策部门提供结论性意见,具有一定的权威性和法律效用。

2. 二者的承担主体不同(执行单位不同)

为了保证项目决策前的调查研究和审查评价活动相对独立,由不同的机构分别承担这两项工作。在我国,可行性研究通常由项目的投资者或项目的主管部门来主持，投资者既可以独自承担该项工作，也可委托给专业设计或咨询机构进行，而委托的单位或机构的工作主要体现投资者的意见和建设目的，是为投资主体服务的，并对项目的投资者负责。项目评估是由政府决策机构和贷款决策机构组织实施或授权给专门咨询机构，代表国家和地方政府对上报的可行性研究报告进行评估。委托机构和人员在执行过程中应体现国家和地区发展规划目标与政策，明确宏观调控意见，向投资和贷款的决策结构负责。一般由项目投资决策机构或项目贷款决策机构主持和负责。

3. 评价的角度不同

可行性研究一般要从企业（微观）角度去考察项目的盈利能力，决定项目的取舍，因此它着重于讲求投资项目的微观效益；而国家投资决策部门主持的项目评估，主要从宏观经济和社会的角度去评价项目的经济和社会效益，侧重于项目的宏观评价。贷款银行对项目进行的评估，则主要从项目还贷能力的角度，评价项目的融资主体（借款企业）的信用状况及还贷能力。

4. 二者在项目投资决策过程中的目的和任务不同

可行性研究除了对项目的合理性、可行性、必要性进行分析、论证外，还必须为建设项目规划多种方案，并从工程、技术经济方面对这些方案进行比较和选择，从中选出最佳方案以作为投资决策方案。而项目评估一般则可以借助于可行性研究的成果，包括所选择的各种方案，进行系统的审查、核实，并提出评估结论和建议。

5. 二者在项目投资决策过程中所处的时序和作用不同

在项目建设程序中，可行性研究在先，评估在后，其作用也不相同。可行性研究是项目投资决策的基础，是项目评估的重要前提，但它不能为项目投资决策提供最终依据。项目评估则是投资决策的必备条件，是可行性研究的延续、深化和再研究，通过更为客观地对项目及其实施方案进行评估，独立地为决策者提供直接的、最终的依据，比可行性研究更具有权威性。

（三）项目评估与可行性研究的联系

可行性研究与项目评估是投资决策过程中的两大基本步骤，它们之间是相辅相成、缺一不可的，共同为实现项目投资决策科学化、民主化和规范化服务。具体体现在以下方面：

（1）可行性研究是项目评估的对象和基础，项目评估应在可行性研究的基础上进行。

（2）项目评估是使可行性研究的结果得以实现的前提，即可行性研究的内容和成果必须要通过项目评估的工作来实现。

（3）项目评估是可行性研究的延伸和再研究。由于项目评估是对可行性研究报告的进一步的论证和审核，因此它是可行性研究工作的自然延伸和再研究。

三、评估各阶段的工作目的和要求

基于项目评估相关概念的阐述,各阶段项目评估的目的和要求对比情况如表1-1所示。

表1-1 项目评估各阶段工作的目的和要求

研究阶段	投资机会研究	初步可行性研究	可行性研究	项目评估决策	跟踪评估	项目后评估
研究性质	项目设想	项目初选	项目准备	项目评估	过程评估	后评价
研究目的和内容	鉴别投资方向,寻求投资机会,选择项目,提出项目投资建议	对项目作初步评估,进行专题辅助研究,广泛分析,筛选方案,确定项目的初步可行性	对项目进行深入细微的技术经济论证,重点对项目的技术方案和经济效益进行分析评价,进行多方案比选,提出结论性意见	综合分析各种效益,对可行性研究报告进行全面审核和评估,分析判断可行性研究的可靠性和真实性	对项目的实施和项目整体情况所作的评估,对项目进行监督与评价	对项目最终的实际情况做出客观的评价,对项目前评估及其相关决策的正确性评估
研究要求	编制项目建议书	编制初步可行性研究报告	编制可行性研究报告	提出项目评估报告	提出项目实时变更的可行性评估	提出项目总体评估
研究作用	为初步选择投资项目提供依据,批准后列入建设前期工作计划,作为国家对投资项目的初步决策	判定是否有必要进行下一步详细可行性研究,进一步明确建设项目的生命力	作为项目投资决策的基础和重要依据	为投资决策者提供最后决策依据,决定项目取舍和选择最佳投资方案	项目实施工作的保障,项目变更的前提条件,项目绩效度量的手段,项目跟踪决策的基础工作	及时反馈信息,以便改进或完善项目的决策,通过经验教训的总结和反馈信息,改进和完善组织的项目政策方针和方法
估算精度/测算误差	±30%	±20%	±10%	±10%	±10%	±5%
研究费用(占总投资的百分比)	0.2%~1.0%	0.25%~1.25%	中小项目 0.8%~1.0% 大项目 1.0%~3.0%	—	—	—
需要时间(月)	1~3	4~6	8~12或更长	—	—	—

按照我国的基本建设项目程序，在投资项目可行性研究报告编制上报后，中央和地方的主管部门和综合计划部门对拟建项目尚未做出投资决策前，应由上级主管部门或决策部门组织（或委托）有相应资格的工程咨询机构、贷款银行或有关专家，对上报的建设项目可行性研究报告进行全面审核和再研究工作。其目的是审查和判断项目可行性研究的可靠性、真实性和客观性，对拟建投资项目技术是否可行，经济上是否合理进行论证，并对政策法规要求、融资模式、设计方案等核心问题的确定是否合理提出评估意见，编写评估报告，以此作为项目投资最终审批决策的重要依据。针对拟建项目可行性研究报告的评估，主要应从三方面进行论证：

（1）项目是否符合国家有关政策、法令和规定。

（2）项目是否符合国家宏观经济意图，是否符合国民经济长远规划、行业规划和国土规划的要求，布局是否合理。

（3）项目在工程技术上是否先进、适用，在经济和社会效益上是否合理有效。

四、项目评估的工作程序

项目评估工作通常由各级项目审批单位委托有资格的工程咨询机构或项目贷款机构进行，项目评估工作的内容与程序，如图1-9所示。项目评估工作内容即为有效实施项目评估的内容。虽然项目评估的各项内容中所涉及的对象、方法、指标等不同，但是，其评估工作的程序一般包含以下五点内容。

1. 了解评估项目，做好准备工作

工程咨询公司或项目贷款机构在确定项目评估任务后，应及时组织力量参与待评项目的有关调查、考察、文件编制和预审等工作，为开展评估工作做好准备，及时了解和分析建设单位（项目业主）或项目主管部门对项目产品方案、拟建规模、建设地点及资金来源等方面的初步设想，以及对项目投资和收益等方面的希望和要求，确定在评估中需要着重解决的问题，明确评估目标，以利于有针对性地展开评估工作和提高评估的效率和质量。

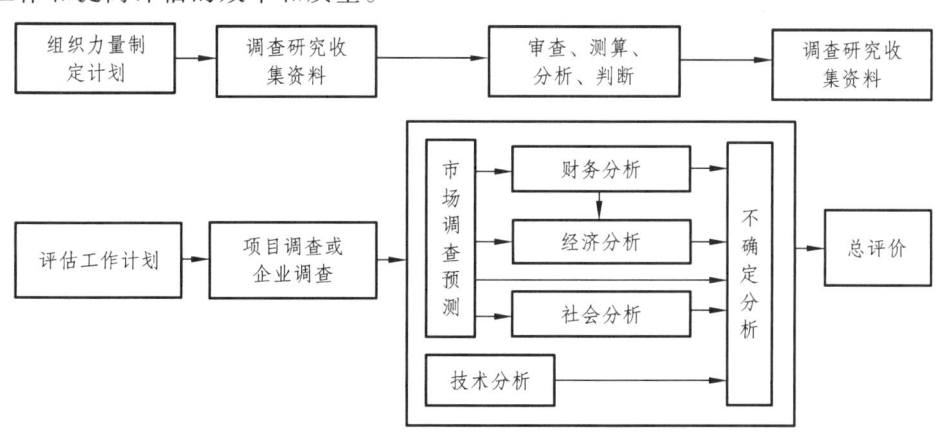

图1-9 项目评估的工作程序

2. 成立评估小组，制定工作计划

工程咨询公司或银行评估机构，根据国家计委和有关部门下达的委托评估项目特点及其复杂程度，采取不同的评估方式，成立项目评估小组（或专家组），确定项目负责人。评估小组应包括经济、技术与市场分析等专业人员（具有一定职称资格的人员），并明确分工。评估小组应根据评估目标制订评估工作计划，包括每一项任务的人员配备、应达到的目的、总的工作进度计划和分项任务的工作进度计划，提出具体实施意见，以保证评估质量。

3. 调查研究，收集资料，核查整理

事前调查收集评估资料是项目评估的一项基础工作。首先，评估单位应认真审阅委托单位提供的待评项目可行性研究报告和主管部门审查意见等文件资料。检查文件资料是否齐全，文件手续是否完备合法，内容是否有效；核查资金、资源、原材料的供应是否落实可靠。其次，根据具体项目评估内容和分析要求进行企业调查和项目调查，进一步收集必要的数据和资料，核实和补充评估工作中所需的情况、数据和资料。

4. 审查分析、综合评判

按照项目评估的内容对建设项目可行性研究报告进行审查分析，通过对企业和项目概况审查（包括对借款人的资信评估）、审查项目建设的必要性、市场和规模分析、工艺技术和设计分析、项目财务数据测算、企业财务效益和国民经济效益的分析评估等各方面的方案必选、分析、论证、归纳分析结果，说明评估项目建设的必要性，技术的可行性和经济上的合理性，提出项目建设的总结性意见与建议。

5. 编写评估报告

评估单位应根据调查和审查分析结果，编写拟建项目评估报告。评估报告中要针对可行性研究报告中提出的多种方案加以比较论证和评估，推荐一个最佳（或次优）的投资建设方案，按国家政策对拟建项目的投资结构及技术、经济等因素进行综合分析，做出综合评估结论，并针对相关政策制度和其他有关问题提出合理的建议。

五、项目评估与决策关系

投资决策是指投资主体在调查、分析、论证的基础上，对投资活动所做出的最后决断。即评价投资方案是否可行，并从诸多可行的投资方案中选择要执行的投资方案的过程。工程建设项目投资决策流程如图1-10所示。

项目评估是为项目决策提供支持的，在项目的全生命周期中，每个阶段都有不同的项目决策任务，这些项目决策任务以给定的约束条件和评估数据为基础，通过分析给出不同项目阶段所需的项目决策支持信息，项目评估与项目决策关系如图1-11所示。项目评估与项目决策是紧密相关的，二者是一种互为前提和结果的关系。

项目决策是在项目评估的基础上所得到的结果。反之，不断深入的项目评估都是以项目的前期决策为前提条件的。

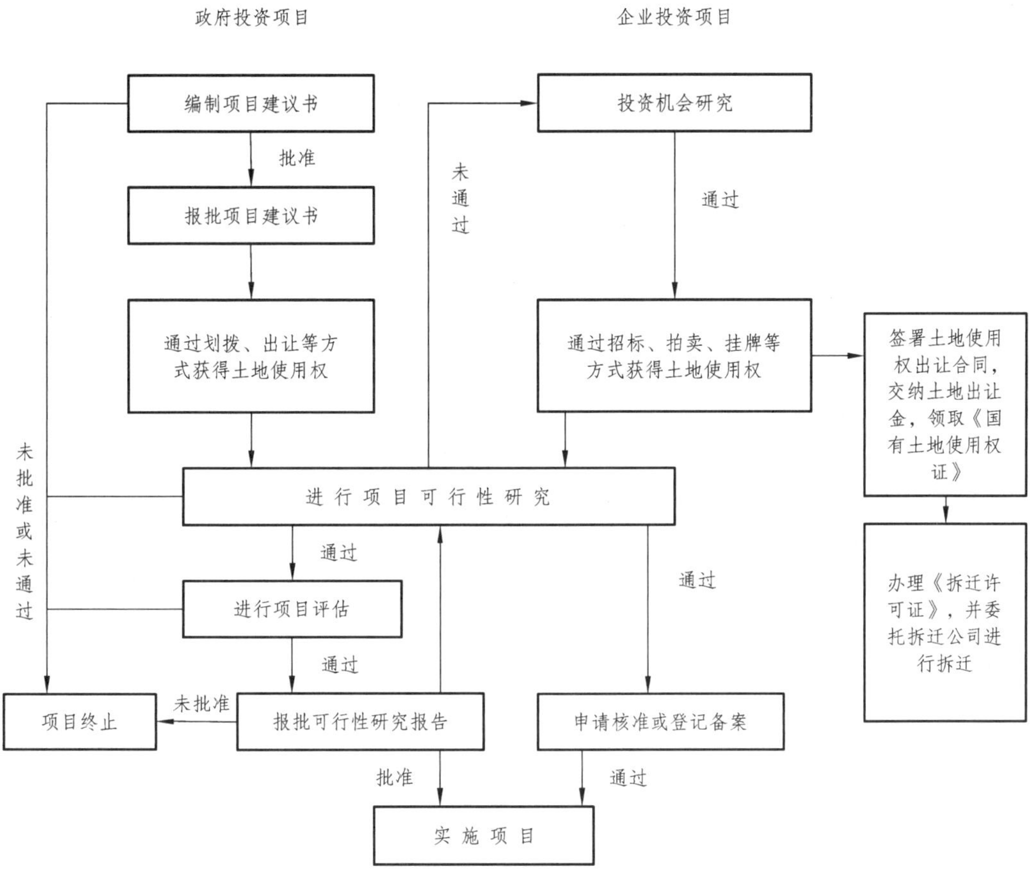

图 1-10 项目投资决策流程示意图

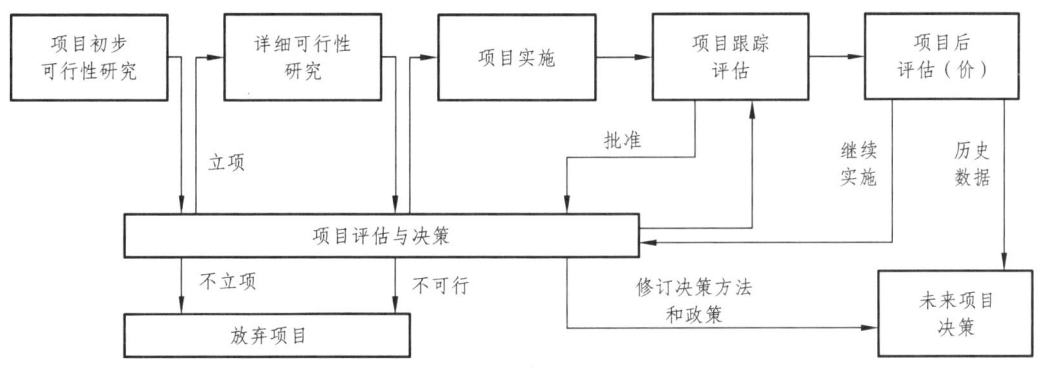

图 1-11 项目评估和项目决策关系图

项目决策与项目评估有着非常密切的关系。其中，项目前评估是项目初始决策的前提和基础，项目跟踪评估是对项目实施中各种决策的前提和保障，项目后评价是对于项目前评估和项目决策的检验与评估,同时项目后评估还具有总结经验和修订未来项目决策准则和政策,为提高项目评估、项目决策及管理水平提供经验和教训的作用。

第四节 总结与作业

一、课后读物

扫描二维码可以获得相关详细知识。

我国公路项目建设程序《公路建设监督管理办法》	我国铁路项目建设程序《铁路建设管理办法》	投资项目决策
公路建设项目工程可行性研究内容《公路建设项目可行性研究报告编制办法》	铁路建设项目工程可行性研究内容《铁路建设项目预可行性研究、可行性研究和设计文件编制办法》	地铁可行性研究报告目录

二、课后习题

(1)什么是项目?什么是交通项目?

(2)什么是项目评估?项目评估需要包含哪些内容?请结合选取的交通项目进行阐述。

(3)什么是可行性分析?它与项目评估相比有什么不同?

三、课后作业

假设现在是2005年,大连市正在筹划建设地铁项目,请各组同学通过查阅资料等方法写出一份调研报告,评估一下大连地铁是否需要建设?

答题思路如下:

首先,明确标准是谁设定的。现阶段,申报发展地铁的城市应达到下述基本条件:地方财政一般预算收入在100亿元以上,国内生产总值达到1 000亿元以上,城区人口在300万人以上，规划线路的客流规模达到单向高峰小时3万人以上，申报建设轻轨的城市应达到下述基本条件：地方财政一般预算收入在60亿元以上，国内生产总值达到600亿元以上，地区人口在150万人以上，规划线路客流规模达到单向高峰小时1万人以上。对经济条件较好，交通拥堵问题比较严重的特大城市，其城轨交通项目予以优先支持。

然后，依据大连市统计年鉴，查找对应各项标准的指标值。

最后，判定是否可以建设。

四、课后案例

大连城市轨道交通的相关内容请扫码观看。

五、总结

回忆我们在课前玩的游戏，每个参赛学生像不像一个个待选方案，他们手中仿佛都有一本有关自己的可行性研究报告，回忆一下，当时你是如何评估的呢？又考虑了哪些内容呢？我们为什么做这个评估呢？

通过本章的学习，你需要思考什么是项目，交通项目是什么，它有什么特点，我们为什么要进行项目评估，到底要评估哪些内容，在项目周期中何时进行评估，怎么决策一个项目是否应该建设呢等问题。

第二章

运输需求预测

□ 交通项目评估

> **章节导读：**
> 　　需求预测既是重点，也是难点，其涉及的大多数理论和方法都诞生在20世纪70年代前。通过本章的学习，同学们有能力去思考这些方法是如何从无到有的，并在案例探讨的过程中，面对问题，解决问题。悄悄告诉你开启本章的魔法口诀：思考。

引言　趣味案例，写在课前

一、课前案例（剧本杀）

（一）剧本引入前：剧本人物选择

　　回想一下，你每次从学校回家乘坐的是什么交通运输工具，请把该运输方式、票价、运行时间等详细内容写下来。如果国家发明了一种新的交通运输工具，可以使你从学校到家的时间缩短至1/3（如你原来需要的时间是3小时，现在只需要1小时），但是票价将是你现在花费的3倍（如你原来需要支付的票价是100元，现在需要支付的票价为300元），你会选择该种运输方式出行吗？我们假设现有的交通工具、新的交通工具不存在发车时间、到达时间等其他因素对选择产品的影响。如果现在使用的运输方式被完全替代，只剩下新的交通运输工具，你会怎么办呢？你的态度与感受是什么样的呢？你是否支持新交通运输工具替代原有运输工具呢？请写下你的理由。

　　角色选择情况：不喜欢选择新交通运输工具的学生（态度坚决、感受不好），角色设定为女学生；支持新交通运输工具的学生，角色设定为铁路局相关具有决策权的领导；"无论新交通运输工具还是原有交通运输工具，都无所谓，能让我出行就行，钱虽然花多了，但是时间不是也减少了，这也是合理的"，把有这样想法的角色设定为铁路员工；虽然不喜欢原有交通运输方式被取代，但是也接受此安排，角色设定为政府评估人员。

（二）案例引申：剧本杀内容

　　我家门前的那列慢火车消失项目是否可行呢？

　　1. 你的角色：女学生

　　我是一所大学的女学生，我生活的地方是一个美丽的小村庄，离村庄有一定距离的地方有一个小小的火车站，那是我在没上大学前最向往的地方，因为家里人告诉我，从那里就能看到外面的一切。现在，我已经通过那里走到外面的世界，坐火车30多个小时来到我现在求学的地方。火车票很贵，要花费掉我部分的生活费。

我很想回家，因为可以见到那片美丽的土地以及家人，但一年没有回家的我，今天在网上购票，却发现原来我家的那个小火车站消失了，随之消失的还有那列慢火车。替代它们的大火车站离我家有一段距离，并且替代的那列高速动车的票价太贵。我不理解，为什么他们要取消那美丽的火车站和那辆慢悠悠的列车？

2. 你的角色：铁路局决策领导

随着国家经济的快速发展，高速铁路在全国各地区全面建设，原本亏损的线路，一天坐的人也没几个，随着时代的发展，终将落寞的东西就会逐步退出历史的舞台。我国经济发展得如此迅猛，高速动车组列车好评如潮，哪个地区不期盼着修建高铁，带动经济。我们建立高铁站，才是建设我们的家乡，这才做到公铁联运，以保障人们的出行，人们的出行时间大幅度减少，旅客们再也不会抱怨出行难啦。

3. 你的角色：铁路局职工

这个小站没有多少人上车下车，倒很清闲，来来往往的人都很熟悉。列车取消了，火车站关闭了，我不用再在这个小站里上班，终于回城了，这也是一件幸事。但我挺为这些可爱的村民担心的，原来赶个集往返一次的路费，现在只支付去程都不够，不知道在这变革的浪潮中，他们如何能保全自己？

4. 你的角色：政府评估人员

偶然间在网上看到一个故事：一个在外求学的小姑娘由于回家车票太贵，本想放弃回家过年，留在学校。学院老师在知道这件事情后，出钱让孩子回家过年。我就在想，车站的关闭属不属于交通项目，列车线路的取消属不属于交通项目，如果属于，我们怎么从来都没有对此进行过评估？除了这个幸运的小姑娘以外，还有多少类似的需求呢？他们的需求是否被合理的满足，他们的出行需求又有没有被抑制呢？

（三）案例探讨背景

自 2004 年国务院批准实施《中长期铁路网络规划》以来，我国铁路实现快速发展，初步形成基础网络，明显提升服务水平。2016 年修编的《中长期铁路网络规划》明确表示，我国铁路发展需要推进供给侧结构性改革，扩大铁路有效供给，为推进铁路建设提供依据，也为指导铁路发展提供参考。在党中央、国务院对铁路发展高度重视下，截至 2019 年年底，全国铁路营业里程达到 13.90 万公里以上，其中，高速铁路营业里程达到 3.50 万公里，完成全国铁路旅客发送量 36.60 亿人，铁路旅客周转量 14 706.60 亿人公里。但是与此同时，大量车站关闭（如皇姑屯等站），大量普速列车停运。这样是更好地满足旅客需求？还是有部分旅客被高铁拒绝呢？车站的关闭，列车停运有实施标准和依据吗？

（四）案例探讨思路

（1）列车车站的修建、列车线路运行都属于交通项目，需要书写可行性研究报告,并进行评估,那么列车车站的关闭、列车线路取消属于交通项目吗?是否需要书写可行性报告,并进行评估呢?

(2)如果你是可以决定列车车站是否关闭、列车线路是否取消的决策者,你在决策时会考虑哪些内容?怎么评估列车车站的关闭、线路的取消呢?

(3)如果你是列车车站关闭、列车线路取消后的"受害者",当你知道他们要关闭车站、取消线路,你会怎么做呢?

(五)案例总结

我国高速铁路快速建设,带动经济发展与保障人们出行。但是人们的需求是否只表示为服务品质的提高,如旅客愿意乘坐普速列车而非高铁时,是让他们必须喜欢上高铁,逐渐舍弃普速列车,还是我们可以保留普速列车以满足相应需求?将偏远的小火车站关闭时,决策的依据是无人使用,1个人使用,还是10个以下人数使用?是否会安排可替代使用的火车站呢?这些总要给出相应的依据。项目在建设的时候需要通过投资机会研究、可行性研究等。那么列车车站关闭,列车线路取消时也应该进行项目可行性研究和项目评估,并应清楚评估标准是什么。

二、案例探讨

行人过街难问题如何解决呢?以校门口过街难问题为案例,探寻其解决办法。

学生被随机分为方案组与评估组。方案组要根据行人过街难问题提出解决方案,并证明其可行性。评估组要根据方案内容评估方案,决策实施哪种方案。

方案探寻方法:过街难问题的矛盾点是什么,怎么解决?每一种方案的优缺点都是什么?有什么更好的配套方案(设施、服务等)来弥补缺点?这种方案是否可行呢?

可供选择方案:搭建无障碍过街天桥;问题:请评估该方案是否可行?原因是什么?

案例背景:随着我国城市化进程不断推进,机动车拥有量快速增长(近十年每年平均增长量为24%),造成人流与车流的冲突日益增加,为人们出行交通安全带来隐患。据《中华人民共和国道路交通事故统计年报(2012年)》数据显示,2012年行人因交通事故意外死亡的人数为15 221人,占全部交通事故死亡人数的25%。因此,要从根本上解决人车冲突,保证行人出行安全。

立体过街设施虽能够有效保障人流、车流的通行安全,在空间角度隔离人车在平面的冲突。但由于设计思想的局限性,未能体现以人为本的思想,给老人、残疾人等人群的出行带来不便。平面过街设施可以在合理信号配时下从时间角度隔离人车冲突,由于存在行人闯红灯行为、车辆不礼让行人(如右转车辆与行人的冲突)、信号配时难合理设置等问题,形成行人过街难问题。因此应当建设无障碍过街天桥,满足特殊人群的无障碍通行需求,兼顾其他人群的通行(不考虑瞬时爆发的人流),

构建安全、节能、环保的交通系统，使人们文明通行。

无障碍自动天桥，即跨路电梯，是一款利用电梯轿厢运送行人过路的新型立体行人过路设施。可以实现轿厢连续的垂直升降和水平运动，实现行人可乘电梯从空中跨越马路。

项目评估思路：结合第一章项目评估内容，项目是否应该建设，需要对项目的需求、技术、财务、经济、社会等方面进行评估。因此，依据校门口过街难问题，针对提供的方案，从需求、技术、财务、经济、社会方面判定待选方案的可行性，选择解决校门口过街难问题的项目。但任何交通项目的建设，都需要明确它应该建设在哪里，有多少需求。综上所述，需求预测是非常重要的。

第一节 市场分析概述

一、市场分析的含义

市场分析是指通过市场调查和供求预测，根据项目产品的市场环境、竞争能力和竞争者，分析、判断项目投产后所生产的产品在限定时间内是否有市场，以及采取怎样的营销战略来实现销售目标。因此，市场分析的主要内容为：

① 分析影响产品需求量的主要因素；
② 分析影响产品供给量的主要因素；
③ 预测产品未来的需求量和供给量；
④ 研究产品的竞争能力；
⑤ 判断产品的市场前景；
⑥ 制定营销战略和项目营销计划。

影响市场需求量与供给量的核心因素为价格，其为可控因素，在价格不变的情况下，居民收入、经济水平、人口变化、个人偏好和特殊因素等都会影响产品的需求量，生产成本、技术进步、相关产品的价格、政府政策和其他特殊因素等都会影响产品的供给量。这些影响因素为不可控制因素。除此之外，还要考虑市场潜量。指某一产品在市场上可能达到的最大销售量。影响市场潜量的诸多因素中，最主要的因素就是社会购买力的变化。

产品竞争分析指分析产品功能和特性，考察项目投产后所生产的产品与该种产品一般功能和特性的区别，判定项目产品是否具有一定的竞争能力，预计可有多大的市场占有率。产品功能和特性决定产品的竞争能力，产品的质量、品种、性能、价格、包装及营销策略等因素影响产品的竞争能力。

除此之外，产品市场分析是从产品生命周期角度，判定拟建项目投产时项目产品所处的阶段，判断项目产品进入市场的时机是否最佳，以及制定特定的销售战略以及在选定的市场上达到项目目标所需要的措施和方法。

二、市场分析的作用

市场分析是可行性研究和项目评估的重要组成部分,其既可为项目是否值得投资建设和生产运营提供指导,也可为项目建设规模和产品方案提供重要依据,可为项目技术装备和厂址选择提供必要建议。从而为运输企业的发展创造条件,确定企业销售手段,发现企业经营中的潜在问题。综上所述,市场分析是项目建设的必要前提,也是项目进行财务及经济评估的重要基础,确保投资项目为社会提供有用的产品(或劳务)。市场分析确定合理的生产规模,初步确定投资规模,确定产品生产方案,并为财务分析提供基础。

三、市场调查与市场预测

市场调查是指按照科学的方法,有计划、有目的地对拟建项目产品的市场供求情况进行系统的搜集、整理和分析。市场调查实际上就是观察、了解、记录、整理及分析市场情况的活动,其程序大致可划分为三个阶段:调查准备阶段、调查实施阶段、调查结果处理阶段。

市场预测是指在市场调查的基础上,运用科学的方法,预计和测算未来一定时期内的市场对项目产品的需求量和变化趋势的过程。市场预测的程序大致包括:确定预测目标、拟定预测计划、收集、分析和处理资料;选择预测方法,建立预测模型进行预测;分析预测结果等。预计和测算未来一定时期内的市场对项目类似产品(可替代产品)供给量和变化趋势的过程;预计和测算未来一定时期内的市场对生产产品资源(包括自然资源、再生资源或其他资源;如能源动力:煤炭、钢材、电力、水泥等)供给量和变化趋势的过程。

第二节 运输需求概述

一、运输需求的含义

运输需求为在一定时期内,一定价格水平下,社会经济生活对人与货物空间位移所提出的有支付能力的需要。包括七个要素:流量(运输需求量)、流向(方向)、流程(运输距离)、流时(运送时间)、流速(送达速度)、运价(运输价格)、运输需求结构(对运输需求的分类)。

(一)运输需求分类

(1)按照运输需求的产生(运输对象)分为旅客运输需求和货物运输需求。
(2)按照运输需求范围分为总运输需求和个别运输需求。
(3)按照运输需求的产生地域分为区域内的运输需求、区域间的运输需求、过境运输需求。

（4）按照运输方式不同分为铁路运输需求、公路运输需求、水路运输需求、航空运输需求、管道运输需求、多种方式的联合运输需求。

（二）运输需求的特点

（1）广泛性。

现代人类社会活动的各个方面、各个环节都离不开人和物的空间位移，运输需求产生于人类生活和社会生产的各个角落，这种位移的一部分由私人或生产企业自行完成，不形成运输需求，而大部分则需要由公共运输业完成。运输业作为一个独立的产业部门，任何社会活动都不可能脱离它而独立存在，因此与其他商品和服务的需求相比，运输需求具有广泛性，是一种带有普遍性的需求。

（2）多样性。

货物运输服务提供者面对的是种类繁多的货物。承运的货物由于其在重量、容积、形状、性质、包装上各有不同，因而对运输条件的要求也不同，在运输过程中必须采取不同的技术措施，如石油等液体货物需用罐车或管道运输，鲜活货物需用冷藏车运输，化学品、危险货物、长大货物等都需要特殊的运输条件。对于旅客运输需求来说，由于旅客的旅行目的、收入水平等不同，对运输服务的质量要求必然呈多样性。因此运输需求不仅仅是一个量的概念，它还有质的要求，安全、速度、方便、舒适、满足物流效率的要求等是运输质量的具体表现。运输服务的供给者必须适应运输质量方面多层次的需求。

（3）派生性。

运输需求大体上是一种派生性需求。在经济生活中，如果一种商品或劳务的需求是由另一种或几种商品或劳务需求派生出来的，则称该商品或劳务的需求为派生性需求。引起派生需求的商品或劳务需求称为本源性需求。派生性是运输需求的一个重要特点。显然，货主或旅客提出位移要求的目的往往不是位移本身，而是为实现其生产、生活中的其他需求，完成空间位移只是中间一个必不可少的环节。

（4）空间特定性。

运输需求是对位移的要求，而且这种位移是运输消费者指定的两点之间带有方向性的位移，也就是说运输需求具有空间特定性。运输需求的这一特点，构成了运输需求的两个要素，即流向和流程。例如春节前后的返乡、返工客流。

（5）时间特定性。

客货运输需求在发生的时间上有一定的规律性，例如周末和重要节日前后的客运需求明显高于其他时间，市内交通的高峰期是上下班时间，"双十一"也是货物的运输繁忙期，这些反映在对运输需求的要求上，就是时间的特定性。运输需求在时间上的不平衡引起运输生产在时间上的不均衡。时间特定性的另一层含义是对运输速度的要求。客货运输需求带有很强的时间限制，即运输消费者对运输服务的起运和到达时间有各自特定的要求。从货物运输需求看，由于商品市场千变万化，货主对起止的时间要求各不相同,各种货物对运输速度的要求相差很大;对于旅客运输来说,每个人的旅行目的和对旅行时间的要求也是不同的。

(6)部分可替代性。

不同的运输需求之间一般来讲是不能互相替代的,例如人的位移显然不能代替货物位移,由北京到大连的位移不能代替北京到广州的位移,运煤炭也不能代替运水果,因为这明显是不同的运输需求。但是在另一些情况下,人们却可以对某些不同的物质位移做出替代性的安排。例如煤炭的运输可以被长距离高压输电线路替代;在工业生产方面,当原料产地和产品市场分离时,人们可以通过生产位置的确定在运送原料还是运送产成品或半成品之间做出选择。运输需求的这种部分可替代性是区位理论解决选址问题和国民经济重大工程项目进行技术经济分析的基础。人员的一部分流动在某些情况下也可以被现代通信手段所替代。

二、运输供给的含义

运输供给是在一定时期内,一定价格水平下,运输生产者愿意而且能够提供的各种运输产品的数量。影响运输供给的因素有:技术、运输成本、政策与管理。运输供给分析主要是根据各运输方式本身的特点和现有的设备条件,人员情况和组织方法,正确估计能够提供哪些类型的产品,满足哪些类型的运输需求,甚至还要分析,进行哪些类型的改进(设备和组织方法),才能更好地满足运输需求。

(一)运输需求分类

按照运输供给范围分为个别供给、局部供给和总供给。

按照运输供给地域分为区域内的运输供给、区域间的运输供给和客货流通(过境)所提供的运输供给。

按照运输供给性质划分为生产性的运输供给和消费性的运输供给。

(二)运输供给特点

(1)产品的不可储存性。

由于运输产品的无实体性,体现为一种服务能力。因此,运输产品不能相互替代、转移和储存,通常还受自然条件(如气候和地理环境)的制约和影响。

(2)不平衡性。

时间的不均衡性:运输需求的数量在不同时段上有差异,具有周期性;空间的不均衡性:运输需求的数量在不同空间上有差异,表现在方向上,距离上,以及地理条件上。

(3)部分可替代性。

运输供给是由多种运输方式和多个运输企业的生产能力共同构成的。由于运输产品的核心是提供旅客和货物的位移。因此,运输产品之间具有可替代性,即在同一方向、具有相同技术经济特征的运输方式或运输企业所提供的产品就形成了较强的竞争态势。同时，由于运输产品在时间、运输方向、运输距离等特征上存在差异，旅客、货物对运输产品服务的经济性、方便程度、快捷程度等质量要求不同，使得不同运输方式间或同种运输方式中具有差别的运输服务都可能在某一领域的运输供给上形成一定程度的垄断。

（4）运输供给的整体性。

运输供给的整体性是指运输基础设施与运载设备、运载工具的能力相互匹配，运输线路、机场、港口、车站等基础设施的建设必须统一规划、相互配套，共同形成生产能力，形成不可分割的整体。

（5）运输供给的外部性。

一是当运输企业超额生产时，一部分运输成本转嫁到消费者身上。如当运输需求高峰期到来时，运输供给在较大范围内超额生产，同时并不带来运输成本的明显上升，但随之而至的是运输条件的恶化，运输服务质量的下降，使得本应该由运输企业承担的成本部分地转嫁到消费者身上。二是由于运输活动带来的空气、水、噪声等环境的污染，能源和其他资源过度消耗以及交通堵塞等成本也部分地转移到运输的外部成本中。

三、运输供需关系

运输供需关系是一定时期内运输市场提供的运输服务数量与社会需要之间的关系，运输需求与运输供给是构成运输市场的两个基本方面。运输需求是运输供给的原因，而运输供给则是运输需求的基础。运输需求决定运输供给，运输供给满足运输需求。

运输供需关系如图 2-1 所示，存在着供大于需、供小于需、供需平衡三种情况。供需平衡是指在市场机制的自行调节下，运输供给和需求形成规律性的运动，出现某种量价关系的均衡状态。随着时间的发展，运输供给与需求条件的关系被打破，从而向新的均衡推进。所以供需关系是一个动态的过程。即在某时某刻，供需关系呈现的一个状态，但并非在供小于需的时候，增加供给，就能满足需求，而是供给增加的同时，需求也可能增加。每一个个体都在结合自己的现实情况做出行为选择。

运输供需关系与经济学中供给与需求理论相一致，即影响人们出行选择、交通工具选择等的决定因素是价值（出行费用）。随着出行成本的降低，人们出行需求增加。与此同时，随着出行成本的增加，人们出行需求降低。运输供给情况以及供需之间的动态关系会直接影响出行成本。如在城市交通系统中，道路设施、信号配时、标志标线等交通设施的构建为人们出行提供了基础供给。人们将依靠供给情况进行需求选择。现以道路供给与交通需求的三种不同情况为例进行详细说明（如图 2-2 所示）。

□ 交通项目评估

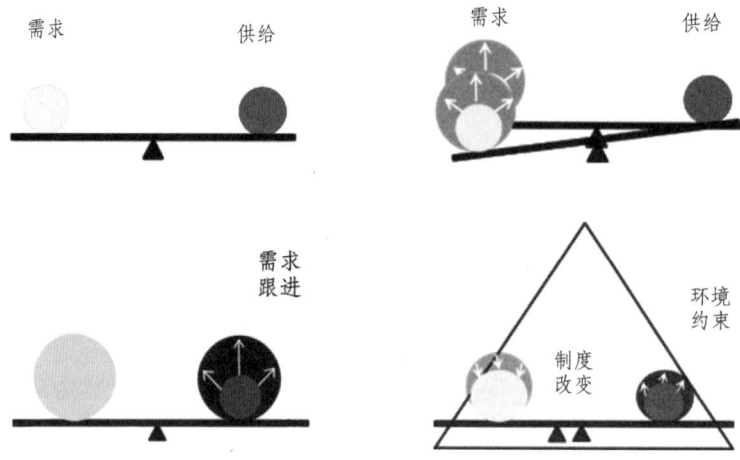

图 2-1 运输供需关系

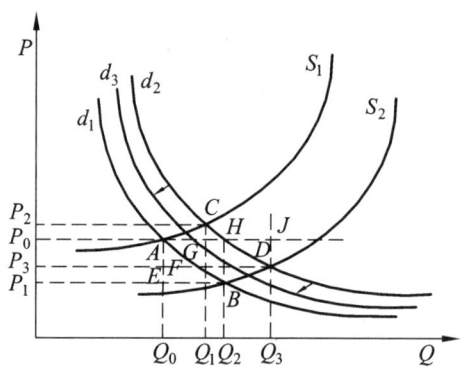

图 2-2 道路供给需求之间关系

图 2-2 中，S_1 为新建或扩建道路前的道路供给曲线，S_2 为新建或扩建道路后的道路供给曲线。道路供给曲线显示随着价格的增加道路供给量增加，即道路供给量与价格成正方向变动。d_1 为新建或扩建道路前的交通需求曲线，d_2 为新建或扩建道路前，由于人口增长和经济发展等等改变后的交通需求曲线。交通需求曲线随着价格的减少而交通需求量增加，即交通需求量与价格成反方向变动。在现实情况下，交通需求与道路供给都受价格影响。在道路没有新建或扩建，交通需求没有变化的情况下，供给曲线 S_1 与需求曲线 d_1 相交于点 A，此时道路容量为 Q_0，价格为 P_0。当需求曲线因为人们生活水平，人口增加等原因而平移为需求曲线 d_2 时，供给曲线 S_1 不变的情况下与需求曲线 d_2 相交于点 C，此时道路容量为 Q_1，价格为 P_2。P_2CGP_0 为在人们交通需求增长，道路供给不变的情况下，所有出行者 Q_1 将多承担的费用（出行者出行费用标准选用道路新建或扩建前 S_1 与 d_1 供需平衡点）。当道路新建或扩建后，供给曲线 S_1 平移到供给曲线 S_2，在需求曲线不变的情况下与供给

曲线相交于点 B，此时道路容量为 Q_2，价格为 P_1。P_0HBP_1 为道路新建或扩建后（需求不变），道路容量为 Q_2 的人们出行获得的收益。当道路新建或扩建后，交通需求曲线变化的情况下，供给曲线 S_2 与需求曲线 d_2 相交于点 D，此时道路容量为 Q_3，价格为 P_3。即在道路新建或扩建后（需求变化），道路容量为 Q_3 的人们出行获得效益 P_0JDP_3。因此，在供给需求函数中，Q_1 到 Q_3 增加的交通量为诱增交通量，是在人们需求并未发生变化的情况下新建或扩建道路产生的；而 Q_0 到 Q_1 增加的交通量是由于人口经济等外部因素影响产生的。

四、运输需求与运输量

运输量是指运输部门在一定时期内运送旅客和货物的数量。以运量和周转量表示。按照运输需求的产生，分为客运量与货运量。基于运输需求的相关概念，运输需求与运输量是两个不同的概念。运输量的大小当然与运输需求的水平有十分密切的关系，但它们并不完全是一回事，运输量本身并不能完全代表社会对运输的需求。运输需求能否实现要取决于运输供给的状况，在运输能力完全满足需求的前提下，运输量就可以基本上反映运输需求。但有时候，特别是在某些国家或地区运输供给严重不足的情况下，运输业完成的运输量仅是社会经济运输需求的一部分，如果增加运输设施、扩大运输能力，被不正常抑制的运输需求就会迅速变成实际的运输量，如 20 世纪 80、90 年代春运期间，最初的"双十一"活动等。

明确运输需求与运输量的概念对预测运输需求是很重要的。过去有许多预测工作没有分清运输需求与运输量的区别，在大部分预测过程中主要采用了以过去的历史运输量数据预测未来运输需求的方法，以"运量预测"简单代替运输需求预测，这种概念上的误差自然会影响到预测的准确程度。显然，在运输能力满足需求的情况下，运量预测尚可以代表对运输需求量的预测；而在运输能力严重不足的情况下，不考虑运输能力限制的运量预测结果，就难以反映经济发展对运输的真正需求。

在本小节运输供需关系中我们可以看到，在运输需求、运输供给增加的情况下，均衡运量一定增加，即在现实情况下新建或扩建道路将会产生诱增交通量，诱增交通量是指对于运输供给量增加所导致运输需求的任何增加，也就意味着如果运输供给量不增加，这部分运输需求就不会产生。因此，诱增交通量相关问题的研究值得重视。如城市交通拥挤问题，通过新建或扩建道路是无法解决该问题的，反而会使拥挤程度增加。与此同时，控制交通需求的减缓交通拥挤的政策实施下（如交通拥挤收费、公共交通优先等），交通需求曲线从 d_2 平移到 d_3（如图 2.2 所示），此时在交通供给不变的情况下使需求调控降低。人们出行意愿支付的费用保持不变的情况下，交通需求受出行成本影响，而出行成本与现有交通状况和交通需求管理政策相关。

第三节 交通调查

一、交通调查含义与作用

交通调查指利用客观的手段，对道路交通流及有关的交通现象进行调查，并且对调查资料进行分析与判断，从而了解和掌握交通状态及有关的交通现象规律的工作。交通调查是交通工程学重要的组成部分之一，为交通规划、交通设施建设、交通管理与控制、交通安全、交通流理论研究等方面的内容提供基础数据。

交通调查可以为交通项目提供全面、系统而又真实可靠的实际参考资料和基础数据，依据这些数据准确分析交通现状，对交通项目涉及的经济、运输、交通量等做出准确可靠的预测，并制定出合乎社会发展规律并且与交通需求相适应的项目建设方案。如果调查资料不全或者失真，则对交通现状的评价必然得出片面甚至错误的结论，并会造成交通需求预测、社会经济发展趋势预测结果精度低，导致规划方案无法实施。

综上所述，交通调查是交通运输系统现状评价的基础；交通调查可以为交通需求预测提供基础数据，为交通项目评估提供依据。在交通工程中，调查结果是交通运输系统评价的基础，调查结果也是制定各种规划的重要依据，如综合交通规划、专项交通规划、区域规划、城市规划、社区规划。交通调查按调查对象不同划分为客运调查、货运调查。

二、交通调查过程

交通调查的方法按调查规模可分为全面调查和非全面调查两大类，围绕交通调查内容，对区域内所有的调查对象进行普查是很难实行的，因此，在进行交通调查时，一般根据统计学原理进行抽样调查，其具体情况如图2-3所示。非全面调查又可分为典型调查、抽样调查和重点调查。交通调查的地理范围与社会经济调查的范围一致，且要求以所划分的小区为基础进行。

三、交通调查方法

交通调查并不等同于交通运输量调查，交通调查应该包括交通运输调查、社会经济及土地利用基础资料调查、相关的政策和法规调查、建设资金调查、交通影响调查等五个方面的内容，具体情况如图2-4所示。交通调查内容对应着交通项目评估中的需求、财务、经济、社会各个方面。因此，在交通项目评估中，本节主要涉及交通运输调查。主要包括交通量、速度、密度调查，交通延误调查、OD调查、行为调查、公交调查。

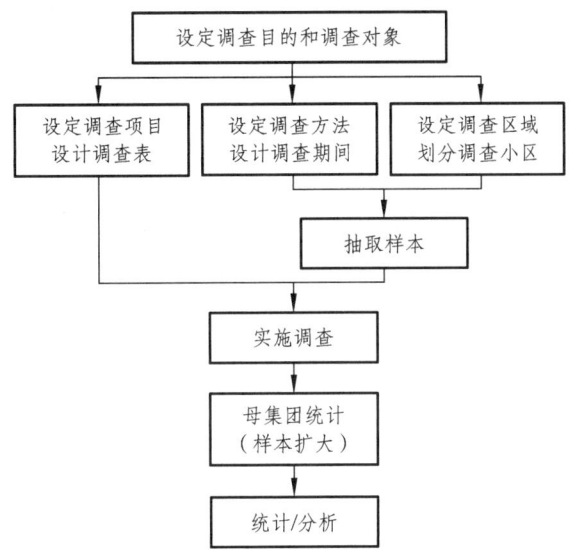

图 2-3 交通调查的过程

（一）交通量、速度、密度调查

（1）交通量调查：交通量是指单位时间内通过道路或车道某一断面的交通实体的数量，包括不分流向调查、分流向调查、转向调查或交叉口调查、分车种调查、车辆占有调查、行人交通调查、境界出入调查、分隔查核线调查。方法包括人工计数法、机械观测法、浮动车法、录像法、利用车辆定位系统计量法。

$$平均交通量 = \frac{1}{n}\sum_{i=1}^{n} Q_i \tag{2-1}$$

式中 Q_i——各规定时间段内的交通量；

n——所有规定时间段内的时间；

ADT——平均日交通量；

$AADT$——年平均日交通量。

$$ADT = \frac{1}{n}\sum_{j=1}^{n} Q_j \tag{2-2}$$

$$AADT = \frac{1}{365}\sum_{j=1}^{365} Q_j \tag{2-3}$$

式中 Q_j——观测期内第 j 天的交通量，辆/天；

n——所有规定时间段内的时间。

（2）车速调查：由于道路设计/交通规划/交通控制与管理/交通设计及道路质量评价，均以车速作为最基本的资料，因此车速调查成为道路交通工程中最重要的调查项目之一。常见的调查有地点车速和区间车速。地点车速调查可以掌握某地点车速分布规律及速度变化趋势；作为交叉口交通设计的重要参数；用于交通事故分析；

判断交通改善措施的成效；确定道路限制车速；设置交通标志的依据；局部地点如道路弯道、坡度、瓶颈等处的交通改善设计的依据；交通流理论研究中的重要参数。地点车速调查方法包括道路检测器法、雷达仪法、光电管法、摄影法。

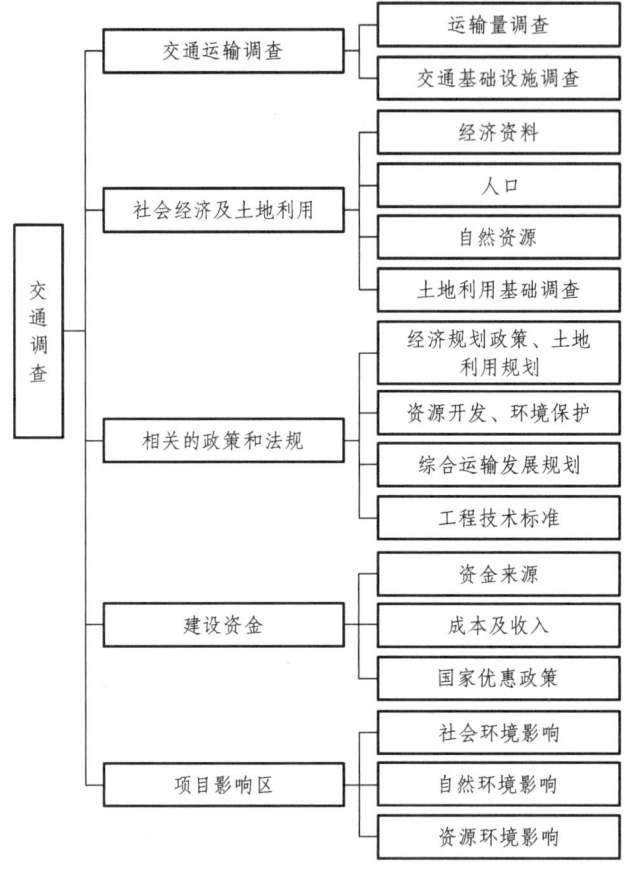

图 2-4　交通调查内容

区间测速是车辆行驶在某一区间时根据道路交通状况而确定的综合车速，是用区间距离除以车辆行驶在该区间的总时间（包括停车时间）求得的。区间车速与行驶车速的区别在于停车时间，两者调查方法一样，只是前者需计入停车时间。区间车速调查可以掌握道路交通现状，是评价道路服务水平的主要指标；路线改善设计的依据；衡量道路上车辆运营经济性（时间和车辆耗油）的重要参数；作为交通规划中路网交通流量分配的重要依据；确定交通管理措施及联动交通信号配时的重要依据；判断道路工程改善措施前后效果对比的重要指标；交通流理论研究中的重要参数。区间测速调查法包括跟车观测法、浮动车测速法、车辆牌号对照法。

（3）密度调查：交通密度是在单位长度（通常为 1 km）路段上，一个车道某一瞬时的车辆数，单位是辆/km 或辆/（km·车道数）。密度是瞬时值，不仅随时间变化而变动，也随测定区间的长度而变化。密度要用测空间平均车速的方法才能测得。密度可以衡量一辆车与其他车辆的接近程度，密度大将直接影响驾驶自由度和舒适度，密度和速度组合会影响观测流量。因此，密度也是评价道路交通服务水平的重要指标。其方法包括出入量法和摄影法。

（二）交通延误调查

延误是指由于道路和环境条件、交通干扰以及交通管理与控制等驾驶员无法控制的因素所引起的时间损失。通过延误调查可以直接得到车辆行驶过程中损失的时间，为评价道路交通阻塞程度、评价道路服务质量、交通设施改善的前后对比分析、交通运输经济分析、掌握行车延误的变化等提供基础资料。

路段行车延误通常与行程一起调查，同时获得行驶时间、行驶车速、行程时间、行程车速和延误等一系列资料。调查方法主要有跟车法、流动车法、牌照法、输入一输出法。交叉口延误主要受到入口引道的车道数、宽度、坡度、入口控制方式、渠化情况、有无停车站点等道路条件影响，交叉口延误调查方法包括停车时间法、行程时间法、试验车法、牌照法、间断航空摄影法、人工追踪法等。

（三）OD 调查法

OD 调查，即起讫点调查，是对某一调查区域内出行个体的出行起点和终点的调查。其目的是获取公路上交通流的构成、流量、流向、起讫点、货物种类、实载率情况等，为预测远期交通量提供依据，同时也为道路设计和经济评价采集基础数据。按照调查内容的不同，划分为居民 OD 调查、车辆 OD 调查、货流 OD 调查。OD 交通量就是指起讫点间的交通出行量。

OD 调查的方法包括路边询问法、表格调查法、家庭访问法、明信片调查法、车辆牌照法，在调查过程中，调查区（OD 小区）的划分是非常重要的。

（四）行为调查

交通出行行为调查可以分为行为调查（Revealed Preference，RP）和意向调查（Stated Preference，SP）。RP 调查是对实际行动或已完成的选择性行为进行的调查。SP 调查是在假设条件下，选择主体如何选择的以及如何考虑的选择意向调查。

RP 调查和 SP 调查需要被调查者依据行为调查表或问卷。RP 调查的目的是想了解被调查者在某选择状态下的选择结果以及选择的条件。SP 调查则是对某一选择状态，了解被调查者在这一选择状态下的选择结果。SP 调查要求被实验者对于选择方案的回答大致可以分为选择、排序、打分以及匹配四种。

（五）公交调查

公共交通客流调查方法包括问询客流调查法、目测客流调查法（驻站客流调查法）、随车客流调查法、发票调查法。即以各种方法获取乘客流量，如在问询客流调查法中获取乘客上下车地点；目测客流调查法（驻站客流调查法）中获取上下车乘客人数、车厢内人数、留站人数和通过车次；随车客流调查法中获取每个车站上下车的乘客数量，以及车站上留站人数；发票调查法获取任意乘客上车下车等相关情况。

（六）其他调查

其他的交通调查包括行人交通调查；自行车交通调查；交通事故调查；人的交通心理、生理特性调查；道路和交通设施调查；各种交通运输方式实况调查；道路两侧土地使用特性调查；社会经济调查。

第四节　运输需求预测方法

运输需求预测是根据运输市场过去和现在的需求状况以及影响运输市场需求变化的因素之间的关系，利用一定的经验判断、技术方法和预测模型，应用合适的科学方法对有关反映运输市场需求指标的变化以及发展的趋势进行预测。

一、数据收集

数据收集是交通需求预测工作的基础，当统计结果不是基于严格准确的数据收集，它们将会对今后研究分析工作产生误导而不是指导，而这种误导性分析很难被更正修改。因此，数据收集非常重要。数据收集有两种形式，一种形式是依据数据资源，如将国家统计数据库进行数据收集、整理、分析。另一种形式是通过交通调查，即利用客观手段，对交通流及有关的交通现象进行调查，并且对调查资料进行分析与判断，从而了解掌握交通状态及有关的交通现象规律的工作过程。

（一）数据类型

1. 横截面数据

横截面数据是在给定时点对个人、家庭、企业、省市、国家或一系列其他单位采集样本所构成的数据集。有时，所有单位的数据并非完全对应于同一时间段。例如，几个家庭可能在一年中的不同星期被调查。在一个纯粹的横截面分析中，应该忽略数据收集中细小的时间差别。如果一系列家庭都是在同一年度的不同星期被调查的，我们仍视之为横截面数据集。横截面数据的一个重要特征是，我们通常假定，它们是从样本背后的总体中通过随机抽样而得到的。

2. 时间序列数据

时间序列数据是由对一个或几个变量不同时间的观测值所构成。如国内生产总值、汽车销售数量等。由于过去的事件可以影响到未来的事件，而且行为滞后在社会科学中又相当普遍，所以时间是时间序列数据集中的一个重要维度。与横截面数据的排序不同,时间序列对观测值按时间先后顺序,也传递了潜在的重要信息。时间序列数据的关键特征为:很少(即使能够)假设经济数据的观测独立于时间。多数经济及其他时间序列都与其近期历史相关(通常是高度相关)。时间序列数据的普遍特征是数据收集时的数据频率,最常见的频率是每天、每周、每月、每个季度和每年。

3. 混合横截面数据

有些数据既有横截面数据的特点,又有时间序列的特点。假设对中国的家庭进行了两次横截面数据的调查,一次在 2015 年,一次在 2020 年。在 2015 年,对家庭的一个随机样本调查了工资、储蓄、家庭规模等变量。到了 2020 年,用同样的调查问题又对家庭的一个新随机样本进行调查。为了扩大我们的样本容量,可以将这两年的数据合并成一个混合横截面面数据。由于在每一年都是进行随机抽样,所以同一个家庭在两年的样本中都出现纯属偶然。

4. 面板或纵列数据

面板数据是由数据集中每个横截面单位的一个时间序列组成。举例而言,比方说我们对一系列个人的工资、受教育情况和就业历史跟踪了 10 年,或者我们围绕一系列企业诸如投资和财务数据等收集了 5 年的信息。有些面板数据也可以以地理上的单位来收集。比如,在 2000 年、2005 年和 2010 年对中国同一城市,分别收集其人口数、GDP、私家车保有量等数据。面板数据有别于混合横截面数据的关键特征是,同一横截面数据的数据单位都被跟踪了一段特定的时期。

(二)数据分析

1. 相关性分析

相关性分析是指对两个或多个具备相关性的变量元素进行分析,从而衡量两个变量因素的相关密切程度。相关分析是研究现象之间是否存在某种依存关系,并围绕具体有依存关系的现象探讨其相关方向以及相关程度,是研究随机变量之间的相关关系的一种统计方法。相关性的元素之间需要存在一定的联系或者概率才可以进行相关性分析,但是有相关性并不等于因果性。

按照相关性形式,分为线性相关分析(研究两个变量间线性关系的程度),偏相关分析(它在控制其他变量的线性影响的条件下分析两变量间的线性相关性)等。

2. 因果关系与其他条件不变

因果关系从哲学的角度来讲,是指现象和现象之间那种"引起和被引起"的关系,其中引起某种现象产生的现象叫作原因,被某种现象引起的现象叫作结果。从经济学的角度,经济学家的目标就是要推定一个变量和另一个变量具有因果效应。虽然单纯地发现两个或多个变量之间有某种联系很诱人,但除非能得到某种因果关系,否则这种联系很难令人信服。

Granger 因果关系检验是相当必要的，它的结果可以明确指出自变量与因变量之间的因果关系，例如是公路里程导致车出行公里变化，还是车出行公里导致公路里程变化。Granger 因果关系检验指出，如果公路里程无助于预测车出行公里，则说明公路里程不是导致车出行公里变化的原因；相反，若公路里程是导致车出行公里变化的原因，则必须满足两个条件：第一，公路里程有助于预测车出行公里，即在车出行公里关于车出行公里过去值的回归中，添加公路里程过去值作为独立变量应当显著地增加回归的解释能力；第二，车出行公里不应当有助于预测公路里程，其原因是，如果公路里程有助于预测车出行公里，车出行公里也有助于预测公路里程，则很可能存在一个或几个其他变量，它们既是引起公路里程变化的原因，也是引起车出行公里变化的原因。Granger 因果关系检验可以通过 Eviews 统计软件测算获得。

3. 离群点分析

数据集中可能包含一些数据对象，它们与数据的一般行为或模型不一致。这些数据对象是离群点。大部分数据挖掘方法都将离群点视为噪声或异常而丢弃。然而，在一些应用中，罕见的事件可能比正常出现的事件更令人感兴趣。

可以假定一个数据分布或概率模型，使用统计检验来检测离群点；或者使用距离度量，将远离任何簇的对象视为离群点。不使用统计或距离度量，基于密度的方法也可以识别局部区域中的离群点，尽管从全局统计分布的角度来看，这些离群点看上去是正常的。

（三）交通分析

交通分析就是针对交通调查的各类资料，运用系统分析方法，找出内部因果关系及发展趋势，为交通预测提供定性模型与结论。

1. 运输能力适应性分析

主要是通过饱和度指标（实际交通量和通行能力之比）的计算，了解区域内的各条运输路线适应运输需求，分析道路通行能力的利用程度，从而有助于项目的正确决策。

2. 综合运输分析

一般包括运输量增长分析、运输结构分析和运输弹性分析。各种运输方式的运输量增长分析，可通过计算平均增长速度来反映，对于点（车站、港口等）、线（相关线路）、面（整个地区）都可以采用这种方法。

运输结构分析是以运输总体总量为标准，求各种运输方式占运输总量的百分比，通常可以分析运输里程、运输量等指标。对未来运输结构的变化，通常采用类比的方法，即研究其他国家或地区的运输结构及其发展规律，综合我国和各省的交通运输网规划及项目影响区本身的经济、交通特点，综合分析而定。

运输弹性分析是为了把握经济发展与交通运输的关系,确定经济发展变化对交通运输发展变化的影响。分为运输价格弹性、运输收入弹性、运输生产(经济)弹性等。交通运输增长速度高于经济增长速度,运输弹性大于1;交通运输增长率与经济增长几乎同步,运输弹性接近于1,交通增长慢于经济增长,运输弹性小于1。

3. 地方交通特点分析

各地区有各自的交通运输特点,具体包括线路特点、货类及运输工具特点分析。线路特点分析指分析各种运输方式的线路长度和构成、线路密度、走向、运输能力、运输优势等;货类特点分析指地区货物运输种类、流向、运输时间要求、货物平均运距等。运输工具特点为在运输货类、运输时间、运输距离、运输费用、运输数量等方面具有各自的优势,不同运输方式的经济运距是需重点分析的内容。

4. OD分析

对OD调查数据进行分析汇总,能得到反映基本出行情况的一系列OD表,称为现状OD表,还可得到高峰小时交通量、24小时各断面交通量、日昼比、各车型的比例、货车平均吨位、客车平均客位、货(客)车实载率、货车载货品种结构等一系列反映交通流方面的特征指标。

二、需求预测

(一)纯数字的预测方法

1. 算术平均法

算术平均法又称简单平均法,是以一定时期内,预测变量时间序列的简单算术平均数作为变量的下期预测值。对交通运输企业来说,就是直接将若干时期的运量的算术平均值作为预测值。其计算公式为

$$\overline{X} = \frac{\sum_{t=1}^{n} x_t}{n} \tag{2-4}$$

式中 $\overline{X}$ ——下一期预测值,即为变量 x 的简单算术平均数;

x_t ——变量 x 第 t 期的值,即变量 x 的时间序列中与时序数 t 相对应的值;

t ——时序数($t=1$,2,$\cdots$,n);

n ——变量 x 时间序列中数据的个数。

2. 移动平均法

移动平均法是用一组最近的实际数据值(如客运量、旅客周转量等)来预测未来一期或几期内数值的一种常用方法。移动平均法适用于短时间内的即期预测。当产品需求既不快速增长也不快速下降,且不存在季节性因素时,移动平均法能有效地消除预测中的随机波动,是非常有用的。移动平均法根据预测时使用的各因素的

权重不同，可以分为：简单移动平均法和加权移动平均法。其中，简单移动平均法的各元素的权重都相等；加权移动平均法给固定期限内的每个变量值以不同的权重。第 t 期的移动平均数就是第 $t+1$ 期的预测值。

简单移动平均法公式：

$$\hat{y}_{t+1} = M_t = \frac{y_t + y_{t-1} + y_{t-2} + \ldots + y_{t-n+1}}{n} \tag{2-5}$$

$$M_{t-1} = \frac{y_{t-1} + y_{t-2} + \ldots + y_{t-n+1} + y_{t-n}}{n} \tag{2-6}$$

$$\hat{y}_{t+1} = M_t = M_{t-1} + \frac{y_t - y_{t-n}}{n} \tag{2-7}$$

式中　$\hat{y}_{t+1}$——第 $t+1$ 期的预测值；
　　　M_t——第 t 期的移动平均数值；
　　　n——移动期数。

加权移动平均——历史各期产品需求的数据信息对预测未来期内的需求量的作用是不一致的。远离目标期的变量值的影响力相对较低，故应给予较低的权重，其公式为：

$$\hat{y}_{t+1} = w_1 y_t + w_2 y_{t-1} + w_3 y_{t-2} + \cdots + w_n y_{t-n+1} \tag{2-8}$$

$$w_1 + w_2 + \cdots + w_n = 1 \tag{2-9}$$

式中　w_1——第 t 期的权重；
　　　w_2——第 $t-1$ 期的权重；
　　　w_n——第 $t-n+1$ 期的权重。

3. 趋势平均法（二次移动平均法）

二次移动平均法是对时间序列的一次平均值再进行第二次移动平均，以利用一次移动平均值和二次移动平均构成时间序列的最后一个数据为依据，建立线性预测模型进行预测。即在按移动平均法计算 n 期时间序列平均值的基础上，进一步计算趋势值的移动平均值的一种方法。其表达式如下：

预测流量=基期运输量移动平均值+基期趋势值移动平均值×
基期与预测期的时间间隔

趋势值=该期运输量移动平均值-上期运输量移动平均值

基期运输量移动平均值=移动期运输量之和/移动期

基期序数值=$n-(m+s-2)/2$

式中　n——时间序列期数；
　　　m——移动期；
　　　s——趋势值移动时期数。

📚 **小小算例：**

公路旅客周转量（时间：2000—2009 年；单位：亿人公里）如表 2-1 所示，请用算术平均法、移动平均法、趋势平均法预测 2010 年公路旅客周转量。

已知移动期 $m=3$，趋势移动期 $s=3$，$n=10$。

表 2-1　公路旅客周转量（2000—2009 年）　　　　　　单位：亿人公里

年份/年	旅客周转量	年份/年	旅客周转量
2000	6 657.42	2005	9 292.08
2001	7 207.08	2006	10 130.85
2002	7 805.80	2007	11 506.77
2003	7 695.60	2008	12 476.11
2004	8 748.40	2009	13 511.44

（1）算术平均法。

　　求平均值=9 503.155

（2）移动平均法。

　　预测最后移动期的平均值=（11 506.8+12 476.1+13 511.4）/3≈12 498
　　预测上一个移动期的平均值=（10 130.9+11 506.8+12 476.1）/3≈11 371
　　前后两次移动平均数的差=12 498−11 371=1 127
　　下一年度公路旅客周转量=12 498+1 127=13 625

（3）趋势平均法。

计算过程如表 2-2 所示。

表 2-2　趋势平均法计算　　　　　　单位：亿人公里

年限	客运量	移动平均值	趋势值	趋势移动平均值
1	6 657.42	—	—	—
2	7 207.08	7 223.433	—	—
3	7 805.80	7 569.493	346.06	—
4	7 695.60	8 083.267	513.773 3	451.753 3
5	8 748.40	8 578.693	495.426 7	606.983 3
6	9 292.08	9 390.443	811.75	742.211 1
7	10 130.85	10 309.9	919.456 7	930.85
8	11 506.77	11 371.24	1 061.343	1 035.888
9	12 476.11	12 498.11	1 126.863	—
10	13 511.44	—	—	—

基期序数值=10-（3+3-2）/2=8（期）

11 371.24+1 035.888×3=14 478.9（亿人公里）

小讨论：通过国家统计年鉴数据查找，2010年真实的公路旅客周转量为15 020.81亿人公里，你觉得运用这些方法进行预测，预测结果准确吗？

（4）一次指数平滑法。

指数平滑法是一种特殊的加权移动平均预测法。其特点在于给过去的观测值不一样的权重，即较近期观测值的权数比较远期观测值的权数要大。根据平滑次数不同，指数平滑法分为一次指数平滑法、二次指数平滑法和三次指数平滑法等。但它们的基本思想都是：预测值是以前观测值的加权和，且对不同的数据给予不同的权数，新数据给予较大的权数，旧数据给予较小的权数。

1）一次指数平滑序列的构成

设时间序列为 $x_1, x_2, x_3, \cdots, x_t$，仿照移动平均法，将 M_t 换为 S_t，得

$$S_t = \frac{1}{n}(x_t + x_{t-1} + x_{t-2} + \cdots + x_{t-n+1})$$
$$= \frac{1}{n} \cdot x_t + \frac{1}{n}(x_{t-1} + x_{t-2} + \cdots + x_{t-n+1} + x_{t-n}) - \frac{1}{n} \cdot x_{t-n} \qquad (2\text{-}10)$$
$$= \frac{1}{n} \cdot x_t + S_{t-1} - \frac{1}{n} \cdot x_{t-n}$$

假设时间序列是平稳的，或者忽略误差，可令 $S_{t-1} = x_{t-n}$，则上式可写成

$$S_t = \frac{1}{n}x_t + S_{t-1} - \frac{1}{n} \cdot S_{t-1} = \frac{1}{n}x_t + \left(1 - \frac{1}{n}\right)S_{t-1} \qquad (2\text{-}11)$$

当 $n=1$ 时，$\frac{1}{n}=1$，当 $n \to \infty$，$\frac{1}{n} \to 0$。

故令 $a = \frac{1}{n}$，a 介于0和1之间，称 a 为平滑系数。最终获得构造一次指数平滑数列的递推公式为：

$$S'_t = ax_t + (1-a)S'_{t-1} \qquad (2\text{-}12)$$

式中，S'_t 迭代计算时的初始值 S'_0 的确定，最简便且常用的方法是，令 $S'_0 = x_1$。

2）平滑系数 a 讨论

将一次指数平滑数列的递推公式展开可得

$$\begin{aligned}S'_t &= ax_t + (1-a)S'_{t-1} \\ &= ax_t + (1-a)[ax_{t-1}+(1-a)S'_{t-2}] \\ &= ax_t + (1-a)ax_{t-1} + (1-a)^2 S'_{t-2} = \cdots \\ &= ax_t + a(1-a)x_{t-1} + a(1-a)x_{t-2} + \cdots + a(1-a)^{t-1}x_1 + (1-a)^t S'_0\end{aligned} \qquad (2\text{-}13)$$

因 $0 < a < 1$，则随幂次 t 增加，$a(1-a)^t$ 将按指数形式递减，即 x_t 的权数不断减

小，最新近值 x_t 的权数为 a，最大；x_{t-1} 的权数为 $a(1-a)$，较小；…；愈远古的数据，其权数越小。所有权数之和为 1，即

$$\sum_{n=1}^{t} a(1-a)^{n-1} + (1-a)^t = 1 \tag{2-14}$$

这样的"加权修匀"能够体现，新近的数据对未来（预测）值的影响较大，愈远古的数据，这种影响将愈小。

当 $a=0$ 时，得 $S'_t = S'_{t-1} = S'_{t-2} = \cdots = S'_0$，

它表明定出 S'_0 之值以后，各个时点的平滑值皆为 S'_0，各时点的观测值 x_t 不能施加影响，平滑后数列为一常数 S'_0，即经受了严重修匀。

当 $a=1$ 时，得 $S'_t = x_t$，

它表明，平滑后数列 S'_t 就是原来的时间序列，没有经受任何修匀。即可认为 t 时点的 S'_t 即为 x_t，也即为 $t+1$ 时点的预测值。

当 a 值取得较大时，修匀程度较小，平滑后的数列值 S'_t 能够比较快地反映出原时间序列的实际变化，因此适宜于变化较大的、或趋势性较强的时间序列。

当 a 值取得较小时，修匀程度将较大，平滑后的数列对原时间序列的变化反应较迟钝。因此，适宜于变化较小的、或接近平稳的时间序列，使平滑中各数据的权数比较接近。

3）预测及检验

从以上讨论可见，一次指数平滑法最适宜用于较平稳的时间序列，做短期的预测，即可令第 t 时点的 S'_t 值作为第 $t+1$ 时点的预测值 y_{t+1}，即 $y_{t+1} = S'_t$。

由于指数平滑系数 a 值的选取，可以多方案，一般采用原则上合理的多个 a 值试算的办法，分别计算其均方差 MSE；或者分别计算其平均绝对误差 MAD，以 MSE 或 MAD 最小者为最好的 a 值。至于此种预测有效与否，用 χ^2 检验其误差值 e_t 数列是否具有随机性；若是，则预测有效。

各时点平滑预测值与实际值的误差值 e_t 为：

$$e_t = x_t - S'_{t-1} \tag{2-15}$$

均方差为：

$$MSE_{(n)} = \sqrt{\frac{1}{n}\sum_{t=1}^{n} e_t^2} \tag{2-16}$$

平均绝对误差 MAD 为

$$MAD = \frac{1}{n}\sum_{t=1}^{n} |e_t| \tag{2-17}$$

（5）二次指数平滑数列的构成。

1）二次指数平滑数列的构成

二次指数平滑法是以相同的平滑系数 a，对一次指数平滑数列 S'_t 再进行一次指数平滑，构成时间序列的二次指数平滑数列 S''_t。

同上，初始值 $S'_0 = S''_0 = x_1$

$$S'_t = ax_t + (1-a)S'_{t-1}$$

$$S''_t = aS'_t + (1-a)S''_{t-1} \tag{2-18}$$

可见，二次指数平滑数列 S''_t 对原时间序列经过两次修匀，更能将其不规则或周期变动加以清除，长期趋势性更能显示出来。

如同一次指数平滑法一样，合理的 a 值的确定，亦应选取原则上较合理的多个 a 值分别计算，构成不同 a 值的数列 S'_t 和 S''_t，则根据均方差 MSE、平均绝对误差 MAD 最小原则确定一个合理的 a 值。

2）线性趋势预测模型

对时间序列进行一次、二次指数平滑，有利于更加显示数列的长期趋势，因而二次指数平滑法较适用于具有线性趋势的时间序列，其线性趋势预测模型为：

$$y_{t+T} = a_t + b_t \cdot T \tag{2-19}$$

式中　T——自时点其向前预测的时点数；

　　　a_t，b_t——待定系数；

$$a_t = 2S'_t - S''_t \tag{2-20}$$

$$b_t = \frac{a}{1-a}(S'_t - S''_t) \tag{2-21}$$

预测模型有效性检验方法，与上述一次指数平滑法预测有效性检验原理相同。即按式（2-20）、（2-21）式算出各时点的 a_t 与 b_t 值，再按（2-19）式逐时点算出预测值 y_t，则各时点的误差为

$$e_t = x_t - y_t \tag{2-22}$$

对 e_t 数列进行自相关检验，如前所述，若 e_t 数列为随机性，则预测模型有效。

算例：承接公路旅客周转量的算例，试用二次指数平滑法求解趋势方程，并预测第 2010 年公路旅客周转量，计算过程如表 2-3 所示。

表 2-3　趋势平均法计算　　　　　　　　单位：亿人公里

年限	客运量	初始值为 6 500 参数值为 0.9	初始值为 6 500 参数值为 0.9
1	6 657.42	6 641.678	—
2	7 207.08	7 150.540	7 085.486
3	7 805.8	7 740.274	7 674.795
4	7 695.6	7 700.067	7 697.540
5	8 748.4	8 643.567	8 548.964
6	9 292.08	9 227.229	9 159.402

续表

年限	客运量	初始值为 6 500 参数值为 0.9	初始值为 6 500 参数值为 0.9
7	10 130.85	10 040.488	9 952.379
8	11 506.77	11 360.142	11 219.366
9	12 476.11	12 364.513	12 249.998
10	13 511.44	13 396.747	13 282.072

按照上式计算，a=13 511.422；b=1 032.074

2010 年公路旅客周转量预测值为 14 543.494（$Y_{10+1} = 13\,511.422 + (1\,032.074) \times 1 = 14\,543.494$）。

（二）灰色预测法

1. 模型思想

灰色预测即是对系统行为特征值的发展变化进行的预测，也就是对在一定范围内变化的、与时间序列相关的灰过程进行的预测。尽管灰过程所显示的现象是随机的、杂乱无章的，但毕竟是有序的、有界的，得到的数据集合具备潜在的规律。灰色预测是利用这种规律建立灰色模型对灰色系统进行预测。

基于随机的原始时间序列，经按时间累加后所形成的新的时间序列呈现的规律可用一阶线性微分方程的解来逼近。经证明，经一阶线性微分方程的解逼近所揭示的原始时间序列呈指数变化规律。因此，当原始时间序列隐含着指数变化规律时，灰色模型 GM(1,1)的预测是非常成功的。

2. 案例思路

表 2-4 列出了青岛市 2014—2018 年逐年的铁路客运量。试用 GM(1,1)模型建立预测模型，预测 2019 年的该市的铁路客运量。要求做精度检验。

表 2-4 2014—2018 逐年的铁路客运量   单位：千万人

年份	2014	2015	2016	2017	2018
序号	1	2	3	4	5
铁路客运量	2.301	2.421	2.701	3.179	3.455

（1）由原始数据列计算一次累加序列 $x^{(1)}$，结果见表 2-5。

表 2-5 一次累加数据

年份	2014	2015	2016	2017	2018
序号	1	2	3	4	5
$x^{(0)}$	2.301	2.421	2.701	3.179	3.455
$x^{(1)}$	2.301	4.722	7.423	10.602	14.057

（2）建立矩阵：$\boldsymbol{B}, \boldsymbol{Y}$

$$\boldsymbol{B} = \begin{bmatrix} -\frac{1}{2}\left[x^{(1)}(2)+x^{(1)}(1)\right] & 1 \\ -\frac{1}{2}\left[x^{(1)}(3)+x^{(1)}(2)\right] & 1 \\ -\frac{1}{2}\left[x^{(1)}(4)+x^{(1)}(3)\right] & 1 \\ -\frac{1}{2}\left[x^{(1)}(5)+x^{(1)}(4)\right] & 1 \end{bmatrix} = \begin{bmatrix} -3.5115 & 1 \\ -6.0725 & 1 \\ -9.0125 & 1 \\ -12.3295 & 1 \end{bmatrix}$$

$$\boldsymbol{Y} = \left[x^{(0)}(2), x^{(0)}(3), x^{(0)}(4), x^{(0)}(5)\right]^T = [2.421, 2.701, 3.179, 3.455]^T$$

(3) 计算 $(\boldsymbol{B}^T \boldsymbol{B})^{-1}$：

$$(\boldsymbol{B}^T \boldsymbol{B})^{-1} = \begin{bmatrix} 0.023\,072 & 0.178\,378 \\ 0.178\,378 & 1.629\,133 \end{bmatrix}$$

(4) 由 $\hat{\boldsymbol{U}} = (\boldsymbol{B}^T \boldsymbol{B})^{-1} \boldsymbol{B}^T \boldsymbol{Y}$，求估值 a 和 u：

$$\hat{\boldsymbol{U}} = \begin{bmatrix} \hat{a} \\ \hat{u} \end{bmatrix} = (\boldsymbol{B}^T \boldsymbol{B})^{-1} \boldsymbol{B}^T \boldsymbol{Y} = \begin{bmatrix} -0.121\,4 \\ 2.000\,6 \end{bmatrix}$$

把 $\hat{a}$ 和 $\hat{u}$ 带入时间响应方程，由于 $x^{(1)}(1) = 2.301$，故时间响应方程为

$$x^{(1)}(k+1) = \left[x^{(1)}(1) - \frac{\hat{u}}{\hat{a}}\right] e^{-\hat{a}k} + \frac{\hat{u}}{\hat{a}} = 18.780\,4 e^{0.1214k} - 16.497\,4 \qquad (2\text{-}23)$$

（5）计算拟合值 $\hat{x}^{(1)}(i)$，再用后减运算还原计算的模型计算值 $\hat{x}^{(0)}(k)$，详见表 2-6 第一列。

表 2-6 误差计算对比表

模型计算值 $\hat{x}^{(0)}(k)$	实际值	残差 $E(k)$	相对误差 $e(k)$
$\hat{x}^{(0)}(2) = 2.424$	$x^{(0)}(2) = 2.421$	−0.003	−0.1%
$\hat{x}^{(0)}(3) = 2.737$	$x^{(0)}(3) = 2.701$	−0.036	−1.3%
$\hat{x}^{(0)}(4) = 3.090$	$x^{(0)}(4) = 3.179$	0.089	2.8%
$\hat{x}^{(0)}(5) = 3.489$	$x^{(0)}(5) = 3.455$	−0.034	−0.9%

（6）精度检验与预测。

计算残差 $E^{(0)}(k) = x^{(0)}(k) - \hat{x}^{(0)}(k)$ 与相对误差 $e(k) = \left[x^{(0)}(k) - \hat{x}^{(0)}(k)\right] / x^{(0)}(k)$ 详见表 2-6 最后两列。

$x^{(0)}$ 的均值：$\overline{X} = \dfrac{1}{5}\sum\limits_{k=1}^{5} x^{(0)}(k) = 2.811\,4$

$x^{(0)}$ 的方差：$S_1 = \sqrt{\dfrac{1}{N}\sum\limits_{k=1}^{N}\left[x^{(0)}(k) - \overline{X}\right]^2} = 0.987\,147$

残差的均值：$\overline{E} = \dfrac{1}{N-1}\sum\limits_{k=2}^{N} E^{(0)}(k) = 0.004$

残差的方差：$S_2 = \sqrt{\dfrac{1}{N-1}\sum\limits_{k=2}^{N}\left[E^{(0)}(k) - \overline{E}\right]^2} = 0.101\,5$

后验差比值：$C = \dfrac{S_2}{S_1} = \dfrac{0.101\,5}{0.987\,147} = 0.102\,8$

现在 $0.674\,5S_1 = 0.674\,5 \times 0.987\,147 = 0.665\,8$，而所有的 $\left|E^{(0)}(k) - \overline{E}\right|$ 都小于 $0.665\,8$，故小误差概率：

$$P = P\left\{\left|E^{(0)}(k) - \overline{E}\right| < 0.674\,5S_1\right\} = 1$$

根据 $P \geq 0.95$，$C = 0.102\,8 < 0.35$，表示预测等级良好，由此可知预测方程

$$x^{(1)}(k+1) = 18.780\,4\mathrm{e}^{0.1214k} - 16.497\,4$$

可用，进行外推预测：依次令 $k=4$、5，代入时间响应方程计算求得

$$\hat{x}^{(1)}(5) = 14.023\,5,\ \hat{x}^{(1)}(6) = 17.963\,1$$

因此，2019 年青岛市的铁路客运总量为

$$\hat{x}^{(0)}(6) = (17.963\,1 - 14.023\,5) \times 10^7 \approx 3.94 \times 10^7 \text{人}$$

（三）回归分析法

回归分析法通过研究因素和需求量之间内在的相互关系，运用调查得来的实际数据来建立合理模型，从而进行需求预测。回归分析方法是在掌握大量观测数据的基础上，利用数理统计方法建立因变量与自变量之间的回归方程式，再用自变量数值的变化去有效地预测因变量未来可能的取值范围。

1. 影响因素选取

从个人角度出发（微观）：在人们进行选择的过程中，存在促进或者阻碍人们做出这种选择的因素。如在人们出行选择过程中，时间、费用等因素将影响人们出行时的交通方式选择。从整体角度出发（宏观）：各省市或全国的客运量或客运周转量的形成也与人口等因素相关。因此，这些因素被称为影响因素。

影响因素的选择绝对不是数值与数值之间简单数学方面的线性相关，它的选取需要有明确的支撑。一般情况下，影响因素的选取是在已有学者研究的基础上，如

"××学者针对客运量进行预测,证实××是影响客运量的因素";或者,"影响因素的选取具有理论支撑,如人口、GDP 是趋势交通量的一部分,即趋势交通量是在交通系统相对稳定的情况下,由于经济发展、人口增长而产生交通量的增加";或者,"在已有研究的基础上,运用数学观点证明其之间存在影响关系,并从社会经济角度说明其有效,可以运用模型验证其可行"。

2. 一元线性回归

一元线性回归是分析只有一个自变量线性相关关系方法,即一元线性回归模型可以用来研究因变量与自变量之间的定量关系,回归分析是研究某一变量(因变量)与另一个或多个变量(解释变量、自变量)之间的依存关系,用解释变量的已知值或固定值的方式来估计或预测因变量的总体平均值。

表 2-7 所示为人口与公路旅客周转量之间的关系,请根据该表信息预测 2013 年公路旅客周转量。

表 2-7 人口与公路旅客周转量之间的关系

年份	2000	2001	2002	2003	2004	2005	2006
年末总人口/万人	126 743	127 627	128 453	129 227	129 988	130 756	131 448
公路旅客周转量/亿人公里	6 657.42	7 207.08	7 805.8	7 695.6	8 748.4	9 292.08	10 130.85
年份	2007	2008	2009	2010	2011	2012	—
年末总人口/万人	132 129	132 802	133 450	134 091	134 735	135 404	—
公路旅客周转量/亿人公里	11 506.77	12 476.11	13 511.44	15 020.81	16 760.25	18 467.55	—

根据上述表格数据,绘制散点图,如图 2-5 所示。

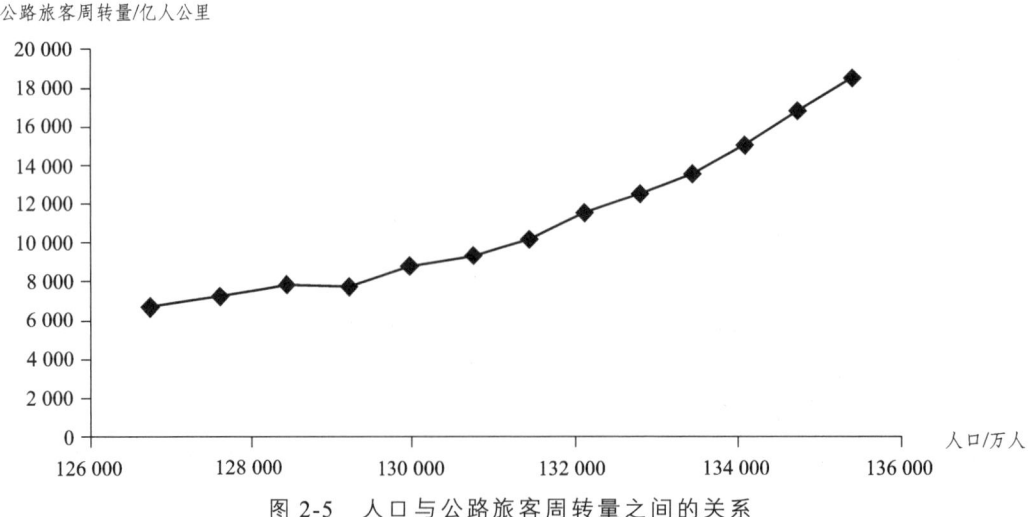

图 2-5 人口与公路旅客周转量之间的关系

从图 2-5 中可以看出随着自变量 x（年末总人口数）的增加，因变量 y（公路旅客周转量）也呈现上升的趋势，图中的点大致分布在一条向右方倾斜的直线附近，因此，可以用一条直线方程来近似地逼近。

$$y = \beta_0 + \beta_1 x + \varepsilon \qquad (2\text{-}24)$$

其中，y 为因变量，x 为自变量，β_0 为常数项的截距参数，β_1 为斜率参数，就是保持 ε 中其他因素不变，y 和 x 的关系式中的参数。ε 为关系式中的误差项或者干扰项，表示除 x 之外其他影响 y 的因素。简单回归分析有效地把除 x 之外其他所有影响 y 的因素都看成无法观测的因素。

其中 $E(\varepsilon|x) = E(\varepsilon) = 0$，说明 ε 和 x 不相关，是随机变量，并且期望为 0。

一元线性回归拟合的计算结果如表 2-8 所示。

表 2-8 一元线性回归拟合结果

变量	参数值	t-值
人口	1.328	11.747
常数	-163 212.6	10.992
R^2	0.926	—

一元线性回归模型：$y = -163\,212.6 + 1.328x$

因此，获得人口对公路旅客周转量之间的一元线性方程。根据国家对于人口的预测值，即可估算获得公路旅客周转量的数值。

小讨论：通过国家统计年鉴数据查找，你觉得用这种方法进行预测，预测结果准确吗？

3. 多元线性回归

多元线性回归分析是研究一组自变量如何直接影响一个因变量。即将有两个或两个以上的自变量的回归称为多元线性回归。其一般形式为

$$y = \beta_0 + \beta_1 x_1 + \beta_2 x_2 + \beta_3 x_3 + \cdots + \beta_k x_k + \varepsilon \qquad (2\text{-}25)$$

其中，β_0 是常数项，β_1 是与 x_1 相联系的参数，β_2 是与 x_2 相联系的参数，其他的参数依次类推。ε 为关系式中的误差项或者干扰项，表示除 $x_1, x_2, x_3, \cdots, x_k$ 之外其他影响 y 的因素。

多元线性回归意味着参数 β_j 的一个线性函数，这就说明，在对数多元线性模型中，变量之间是非线性关系。与此同时，多元回归模型的关键假定为 $E(u|x_1, x_2, x_3, \cdots, x_k) = 0$，即不可观测的误差项中的所有因素都与解释变量无关。除此之外，变量之间不存在多重共线性。给定任意解释变量值，误差 ε 都具有相同的方差，换言之 $Var(u|x_1, \cdots, x_k) = \sigma^2$。

如表 2-9 所示为人口、GDP 与公路旅客周转量之间的关系,请预测 2013 年公路旅客周转量。

表 2-9　人口、GDP 与公路旅客周转量之间的关系

年份	2000	2001	2002	2003	2004	2005	2006
年末总人口/万人	126 743	127 627	128 453	129 227	129 988	130 756	131 448
公路旅客周转量/亿人公里	6 657.42	7 207.08	7 805.8	7 695.6	8 748.4	9 292.08	10 130.85
GDP/亿元	99 776.3	110 270.4	121 002	136 564.6	160 714.4	185 895.8	217 656.6
年份	2007	2008	2009	2010	2011	2012	—
年末总人口/万人	132 129	132 802	133 450	134 091	134 735	135 404	—
公路旅客周转量/亿人公里	11 506.77	12 476.11	13 511.44	15 020.81	16 760.25	18 467.55	—
GDP/亿元	268 019.4	316 751.7	345 629.2	408 903	484 123.5	534 123	—

根据上述表格数据,绘制 GDP 与公路旅客周转量之间的散点图,如图 2-6 所示。

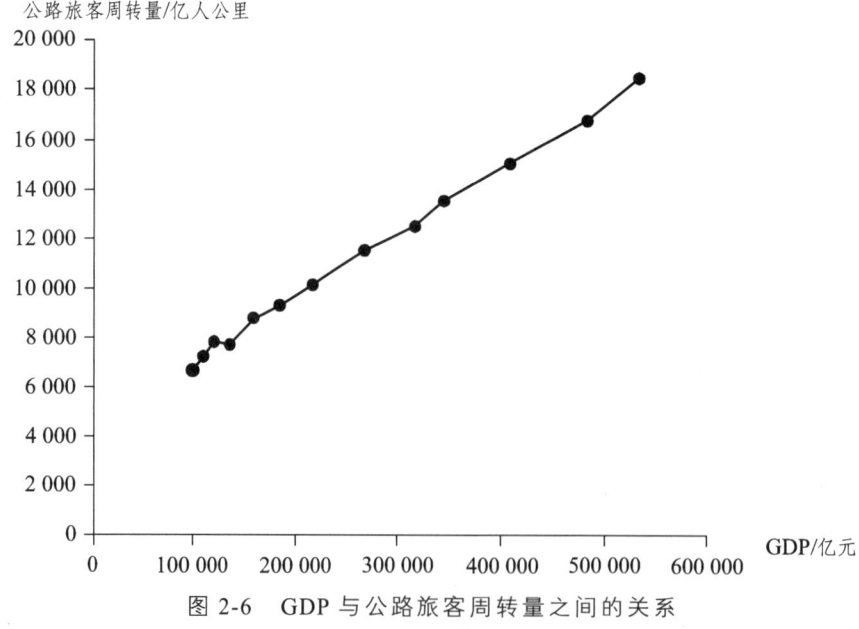

图 2-6　GDP 与公路旅客周转量之间的关系

从图 2-5、图 2-6 可以看出随着自变量 x_1(年末总人口数)的增加,因变量 y(公路旅客周转量)呈现上升的趋势,随着自变量 x_2(GDP)的增加,因变量 y(公路旅客周转量)也呈现上升的趋势,图中的点大致分布在一条向右方倾斜的直线附近,因此,多元线性模型为:

$$y = \beta_0 + \beta_1 x_1 + \beta_2 x_2 + \varepsilon$$

y 为因变量，x_1，x_2 为自变量，β_0 为常数项的截距参数，β_1、β_2 为斜率参数，就是保持 ε 中其他因素不变，y 和 x_1，x_2 的关系式中的参数。ε 为关系式中的误差项或者干扰项，表示除 x_1，x_2 之外其他影响 y 的因素。简单回归分析有效地把除 x_1，x_2 之外其他所有影响 y 的因素都看成无法观测的因素。

二元线性回归拟合，计算结果为如表 2-10 所示。

表 2-10　二元线性回归拟合结果

变量	参数值	t-值
人口	0.099	1.735
GDP	0.024	20.194
常数	-8 141.198	-1.130 047
R^2	0.998	—

二元线性模型：$y = -8\,141.198 + 0.099 x_1 + 0.024 x_2$

因此，获得人口、GDP 对公路旅客周转量之间的多元线性方程。根据国家对于人口、GDP 的预测值，即可估算获得公路旅客周转量的数值。

小讨论：你觉得用这种方法（通过国家统计年鉴数据查找）进行预测，预测结果准确吗？

4. 弹性系数法

弹性系数法是在其他条件不变的情况下，基于一个因素的发展变化所引起另一个因素发展变化的灵敏程度，即弹性系数是表示两个因素各自相对增长率之间的比率，该方法在交通需求预测中极为常用。比如研究确定交通运输量的增长率与国民经济发展的增长率之间的比例关系——弹性系数，根据国民经济的未来增长状况，预测交通运输量的增长率，进而预测未来运输需求。

具体的弹性系数公式表示为：

$$E_d = \frac{Q_{变动率}}{Z_{变动率}} = \frac{\Delta Q / Q}{\Delta Z / Z} \tag{2-26}$$

式中　E_d——运输需求弹性；

　　　Q——运输需求量；

　　　Z——影响运输需求的某种因素；

　　　ΔQ——运输需求量的变化；

　　　ΔZ——影响因素的变化值。

影响运输需求的因素很多，针对不同影响运输需求的因素，对应多种相应的运输需求弹性，比如价格弹性，收入弹性等。

在线性回归方程构建的情况下，当因变量和自变量都以对数形式出现，则自变量的参数系数即为其弹性系数值。从经济学的角度来看，弹性系数法的使用有两个优点。第一，模型中变量单位的改变不能影响斜率，因此单位不需要统一。第二，每个变量的对数表达形式可以减少模型的异方差性[多元回归分子中的同方差假定表明，以解释变量为条件（观测不到的）的误差 ε 的方差是常数]。

$$log(y) = \beta_0 + \beta_1 \times log(x) + \varepsilon，两边求导得$$

$$1/y \times dy/dx = \beta_1 \times 1/x，$$

所以
$$\beta_1 = (dy/dx) \times (x/y) = \frac{(dy/y)}{(dx/x)}$$

例子：如表 2-11 所示为人口与公路旅客周转量之间的关系，请预测 2013 年公路旅客周转量，将公路旅客周转量、人口对应数值取对数值。

表 2-11 弹性系数法拟合结果

变量	参数值	t-值
log（人口）	15.062	19.964
常数	−130.234	−18.276
R^2	0.973	

因此，获得人口对公路旅客周转量之间的弹性系数方程。说明人口对公路旅客周转量的弹性系数为 15.062，说明人口的增加必然引起公路旅客周转量增长，即人口增长 1% 时，将会使现在的公路旅客周转量增加 15.062%。

（四）四阶段交通需求预测模型

传统的四阶段交通需求预测模型构建在居民出行调查的基础上，包含土地利用情况，主要是在基于土地利用形态的基础上分析交通量的发生吸引情况、交通量的分布特性、交通方式构成特征以及分配交通量所形成的网络交通流特质，具体过程如图 2-7 所示。传统四阶段交通需求预测模型是迄今为止在世界上比较成熟并广泛应用的交通需求分析模型系统，很多学者为了解决应用四阶段法产生的问题，推出基于四阶段法的交通需求预测组合模型。尽管现在信息快速发展，大数据收集研究狂热的背景下，很多学者提出意向，应该有基于大数据的需求预测方法替代传统的四阶段交通需求预测方法（传统四阶段交通需求预测方法数据收集的形式、小区划分这种点到点的形式等）。但是，至今仍然没有产生系统的理论撼动四阶段交通需求预测方法在交通规划中的地位。

四阶段法交通需求预测模型是用于测算道路上的交通量都是怎么产生的（起点是什么，讫点是什么，某种交通方式的多少流量在这条道路上）。道路上的流量又是怎么产生的呢，它是由人产生的，即一个人有目的地从一个地点到另一个地点，就产生了一次出行。这也是为什么要划分小区的原因，因为要给地点标记范围。当大量的出行产生，就获得了 OD 表。需要判定这些出行选择了什么交通方式，因为不同的出行方式表现在道路上的车辆流是不一致的。最后再决策这些车流选择了哪条道路。这就是四阶段法的整体思想。

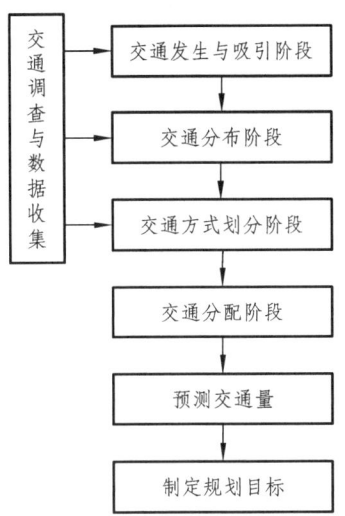

图 2-7　传统四阶段交通需求预测模型结构图

1. 交通小区划分

由于交通源是大量的，在信息化技术还未成熟发展完成前，以个人为单位进行测算是不现实的，因此需要将交通源合并成若干小区，这些小区被称作交通小区。交通小区的划分直接决定着交通分配结果，因为小区的内内出行是不进行交通量分配的。

2. 交通的发生与吸引

发生与吸引交通量的预测是交通需求预测四阶段方法中的第一阶段，是交通需求分析工作中最基本的部分之一。本阶段的任务是求出对象地区的交通需求总量，即生成交通量。然后，在此量的约束下，求出各个交通小区的发生与吸引交通量。生成交通量的预测方法主要有原单位法、聚类分析法等。除此之外，还有利用研究地区过去的交通量或经济指标等的趋势法和回归分析等方法。

原单位法一般用居住人口或就业人口每人平均的交通生成量来进行推算，即根据人口属性以不同出行目的单位出行次数为原单位进行预测。在预测不同出行目的生成交通量采用的公式如下：

$$T = \sum T^k \tag{2-27}$$

$$T^k = \sum_l a_l^k N_E \tag{2-28}$$

式中　a_l^k——某出行目的和人口属性的平均出行生成量；
　　　N_E——某属性的人口；
　　　l——人口属性（常住人口、就业人口、工作人口、流动人口）；

k —— 出行目的；

T^k —— 出行目的为 k 时的生成交通量；

T —— 研究对象地区总的生成交通量。

聚类分析法以家庭作为基本单元，用将来的出行发生率求得将来的出行量。聚类分析法必须服从的假定：一定时期内出行率是稳定的；家庭规模的变化很小；收入与车辆拥有量总是增长的；每种类型内的家庭数量，可用相应于该家庭收入、车辆拥有量和家庭结构等资料所导出的数学分布方法来估计。

$$\hat{P}_i = \sum_{c=1}^{n} \bar{Q}_c N_{ci} \quad (2-29)$$

式中　$\hat{P}_i$ —— i 区出行产生数的计算值；

　　　$\bar{Q}_c$ —— C 类家庭的平均出行率；

　　　N_{ci} —— i 区内的 C 类家庭数。

个人分类法是对基于家庭的分类模型的一种替代方法。其公式为：

$$T_i = N_i \sum_j a_{ji} t_j \quad (2-30)$$

式中　t_j —— 出行率（即在某一段时间内 j 类人中平均每人的出行次数）；

　　　T_i —— i 小区各类居民的总出行数；

　　　N_i —— i 小区的居民总数；

　　　a_{ji} —— i 小区的 j 类居民的百分率。

3. 交通分布

交通的分布预测是交通需求预测四阶段模型的第二阶段，是把交通的发生与吸引量预测获得的各小区的发生与吸引交通量转化成各小区之间的空间 OD 量，即 OD 矩阵。分配交通量的预测方法主要有增长系数法和重力模型法等。

（1）增长系数法。

在分布交通量预测中，增长系数法的原理是：假设在现状分布交通量（OD）给定的情况下，预测将来的分布交通量。其中包括常增长系数法、平均增长系数法、底特律法、福莱特法、福尼斯法等。

① 常增长系数法。

假定 q_{ij} 的增长仅与 i 小区的发生量增长率有关，或仅与 j 小区的吸引量增长率有关，或仅与生成量的增长率有关，是一个常量。

$$f_{常}(F_{Oi}, F_{Dj}) = 常量 \quad (2-31)$$

式中　Oi —— i 小区的发生量；

　　　Dj —— j 小区的吸引量；

　　　F —— 增长系数；

　　　f —— 增长系数的函数。

② 平均增长系数法。

假定 i、j 小区之间的分布交通量 q_{ij} 的增长系数是 i 小区的出行发生量增长系数和 j 小区的出行吸引量增长系数的平均值，即：

$$f_{\Psi}(F_{Oi}^m, F_{Dj}^m) = \frac{1}{2}(F_{Oi}^m + F_{Dj}^m) \tag{2-32}$$

式中　F_{Oi}^m——i 小区的发生量在第 m 次计算发生增长系数；

　　　F_{Dj}^m——j 小区的吸引量在第 m 次计算发生增长系数。

③ 底特律法。

假设 i、j 小区之间的分布交通量 q_{ij} 的增长系数与 i 小区的出行发生量和 j 小区的出行吸引量增长系数之积成正比，与出行生成量的增长系数成反比。

$$f_D(F_{Oi}^m, F_{Dj}^m) = F_{Oi}^m \times F_{Dj}^m \times \frac{T^m}{X} \tag{2-33}$$

式中　X——将来 OD 表中的生成交通量；

　　　T^m——在第 m 次计算时 OD 表中的生成交通量。

④ 福莱特法。

假定 i、j 小区之间的分布交通量 q_{ij} 的增长系数不仅与 i 小区的发生增长系数和 j 小区的吸引增长系数有关，还与整个规划区域的其他交通小区的增长系数相关，即：

$$f_F(F_{Oi}^m, F_{Dj}^m) = F_{Oi}^m \times F_{Dj}^m \times \left(\frac{L_i^m + L_j^m}{2}\right) \tag{2-34}$$

$$L_i^m = \frac{O_i^m}{\sum_j q_{ij}^m \times F_{Dj}^m} \tag{2-35}$$

$$L_j^m = \frac{D_j^m}{\sum_i q_{ij}^m \times F_{Oi}^m} \tag{2-36}$$

式中　L_i^m——i 小区的位置系数；

　　　L_j^m——j 小区的位置系数。

⑤ 福尼斯法。

假定 i、j 小区之间的分布交通量 q_{ij} 的增长系数与 i 小区的发生增长系数和 j 小区的吸引增长系数都有关，即：

$$f_{FN}^1(F_{Oi}^m, F_{Dj}^m) = F_{Oi}^m \tag{2-37}$$

$$f_{FN}^2(F_{Oi}^m, F_{Dj}^m) = F_{Dj}^m \tag{2-38}$$

此模型首先令吸引增长系数为 1，求满足条件的发生增长系数，接着用调整后的矩阵重新求满足条件的吸引增长系数，完成一个循环迭代过程；然后重新计算发生增长系数,再用调整后的矩阵求得吸引增长系数,经过多次循环,直到发生和吸引交通量增长系数满足设定的收敛标准为止。

(2)重力模型法

重力模型法是一种最常用的方法,它根据牛顿的万有引力定律,即两物体间的引力与两物体的质量之积成正比,而与它们之间距离的平方成反比类推而成。

重力模型法出行分布预测考虑了两个交通小区的吸引强度和它们之间的阻力,认为两个交通小区的出行吸引与两个交通小区的出行发生量与吸引量成正比,而与交通小区之间的交通阻抗成反比。在用重力模型进行出行分布预测时,可采用无约束重力模型,单约束重力模型和双约束重力模型。

① 无约束重力模型。

$$q_{ij} = \alpha \frac{P_i P_j}{d_{ij}^2} \tag{2-39}$$

式中　P_i、P_j——分别表示 i 小区、j 小区的人口;

　　　d_{ij}——i、j 小区之间的距离;

　　　α——系数。

此模型为无约束重力模型,模型本身不满足交通守恒约束条件:

$$\sum_j q_{ij} = \alpha P_i \sum_j P_j d_{ij}^{-2} = O_i \tag{2-40}$$

$$\sum_i q_{ij} = \alpha P_j \sum_i P_i d_{ij}^{-2} = D_j \tag{2-41}$$

由于式(2-39)简单地模仿了牛顿的万有引力定律,后来有相应改进,包括用出行总数代替总人口数,用出行费用函数 $f(c_{ij})$ 代替 d_{ij}。

② 单约束重力模型:

$$q_{ij} = O_i D_j f(c_{ij}) / \sum_j D_j f(c_{ij}) \tag{2-42}$$

式中　$f(c_{ij})$——交通阻抗函数。

③ 多约束重力模型:

$$q_{ij} = a_i O_i b_j D_j f(c_{ij}) \tag{2-43}$$

$$a_i = \left[\sum_j b_j D_j f(c_{ij}) \right]^{-1} \tag{2-44}$$

$$b_j = \left[\sum_i a_i O_i f(c_{ij}) \right]^{-1} \tag{2-45}$$

4. 交通方式选择

交通方式划分是四阶段交通需求预测模型中的第三阶段。依据四阶段的方法,一般采用集计模型,但是在交通方式选择时,由于采用集计数据(平均值)而引出了与事实完全不同结果的现象(即生态学相关:生态相关学的意思如图2-8所示,在每一个点都是区域 AB 中个体的收入与出行次数,从图中可以看到收入与户均出行次数线性递增相关,但是将求得每个小区的平均值连线后发现收入与户均出行次数线性递减相关),交通方式选择阶段主导应用非集计模型。

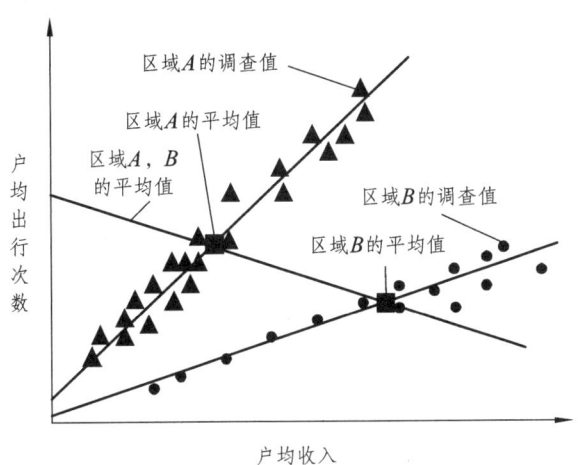

图 2-8 生态学相关

通常,出行以每一个人或每一辆车为基本计量单位。出行者的交通行为受到出行者个人属性(如年龄、职业、收入等)、交通方式的属性(如价格、所需时间等)以及其他多种因素的影响。在将数据集计处理时,由于集计方法的原因,这些信息将会产生变化,数据包含的许多信息有可能丢失,从而导致集计后的数据与实际状态之间产生偏差。例如,出行的人具有年龄、性别、职业等各种各样的属性,如果按区别年龄层次、性别对数据进行集计后扩大样本的话,其他的属性与总体的样本的分布就会产生偏差。具体情况如图 2-8 所示的生态学相关。

非集计模型的理论基础是消费者在选择时追求"效用最大化"这一假说。简单地说,效用是指消费者从消费选择中获得的愉快、或者需求得到的满足。在交通问题中如果将出行者的选择行为视为和消费者具有相类似的原理,就可以将效用理论适用于交通问题中的选择行为。

非集计模型是基于如下两个假设建立的:

(1)出行者是交通行为意志决定的最基本单位。即,出行者是进行何时出行、用何种方式出行、选择哪条出行路线等决策的最小单位。

(2)根据效用理论,出行者在特定的选择条件下,选择其所认知到的选择方案中效用最大的方案。并且,选择某方案的效用因该方案所具有的特性(如:该交通方式的费用、所需时间等)、出行者的特性(如:年龄、性别、职业等)等因素而异。

具体地说,就是某种交通方式的所需费用、所需时间等服务水平特性;出行者的年龄、职业、收入等社会经济特性;出行的目的、出行的时间等出行的特性;与交通行为有关的特性将对效用产生的影响。

根据上述理论，如果假设某出行者 n 的选择方案的集合为 A_n，选择其中的方案 j 的效用为 U_{jn}，则该出行者 n 从 A_n 中选择方案 i 的条件为：

$$U_{in} > U_{jn}, i \neq j, j \in A_n \tag{2-46}$$

随机效用理论同时认为效用是一个随机变量。随机效用理论通常将效用函数 U 分为非随机变化的部分［固定项（函数）］和随机变化部分［概率项（函数）］两大部分，并假设它们两者之间呈线性关系。

因此，如果假设出行者 n 选择方案 i 效用为 U_{in}，则 U_{in} 应该表示为：

$$U_{in} = V_{in} + \varepsilon_{in} \tag{2-47}$$

式中 V_{in}——出行者 n 选择方案 i 的效用函数中的固定项；

ε_{in}——出行者 n 选择方案 i 的效用函数中的概率项。

这时，根据效用最大化理论，出行者 n 选择方案 i 的概率 P_{in} 可以写为

$$P_{in} = Prob(U_{in} > U_{jn}, i \neq j, j \in A_n) = Prob(V_{in} + \varepsilon_{in} > V_{jn} + \varepsilon_{jn}, i \neq j, j \in A_n) \tag{2-48}$$

其中 $0 \leqslant P_{in} \leqslant 1, \sum_{i \in A_n} P_{in} = 1$。

在概率项 ε 服从二重指数分布时，可以导出 logit 模型，模型结构如下。

$$Pr(i) = \frac{exp(V_i)}{\sum_{j=1}^{J} exp(V_j)} \tag{2-49}$$

$Pr(i)$ 是决策者选择方案 i 的概率。

5. 交通分配

交通流分配是四阶段交通需求预测法的重点和难点。概括而言，交通流分配，就是将预测得出的 OD 交通量，根据已知的道路网描述，按照一定的规则符合实际地分配到路网中的各条道路上去，进而求出路网中各路段的交通流量、所产生的 OD 费用矩阵，并据此对城市交通网络的使用状况做出分析和评价。

（1）全有全无分配法：最简单的分配方法，该方法不考虑路网的拥挤效果，取路阻为常数，即假设车辆的路阻行驶速度、交叉口延误不受路段、交叉口交通负荷的影响。每一个 OD 点对的 OD 交通量被全部分配在连接 OD 点对的最短径路上，其他径路上分配不到交通量。

（2）增量分配法：在全有全无分配方法的基础上，考虑路段交通流量对阻抗的影响，进而根据道路阻抗的变化来调整路网交通量的分配，是一种"变化路阻"的交通量分配方法，增量分配法有容量限制-增量分配、容量限制-迭代平衡分配两种形式。采用容量限制-增量分配方式，首先需要将 OD 表分解成 N 个分表，然后分 N 次使用最短路分配方法，每次分配一个 OD 分表，并且每分配一次，路阻就根据路阻函数修正一次，指导把 N 个 OD 分表全部分配到路网上。容量限制—迭代平衡

分配形式，不需要将 OD 表分解，先假设路网中各路段上的流量为零，按零流量计算初始路阻，并分配这个 OD 表，然后按分配流量计算路阻，重新分配整个 OD 表，最后比较新分配的路段流量与原来分配的路段流量、新计算的路阻与原来计算的路阻，若分别比较接近，满足迭代精度要求，则停止迭代，获得最后的分配的交通量。否则，根据新计算的路权，再次分配，指导满足精度为止。

（3）用户平衡分配模型：Beckmann 交通平衡分配模型。

1952 年著名学者 Wardop 提出了交通网络平衡定义的第一原理和第二原理，人们开始采用系统分析方法和平衡分析方法来研究交通拥挤时的交通流分配，奠定了交通流分配的基础。Wardop 提出的第一原理定义（用户均衡或者用户最优）是：在道路的利用者都确切知道网络的交通状态并试图选择最短径路时，网络将会达到平衡状态。在考虑拥挤对行驶时间影响的网络中，当网络达到平衡状态时，每个 OD 对的各条被使用的径路具有相等而且最小的行驶时间；没有被使用的径路的行驶时间大于或者等于最小行驶时间。

$$\min Z(X) = \sum_a \int_0^{x_a} t_a(w) dw \tag{2-50}$$

$$s.t. \begin{cases} \sum_k f_k^{rs} = q_{rs} \\ f_k^{rs} \geqslant 0 \end{cases} \tag{2-51}$$

$$x_a = \sum_r \sum_s \sum_k f_k^{rs} \delta_{a,k}^{rs} \tag{2-52}$$

式中　　x_a——路段 a 上的交通流量；

t_a——路段 a 的交通阻抗，也称为行驶时间；

$t_a(x_a)$——路段 a 以流量为自变量的阻抗函数，也称为行驶时间函数；

f_k^{rs}——出发地为 r，目的地为 s 的 OD 间的第 k 条径路上的流量；

c_k^{rs}——出发地为 r，目的地为 s 的 OD 间的第 k 条径路上的阻抗；

u_{rs}——出发地为 r，目的地为 s 的 OD 间的阻抗；

$\delta_{a,k}^{rs}$——路段-径路相关变量，即 0-1 变量；如果路段 a 属于从出发地为 r，目的地为 s 的 OD 间的第 k 条径路，则 $\delta_{a,k}^{rs}=1$，否则 $\delta_{a,k}^{rs}=0$；

N——网络中节点的集合；

L——网络中路段的集合；

R——网络中出发地的集合；

S——网络中目的地的集合；

W_{rs}——出发地 r 和目的地 s 之间的所有径路的集合；

q_{rs}——出发地 r 和目的地 s 之间的 OD 交通量。

模型基本约束条件的分析：首先，平衡分配过程中应该满足交通流守恒的条件，即 OD 间各条径路上的交通量之和应等于 OD 交通总量。根据上述定义的变量和参数，用公式表示为：

$$\sum_{k \in W_{rs}} f_k^{rs} = q_{rs} \quad \forall r,s \tag{2-53}$$

其次，径路交通量 f_k^{rs} 和路段交通量 x_a 之间应该满足：路段上的流量应该是由各个（r, s）对的途经该路段的径路的流量累加而成，公式表示为：

$$x_a = \sum_r \sum_s \sum_k f_k^{rs} \delta_{a,k}^{rs} \quad \forall a \in L \ \forall r \in R \ \forall s \in S \ \forall k \in W_{rs} \tag{2-54}$$

同时，径路的总阻抗和路段的阻抗之间应该满足如下的条件，即径路的阻抗应该是该径路途经的各个路段的阻抗的累加，公式表示为：

$$c_k^{rs} = \sum_a t_a(x_a) \delta_{a,k}^{rs} \quad \forall a \in L \ \forall r \in R \ \forall s \in S \ \forall k \in W_{rs} \tag{2-55}$$

最后，径路流量应该满足非负约束，即 $f_k^{rs} \geq 0 \quad \forall k,r,s$

（4）系统最优分配模型。

Wardop 提出的第二原理定义（系统最优）是：在使交通流在最小出行成本方向上分配，从而达到出行成本最小的系统平衡。而第一原理主要是建立每个道路利用者使其自身出行成本（时间）最小化的行为模型。其目标函数是网络中所有用户总的阻抗最小，约束条件和用户平衡分配模型一样。因此，系统最优分配模型是：

$$\min \tilde{Z}(X) = \sum_a x_a t_a(x_a) \tag{2-56}$$

$$s.t. \begin{cases} \sum_k f_k^{rs} = q_{rs} \\ f_k^{rs} \geq 0 \end{cases} \tag{2-57}$$

$$x_a = \sum_r \sum_s \sum_k f_k^{rs} \delta_{a,k}^{rs} \tag{2-58}$$

（五）大数据下的需求预测模型

在交通领域，地理信息系统（GIS）、公共交通一卡通、不停车电子收费系统（ETC）、智能手机、全球定位系统的发展，使得海量数据产生，一改传统数据收集方法，如家庭调查法、国家数据年鉴收集的集计数据等。这一改变克服了传统数据收集方法难收集、样本率低、低反馈、收集数据质量不高等缺点。随着数据的爆炸式增长，巨大数据量和广泛的可用性使得我们的时代成为真正的数据时代。这个时代急需功能强大和通用的工具，以便我们从这些海量数据中发现有价值的信息，把这些数据转化为有组织的知识。因此，交通大数据研究的根本目的就在于将数据资源转化成为决策能力，进而提升行动效果。与此同时，问题导向将交通工程师与数据分析师推到同一舞台之上，两者间的协同将"呈上一台精彩的表演"。

数据挖掘过程包括以下步骤：

（1）数据清理（消除噪声和删除不一致的数据）。

（2）数据集成（多种数据源可以组合在一起）。

（3）数据选择（从数据库中提取与分析任务相关的数据）。

（4）数据变换（通过汇总或聚集操作，把数据变换和统一成适合挖掘的形式）。

（5）数据挖掘（基本步骤，使用智能方法提取数据模式）。

（6）模式评估（根据某种兴趣度量，识别代表知识的真正有趣的模式，即在数据挖掘中，兴趣度的度量超过阈值，才有趣）。

（7）知识表示（使用可视化和知识表示技术，向用户提供挖掘的知识）。

案例探讨

（1）案例背景。

铁路是旅客运输中重要的运输方式。自《中长期铁路网规划》实施以来，我国铁路实现快速发展，初步形成基础网络，明显提升服务水平，为推进铁路建设提供依据，也为指导铁路发展指明方向，形成市场建设对旅客需求的导向。

中国铁路客户服务中心12306官方网站票务系统数据显示（如图2-9所示），在我国现有铁路客运网络基础之上，铁路旅客需求局部区域大于供给；铁路旅客需求局部时间段大于供给。图2-9中旅客需求对市场供给选择而形成的交通流，显示旅客出行行为的时空复杂特性，体现旅客需求与铁路供给之间的动态特征，证实我国铁路发展需要扩大铁路有效供给。

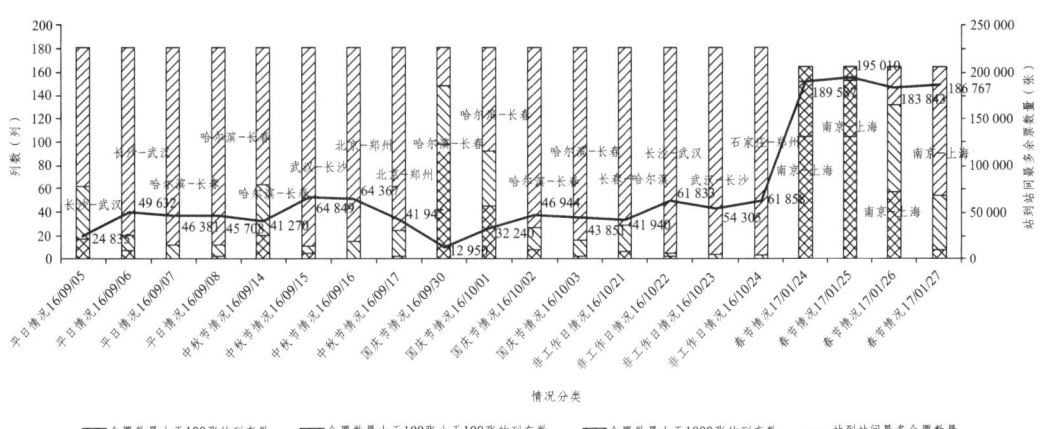

图2-9　全国重点方向列车余票动态信息情况（2016年3月至2017年3月）

自2017年起，节假日期间列车超员问题逐渐引起社会关注，不仅是旅客需求大于铁路供给的现实体现，它更直接关系到旅客运输服务质量和列车运行安全。因此，从微观角度改善列车需求预测精度，优化旅客运输计划，在节假日期间保证供需平衡，对我国铁路推进供给侧结构性改革的意义尤为重大。

（2）案例思路。

余票数据是可以通过12306网站获知的客票相关数据，我们应如何依据余票数据进行需求预测呢？

依据每天余票数据收集情况，运用数据挖掘决策树分类算法确定多维度旅客列车分层，再应用R软件实现分层，具体过程如图2-10所示。

□ 交通项目评估

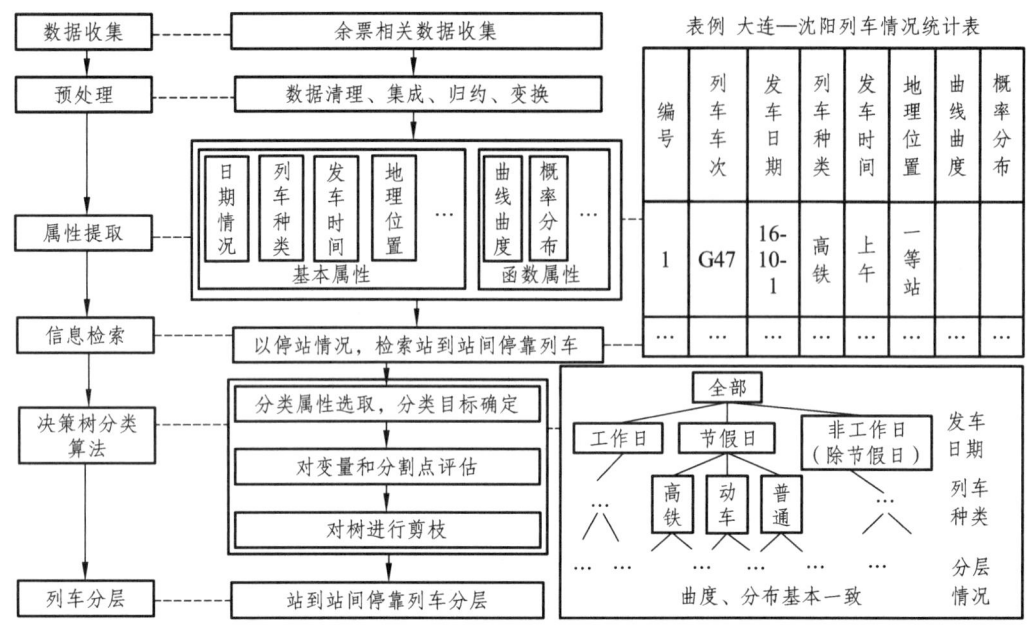

图 2-10 列车分层计算思路

首先将收集的余票数据按照每列旅客列车整理，并进行数据清理、集成、归约、变换，以获得准确性、完整性和一致性的数据。然后将预处理的数据进行属性提取，获得其基本属性和函数属性，并从站到站的角度出发，提取符合检索停站情况的旅客列车收集数据。最后应用信息增益率进行属性选择度量，按照余票曲线趋势一致情况划分类别，运用决策树分类法获得列车分层。

基于站到站间时间序列余票数据收集，依据列车分层，构建每一层次的自回归移动平均模型，从而实现每列旅客列车站到站间余票趋势预测。即将预测指标（余票数量）随预售期推移而形成的数据序列看作是一个随机序列，这组随机变量一方面受到自身变动规律影响，另一方面还受到同一层次余票情况的影响。

基于相关数据收集，利用 R 软件，运用广义最小二乘法对余票趋势预测模型进行测算，获得参数估计值，并以此预测未来预售期内任何一列旅客列车站到站间每日的余票情况。为了保证余票趋势情况预测的准确性，在真实数据收集的基础上，对比分析误差情况，以此作为反馈循环的评价标准。在符合误差标准的情况下，将数据直接录入数据库。在不符合误差标准的情况下报警，将数据录入数据库，重新按照图 2-10 流程将旅客列车分层，更新模型参数，以保证余票趋势情况预测的准确性。余票预测值代表列车在预售期间的余票数量，正余票数量代表每列列车在站到站间的剩余座位数。负余票数量代表旅客的潜在需求。

(六)生命周期法

1. 模型思想

生命周期有狭义和广义之分。狭义是指本义(生命科学术语),即生物体从出生、成长、成熟、衰退到死亡的全部过程。广义是本义的延伸和发展,泛指自然界和人类社会各种客观事物的阶段性变化及其规律。

生命周期一般模型形式如图 2-11 所示。在成熟期前,几乎所有的研究对象都有类似 S 形生长曲线的规律,引入期在 t_1 处结束,成长期在 t_2 处结束,而在成熟后期 t_3 处则分为三种类型,第一种类型是研究对象较快进入衰退期,如图 2-11 中(1)所示;第二种类型是研究对象继续处于成熟期,如图 2-11 中(2)所示;第三种类型是由于技术创新或开拓了新的市场,从而带动研究对象快速发展,进入新一轮的生长期,如图 2-11 中(3)所示。四种生长曲线模型特征及适用条件如表 2-12 所示。

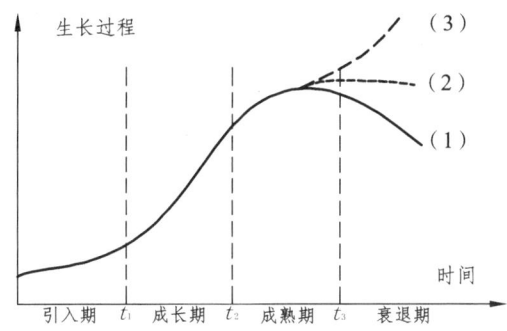

图 2-11 生命周期曲线

表 2-12 四种生长曲线模型特征及适用条件

模型	函数表达式	拐点(t_{inf}, $Y_{t_{inf}}$)	适用条件
Logistic	$Y_t = Y_\infty + \dfrac{Y_0 - Y_\infty}{1+(t/\alpha)^\beta}, t \geqslant 0$	($\ln\alpha/\beta$, $Y_\infty/2$)	快速增长期和减速增长期大致相同
Gompertz	$Y_t = Y_\infty e^{-ae^{-\beta x}}, t \geqslant 0$	($\ln\alpha/\beta$, $0.36788 Y_\infty$)	快速增长期和减速增长期大致相同
Richard	$Y_t = \dfrac{Y_\infty}{(1+e^{\alpha-\beta t})^{\frac{1}{\gamma}}}, t \geqslant 0$	$\left[(\alpha - \ln y)/\beta, Y_\infty/(1+\gamma)^{\frac{1}{\gamma}}\right]$	快速增长期较长,减速增长期较短
Weibull	$Y_t = Y_\infty - \alpha e^{-\beta t^\gamma}, t \geqslant 0$	$\left([(r-1)/\beta\gamma]^{1/\gamma}, Y_\infty - \alpha e^{[-(\gamma-1)/\gamma]}\right)$	快速增长期较短,减速增长期较长

注:Logistic 模型有多种表达形式,四参数模型可以有效纠正被试能力高估或低估现象,单、两、三参数模型是四参数模型的特例,建议使用四参数模型。

2. 案例思路

铁路货运发展从生命周期的一般生长过程来看,从整体上会呈现一种 S 形的生长曲线特征，推理得到铁路货运发展演化符合生命周期特征经验，将铁路货运生长曲线生命周期划分为四个周期：萌芽期（1949~1969 年），发展期（1970~1988 年），调整期（1989~1998 年）和繁荣期（1999~2022 年）。

（七）系统动力学

1. 模型思想

系统动力学（System dynamics）是系统科学理论与计算机仿真紧密结合、研究系统反馈结构行为的一门科学，是系统科学与管理科学的一个重要分支。系统动力学认为，系统的行为模式与特性主要取决于其内部的结构。系统动力学研究处理复杂系统问题的方法是将定性和定量结合、系统综合推理的方法，其建模过程就是一个学习、调查、研究的过程。所谓系统是指相互作用、互相依靠的所有事物，按照某些规律结合起来的综合体。

反馈是系统力学的一个核心概念，反馈是指 X 影响 Y，反过来 Y 通过一系列的因果链来影响 X，我们不能通过孤立分析 X 与 Y 或 Y 与 X 的联系来分析系统的行为，只有把整个系统作为一个反馈系统才能得出正确的结论。因果回路图是表示系统反馈构造的重要工具。如图 2-12 所示。

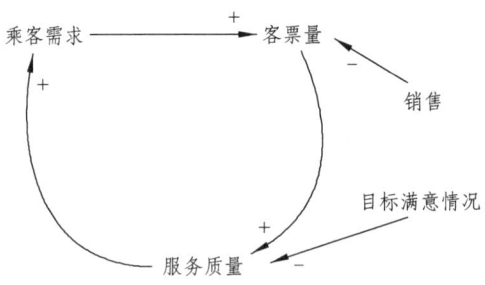

图 2-12 因果回路图示例

图 2-12 是铁路客票的因果关系图。图 2-12 告诉我们：客票量随着乘客需求而增加，随着销售而减少。铁路有目标满意度，实际满意程度和目标满意程度之间的偏差影响乘客需求。当实际满意程度大于目标满意程度时，乘客需求增加，当实际满意程度小于目标满意程度时，乘客需求减少。因果回路图适合于表达系统中的因果关系和反馈回路，但无法量化模型。因此需要建立存量流量图，以建立变量之间的数学关系。存量和流量是系统动力学中的一个核心概念。图 2-12 的存量流量图如图 2-13 所示。客票量作为存量，它的流入量是供给，流出量是销售。供给决策是这样的：一方面要考虑售票情况，即满足人们的出行需求，另一方面还要考虑满足旅客对服务质量的要求。

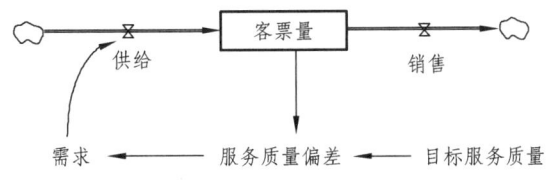

图 2-13 存量流量示例图

2. 案例思路

随着我国城市化进程的不断推进，机动车拥有量和道路交通需求快速增长，道路交通供需不平衡矛盾日益严重。如何解决城市交通拥挤问题正是城市客运交通系统研究的重要内容，如何构建城市客运交通系统模型，考虑交通拥挤的影响、交通政策的实施作用，从而预测城市客运交通系统的交通需求值得研究。

依据城市客运交通系统中影响因素间的反馈关系，构建系统数学模型，表示变量间的数学关系，其具体存量流量图如图 2-14 所示。私人客运交通结构仅考虑私家车拥有量，这是因为步行、自行车、摩托车数据收集较少，在以交通需求预测为研究目标的背景下，主要研究机动车出行。因此，选取公共交通拥有量（常规公共交通、城市轨道交通、快速公共交通和出租车）和私家车拥有量代表客运交通结构。车出行公里数、道路里程和交通拥挤间的反馈循环构成交通子系统中的内部过程。依据客运交通结构划分，将车出行公里数考虑为私家车出行公里数和公共交通客运总量。人均生产总值、机动车驾驶员人数和燃油费作为外部影响因素，影响车出行公里数和私家车拥有量等。没有选取人口数量的原因在于它与生产总值、交通拥挤等具有相关性。内部影响因素的交通政策包括交通需求（公交车拥有量增加）和交通供给（新建或扩建道路）两个层次，影响人们出行需求。

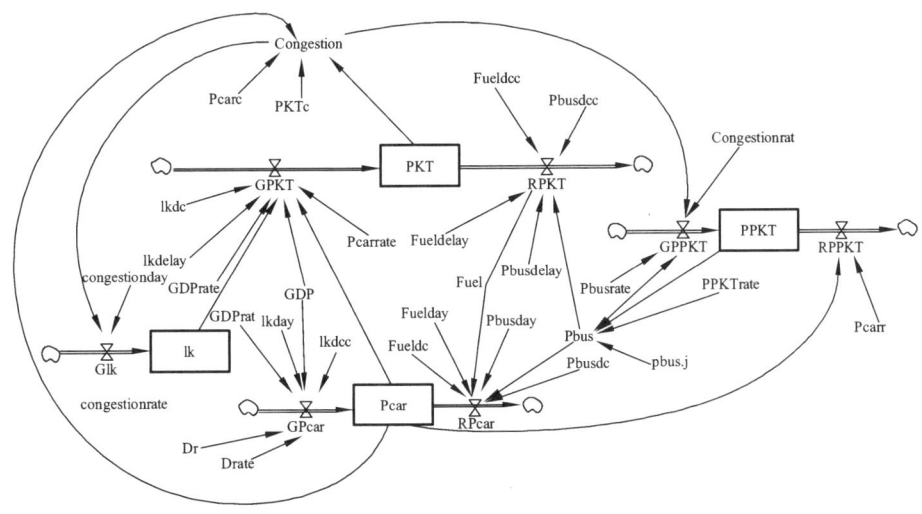

图 2-14 城市客运交通系统存量流量图

其中：PKT 是私家车出行公里数的对数值，$Pcar$ 是私家车拥有量的对数值，

PPKT 是公共交通客运总量的对数值，*lk* 是道路里程的对数值，*GDP* 是人均国民生产总值的对数值，*Dr* 是机动车驾驶员人数的对数值，*Fuel* 是燃料费的对数值，*Pbus* 是公共汽车拥有量的对数值。*GPKT* 是私家车出行公里数增加值的对数值，*RPKT* 是私家车出行公里数减少值的对数值，*GPcar* 是私家车拥有量增加值的对数值，*RPcar* 是私家车拥有量减少值的对数值，*GPPKT* 是公共交通客运总量增加值的对数值，*RPPKT* 是公共交通客运总量减少值的对数值，*Glk* 是城市道路里程增加值的对数值，*Congestion* 是城市交通拥挤水平。具体过程如《城市客运交通需求的系统动力学预测与分析》这篇文章所示。

第五节　总结与作业

一、课后读物

扫描二维码可以获得详细知识。

交通项目的交通调查	公交调查—发票调查法	浮动车法	TransCAD
(QR code)	(QR code)	(QR code)	(QR code)

二、课后习题

（1）什么是运输需求？什么是运输量？

（2）什么是交通调查？结合案例探讨的无障碍电梯项目进行阐述。

（3）需求预测方法有哪几种，如何进行测算？

三、课后作业

1. 对你选择的项目设计实施方案，进行需求数据收集，以进行需求预测。实施方案是指在哪里建设项目，需要收集什么数据，怎么收集这些数据，能分析出什么结果。

引例：以下为无障碍电梯项目的数据收集思路。

（1）项目选址。

依据某市地理位置、地形特征，描述该城市自然条件（气候、气温、降水量、风速、日照等），根据土地利用现状，结合立体过街设施的设置标准，设定初步选址方案。选址时需要着重考虑定性选址原则与定量选址原则相结合。注重大型人流集散地，尤其特殊地段如学校和医院（老人、残疾人、孩子较多）。与此同时，依据《城市人行天桥与人行地道技术规范》和《城市道路交通规划设计规范》相关规定，同时以满足行人通行量和当量小汽车通行量的位置作为初步选址地点。

根据初步选址地点，考虑场址建设条件是否满足以下情况（可以基于文献和统计年鉴获得这方面基础内容）：

① 场地空间情况：天桥占用的空间土地、集散空间、桥基等需要的场地空间。

② 地质方面的情况：场地底层结构特征及物理力学性质。

③ 地下水概况：地下水、环境等。

④ 地下基础设施概况：管道等（市政的管网）。

⑤ 场地地基评价及地震效应情况：场地地震基本烈度、基岩岩体完整性及适宜性、场地类别，岩土工程性质及评价。

（2）数据收集。

依据初步选址方案，设置相应交通调查方法［如交通量调查、行为（RP）调查、意向（SP）调查等］，获得交通基础设施情况（如交叉口类型、道路宽度、过街设施情况、标志标线、信号灯等），节假日与工作日人流与车流情况，按照天气类型（晴天、下雨）选取工作日一天，节假日一天作为调查日期，调查时间范围为6:30~20:30，包含早晚高峰，每十分钟统计一次数据。注意观察统计人们穿越过街设施的情况。在行人交通量统计过程中，注意标注特殊人群数量。在机动车流量统计过程中，注意交叉口流量和车辆通行率。

应用 RP 调查和 SP 调查相结合的方法，掌握人们对目前过街设施的利用情况，现有过街天桥使用情况，无障碍自动天桥（跨路电梯）的接受情况和期望情况，进一步研究行人过街等待时长（乘前等待时间、上电梯时间、乘坐时间、出电梯时间）。除此之外，深入探究行人过街心理，分析人们不选择过街设施的原因，并利用商场内客运电梯了解乘客密度接受程度与不同类型乘客的占用空间。以此作为交通需求预测的基础。

（2）对你选择的项目进行需求预测的研究报告书写，报告阐述数据收集、预测方法、预测过程、结果分析和结论。

引例探讨：如何对全国公路客运量进行需求预测，请预测 2030 年公路客运量情况。

根据国家数据统计年鉴进行数据收集，可以获得全国公路客运量的相关数值。将数值画入图表后可发现其趋势的波动性，如图 2-15 所示。

具体过程如《考虑运输方式间影响关系的公路客运交通需求预测》这篇文章所示，请思考这么做对不对。这篇文章是基于 2000~2014 年的相关数据进行预测。只是在原有趋势的基础上假设并测算，即假设高铁对于公路的客运影响只是在建设前后的变化，并未考虑高铁成网后对公路客运需求的影响。因此，在数据可以收集至 2020 年的当下，又应如何预测 2030 年的公路客运量呢？综上所述，需求预测的确难于计算，但不代表预测的无价值，也不代表预测不准就可以按照期待而去设定数值。

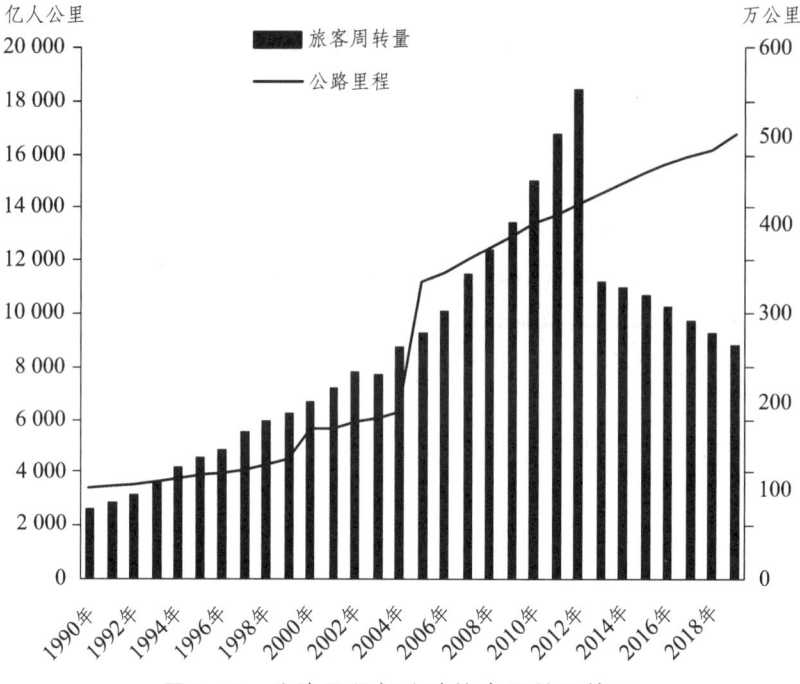

图 2-15　公路里程与公路旅客周转量情况

四、总结

一个交通项目是否应该被建设,首先需要解决的问题是了解使用者的需求。人们的需求难以收集与预测,呈现出供需不平衡状态。需求预测的数值直接关系到交通项目的建设规模、产品方案以及建设地点选择等,这决定了项目的财务、经济、社会影响大小。请选择一个你想建设的交通项目,设计数据调查方案,并在调查方案的引导下收集数据,进行需求预测,判定选定的交通项目是否应被建设。

第三章

交通项目技术评估

□ 交通项目评估

章节导读：
　　现假设你是中国交通建设股份有限公司的负责人，主要负责港口、码头、航道、公路、桥梁、铁路、隧道等设施建设业务。如今需要新建一条道路，你需要做些什么呢？又需要考虑哪些方面的内容呢？如果派一个团队去做这些事情，作为团队的领导，你又要考虑哪些事情呢？悄悄告诉你开启本章的魔法口诀：专家。

引言　现实案例，写在课前

一、课前案例

　　你所在的城市是否有地铁？你眼中的地铁又是什么样的？如果可以，请现场拍摄一些地铁照片，如果拍摄不到，也可以在网上查找相应图片，讲述你眼中的地铁。

（1）乘客眼中的地铁。

（2）地铁公司运营管理人眼中的地铁。

（3）土木工程人眼里的地铁。

二、导入案例

沪杭磁悬浮项目最早于 2006 年 3 月得到国务院的批准，原计划于 2006 年年内开工，2008 年年底建成，2009 年试运行，2010 年上海世博会开幕前正式投入使用。但该项目长期存在争议，开工时间被无限期搁置。2013 年 4 月，浙江省人民政府撤销沪杭磁悬浮交通项目建设领导小组。沪杭磁悬浮项目进展之所以出现反复，就是因为京沪铁路设计的技术评估中"到底应该采取哪种技术"的问题没有解决。请你选择你期望采纳的技术，并查找相关内容，给出充分理由。

（1）磁悬浮技术：速度高、功耗低。

（2）高速轮轨技术：技术可靠、应用范围广、造价低。

2020 年 4 月 17 日上午，浙江举行全面推进高水平交通强省建设动员大会。会上提出了沪杭超级磁浮工程构想，计划在上海与杭州之间建设磁悬浮超级高铁，时速超过 600 km，总投资高达 1 000 亿元。我国首列设计时速 600 km 的超级磁悬浮列车样车在中车四方股份公司下线，样车如图 3-1 所示。

图 3-1 我国首列时速 600 km 超级磁悬浮列车

第一节 项目技术评估概述

一、项目技术评估的概念

项目技术是指在整个项目中所使用的技术总和。包括：项目工艺技术、项目工程技术、项目技术装备，体现项目的技术和生产力水平。项目技术评估是对项目所使用的工艺技术、技术装备、工程技术等的可行性进行论证和评估，最终选择技术先进、经济合理的最佳方案。项目技术评估以社会总体利益最佳化为目标，不仅重视技术实践带来的利益，还同时注意潜在的、不可逆的消极后果。它着眼于人与技术、社会与技术的关系，着力于长期的、重大的、全局性的问题。

项目技术评估的意义主要是可以为技术开发提供理论依据，提高技术开发的计划性和主动性，避免技术开发中的盲目性。同时有利于实现技术先进性和经济合理性之间的统一，技术评估要从长期的、总体的、重大的优化出发，把技术的先进性和经济的高效益结合在一起综合考虑。

除此之外，技术评估关注长远利益，避免因短期暂时利益而牺牲长远利益。并以社会宏观系统为对象，以社会总体最佳利益为目标，不能因为给一部分人（集团、地区）带来局部利益而牺牲大部分人（集团、地区）的利益。同时，应关注对环境的保护。

二、项目技术评估的内容及方法

（一）项目工艺技术评估及方法

项目工艺技术包括项目所采用的工艺流程和产品制造方法。评估内容包括：

合理性评估：必须满足项目产品生产的要求，保证项目连续运行，能否保障项目运行过程的协调性和满足项目运行过程的特定要求；

适用性评估：适应原材料供应和其他运行条件；

可靠性评估：采用成熟、可靠的工艺技术；

先进性评估：先进技术代表先进生产力，还需要考虑技术进步和升级，与此同时，兼顾其他特性，如经济性。

项目工艺技术评估一般采用定性评估方法，如专家评分法，也可以采用量化的方法如工艺成本法、差额投资收益率法等方法。

1. 专家评分法

专家评分法是利用专家的经验和学识，根据预选技术方案的具体情况选出评价项目，对每个评价项目均定出评价等级标准，并用分值来表示，然后以此对预选技术方案的各个评价项目评定分值。最后将各个评价项目的分值经过运算，求出各方案的总分值，以此来决定取舍。专家评分法的特点是通过专家评分使评价项目定量化，将多目标评价问题转化为单目标评价问题，用单一的综合评价值来评选技术方案。但也存在缺点，如评分带有很强的主观性，对有争议的项目难以进行详细客观的评价。

专家评分法按评分的计算方法不同，又分为加法评分法，连乘评分法，加乘混合评分法和加权评分法。

（1）加法评分法。

设预选技术方案评价项目数为 n，其中第 j 个评价项目的得分值为 u_j；预选技术方案的平均得分值为 $U_{加}$，则技术方案的综合得分值为：

$$U_{加} = \frac{1}{n}\sum_{j=1}^{n} u_j \tag{3-1}$$

（2）连乘评分法。

本方法是在对各单项指标进行定量评分的基础上，通过指标连乘的方式计算出各个备选方案的总得分，依据总分高低选择技术方案。

$$U_{乘}=\sqrt[n]{u_1 u_2 \cdots u_n} \tag{3-2}$$

（3）加乘混合评分法。

本方法是基于加法评分和连乘评分于一体，依据计算出的总分多少进行技术方案的取舍决策。

$$U_{加乘}=U_{加}+U_{乘}$$
$$U_{加乘}=\frac{1}{n}\sum_{j=1}^{n}u_j+\sqrt[n]{u_1 u_2 \cdots u_n} \tag{3-3}$$

上述三种方法的适用条件是：当评价项目得分差距较大，而重要性程度差异不大时，用加法评分法较好；当评价项目得分差距不大，而重要性程度差异较大时，采用连乘评分法为好；当评价项目得分差距和重要性程度差异都很小时，采用加法评分法与连乘评分法均可。

（4）加权评分法。

在实际技术方案比选中，如果各评价项目重要程度相差很大，最好采用加权评分法。该方法的程序是：首先按评价项目的重要程度给出加权系数 λ_i，其次确定各技术方案对评价项目的分值 S_i；最后各评价项目权数 λ_i 乘以该评价项目的分值并加总求和，就得到预选技术方案的总分值 A：

$$A=\sum_{i=1}^{n}\lambda_i S_i \tag{3-4}$$

总分值最大的技术方案就是最优技术方案。

2. 工艺成本法

工艺技术方案的选择，特别是工艺和设备的选择在很大程度上取决于工艺成本。把产品制造成本用工艺成本的形式来表示。按照其是否随产量变化而发生变化，将工艺成本分为固定成本和变动成本两部分。

变动成本与零件（或产品）年产量有关，它包括原材料费、生产工人工资、燃料动力费、通用设备的折旧费和维护费、通用工具的维修和折旧费。固定成本与零件（或产品）年产量无关，它是指专用设备调整、维修和折旧费，专用工具的维修费、折旧费和管理费用等。

某产品的工艺成本可用下式表示：

$$C_m = VQ + C_F \tag{3-5}$$

$$C = V + \frac{C_F}{Q} \tag{3-6}$$

式中　C_m——产品年工艺成本；
　　　C——单位产品工艺成本；
　　　V——单位产品的变动成本；
　　　C_F——生产该产品的年固定成本；
　　　Q——该产品的年产量。

如果某产品的加工方法有两种方案可供选择，那么两种方案的工艺成本分别用下式计算：

$$C_{m1} = V_1 Q_1 + C_{F1}$$
$$C_{m2} = V_2 Q_2 + C_{F2}$$

以上两式可绘制成如图 3-2 所示直线。

当两个方案的年产量都等于 Q_b 时，则 $C_{m1}=C_{m2}=C_{mb}$，有

$$Q_b = \frac{C_{F2} - C_{F1}}{V_1 - V_2} \tag{3-7}$$

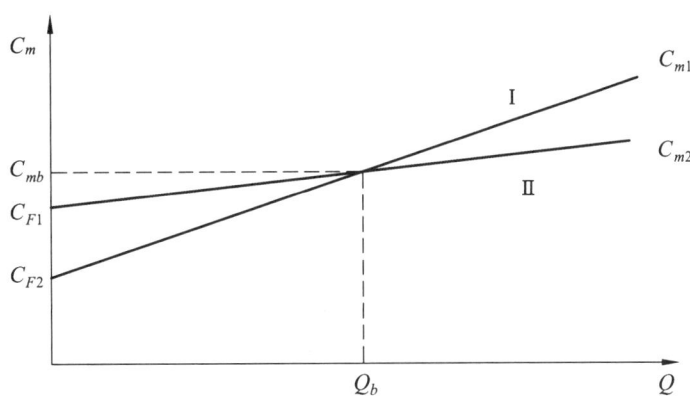

图 3-2　不同方案年工艺成本与产量关系图

图 3-2 中 Q_b 称为规模经济临界产量，当年产量小于 Q_b 时选取方案Ⅰ，反之则选取方案Ⅱ。

3. 差额投资收益率法

对于多种工艺技术方案都能满足相同的要求，但在投资和运行费用上有差异，可利用差额投资收益率法来进行技术方案选择。按下列差额投资收益率（R_a）的计算公式评估：

$$R_a = \frac{C_1 - C_2}{I_2 - I_1} \times 100\% = \frac{\Delta C}{\Delta I} \times 100\% > i_c(i_s) \tag{3-8}$$

式中　C_1、C_2——两个比较方案的年运行成本；
　　　ΔC——两个比较方案的年运行成本差额；

I_1、I_2——两个比较方案的投资额；

ΔI——两个比较方案的投资差额；

$i_c(i_s)$——行业基准收益率（或社会折现率）。

如果差额投资收益率大于设定的收益率 $i_c(i_s)$，则说明投资大的方案较优。

4. S 图法——技术经济价值

这种方法是首先计算拟预选方案的技术价值与经济价值，并成对标注在反映技术经济对比关系的坐标图上。然后根据坐标图上各点连线（S 曲线）的形态，结合计算出的各拟选方案综合价值，评选出最优方案。

（1）技术评价值的计算。

首先确定技术性能指标，包括表示新技术使用、制造和运行状况等性能指标；其次明确评价要求，从使用者的角度上把各种技术性能区分为最低要求和期望要求。理想的方案应很好地实现使用者的全部最低要求和期望；最后进行技术评价值的评分与计算。

对评价指标（项目）按其接近理想目标的程度进行评分的等级标准分五级：不能满足要求的为 0 分，差的为 1 分，较差的为 2 分，好的为 3 分，很好的为 4 分。某预选方案各指标的评分得出以后，就可用式（3-9）计算该方案的技术评价值：

$$X = \frac{\sum_{i=1}^{n} P_i}{nP_{max}} = \frac{P}{P_{max}} \quad (3\text{-}9)$$

式中　X——预选方案的技术评价值，理想技术价值为 1；

P_i——第 i 个技术性能指标（项目）的评分值；

P_{max}——评价技术性能指标，理想分值为 4 分；

N——评价技术性能项目的个数；

P——预选方案各个项目评分的算术平均值。

如果各技术性能指标（项目）重要性差别较大，则要加上加权系数后用式（3-10）进行计算：

$$X = \frac{\sum_{i=1}^{n} P_i \lambda_i}{P_{max}} \quad (3\text{-}10)$$

式中　λ_i——第 i 个技术性能项目的加权系数，$\sum_{i=1}^{n} \lambda_i = 1$。

（2）经济评价值的计算。

经济评价的主要指标为技术方案的制造费用。预选方案的经济评价值计算如下：

$$Y = \frac{H_i}{H} = \frac{0.7H_{允}}{H} \quad (3\text{-}11)$$

式中　Y——预选方案的经济评价值；

H_i——预选方案的理想成本；

H——预选方案的实际成本；

$H_允$——预选方案的允许成本。

（3）综合评价。

综合评价采用反映技术经济指标对比关系的 S 曲线图来判断拟选方案的综合价值大小（如图 3-3 所示）。

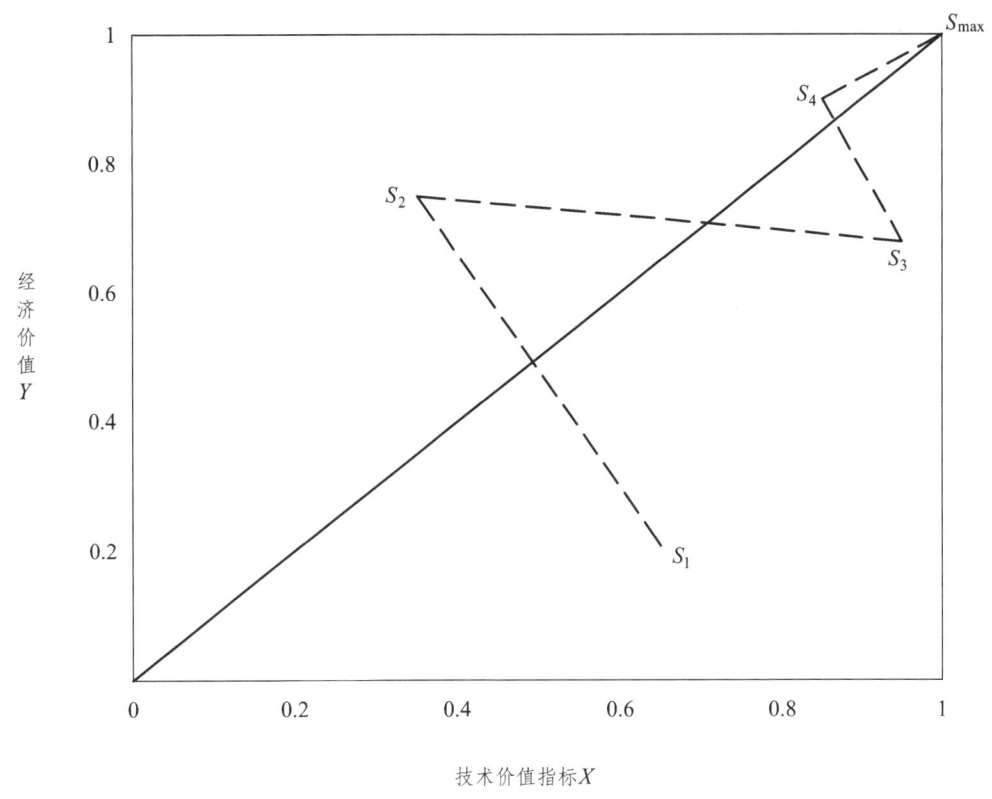

图 3-3　S 曲线图——技术经济价值

S 曲线图上的横坐标是技术价值 X 的数据，纵坐标是经济评价值 Y 的数据，X 和 Y 的交点 S，表示预选方案的综合评价值。图 3-3 中，$X=1.0$ 与 $Y=1.0$ 的交点 S_{max} 表示理想方案的综合价值。坐标原点 O 至交点 S_{max} 连接的 45°等分线上各点的技术价值与经济价值相同，表明技术与经济达到理想的协调。最优方案的综合价值 S 不但最靠近 S_{max}，同时技术与经济的协调程度也较好，如图 3-3 中的 S_4 所示。同时，也可用公式计算出各个拟选方案的综合价值，取其大者为最优方案。计算公式如下：

$$S = \sqrt{XY} \tag{3-12}$$

（二）项目技术装备评估及方法

项目技术装备评估就是指对项目运行所需各种技术装备的技术特性和适用性

等一系列的评估工作。由于项目技术装备是实现项目产品或服务生产目标的工具和手段,所以项目的生产能力和项目的工艺技术方案决定了项目技术装备的特性、数量和能力总和等方面的指标。

1. 设备的生产能力和工艺要求

采用的设备要符合工艺的要求并具有较高的生产率,其生产能力应与拟建项目的设计生产能力相吻合。从理论上讲,各工序、工段设备额定生产能力应等于投资项目的设计生产能力,在评估时,要分析核定各工序确定的设备台(套)是否合理,比例是否恰当,以避免各工序之间设备额定生产能力相差太大。核定设备配置比例的方法是:

(1)根据项目的设计能力和有关的设备资料,核定单台(套)设备的年生产能力,其计算公式为

$$单台(套)设备生产能力 = 设备有效工作时间 \times 设备单位时间产能 \times 设备利用率 \qquad (3-13)$$

(2)根据项目的设计生产能力和单台(套)设备生产能力,核定工序应配置的设备台(套)数,其计算公式为

$$该设备应配置台(套) = \frac{项目设计生产能力}{单台(套)设备年生产能力} \qquad (3-14)$$

经过上述计算,再结合项目实际情况进行分析,核实设备生产能力配置的合理比例和数量。

2. 设备的经济性

选择的设备除需满足生产工艺对设备功能要求之外,还需使设备所需的活劳动和物化劳动的消耗指标低于或等于拟建项目规定的指标。设备的经济性可运用运营成本比较法和费用效率分析法计算确定。

(1)运营成本比较法。

设备的营运成本是工艺营运成本的主要部分,它包括原材料消耗、能源消耗、运转维修费、设备操作人员工资、设备折旧费等。计算该五项费用后相加构成了设备的运营成本。在设备的其他功能相同的条件下,运营成本越低,设备的经济性越好。

(2)费用效率比较法。

费用效率是单位寿命周期费用支出所取得的效果,选择费用效率较高的设备,以保证设备的经济性。

$$费用效率 = \frac{系统效率}{寿命周期费用} \qquad (3-15)$$

其中,系统效率是指设备的营运效益,可用销售收入、利润和生产效率等价值指标或功能指标衡量;而寿命周期费用包括设备购置安装费和生产营运费等总费用。

例1 有三类能达到同一目标的设备,它们的系统效率可用"日产量"这一综合要素表示,其有关数据如表 3-1 所示。

表 3-1 设备产量费用数据

设备类型	日产量/(吨/日)	寿命周期总费用/万元
A	350	300
B	315	300
C	315	280

根据费用效率计算公式可得:

A 设备的费用效率 350/300=1.17

B 设备的费用效率 315/300=1.05

C 设备的费用效率 315/280=1.125

计算结果表明,A 设备的费用效率最高,因此 A 设备最为经济合理。

难以计量的单项要素作为系统效率,其计算程序是:首先,确定各单项要素所占比重;其次,计算各项要素的权重值(权重值=要素×要素得分);再次,汇总各设备选型方案的要素权重值,以此数据作为系统效率值;最后,计算各方案的费用效率。

例2 某项目设备选型方案有三种,各设备的寿命周期费用分别是:A 设备 12 万元、B 设备 11 万元、C 设备 11.5 万元。系统效率由 6 个单项要素组成,各要素的权重值计算如表 3-2 所示。

表 3-2 设备系统效率各要素权重值

序号	要素类别	权重(%)	A 设备			B 设备			C 设备		
			效率	得分	权重值	效率	得分	权重值	效率	得分	权重值
1	可靠性(成品率)	35	95%	9	3.15	90%	7	2.45	93%	8	2.8
2	安全性	15	安全	10	1.5	一般	6	0.9	较安全	7	1.05
3	耐用性(年)	25	10	6	1.5	14	9	2.25	12	8	2
4	环保性	15	良好	9	1.35	一般	8	1.2	一般	8	1.2
5	灵活性	10	好	10	1	一般	7	0.7	一般	7	0.7
6	合计	100		44	8.5		37	7.5		38	7.75

根据表 3-2 所列数据和费用效率计算公式可得

A 设备的费用效率 8.5/12=0.71

B 设备的费用效率 7.5/11=0.68

C 设备的费用效率 7.75/11.5=0.67

计算结果表明,A 设备的经济合理性最佳。

3. 设备的配套性

设备的配套性是指相关联设备、器具之间数量、各种技术指标和参数的吻合程度。按规模可分为单机配套、机组配套和项目配套。单机配套，是指一台机器中各种工具、附件、部件要配套齐全。机组配套，是指一套机器的主机、辅机等设备要配备成套。项目配套，是对一个新建项目所需的各种机器设备配备成套。如工艺设备、动力设备和其他辅助生产设备的配套。分析评估设备的配套性，既要研究设备数量的相互吻合程度，又要分析各个项目设备之间，设备与配套器具及辅助条件之间在技术水平上是否适应。

4. 设备的使用寿命和维修性

评估设备的使用寿命应结合项目所在地区的技术发展趋势和技术更新周期，对设备使用寿命的评估主要考虑三个方面的因素：

（1）设备的物质寿命。

设备的物质寿命又称自然寿命，是指设备在使用过程中由于物理和化学的作用，导致设备报废而退出生产领域所经历的时间。

（2）设备的技术寿命。

设备的技术寿命，即设备的技术老化周期，是指设备从开始使用，直至因技术落后而被淘汰为止所经历的时间。

（3）设备的经济寿命。

是指设备在经济上的合理使用年限，它是由设备的使用费决定的。当设备使用到一定阶段或一定程度时，零部件陈旧老化需要高额的使用费来延长其寿命，导致投入大于产出，经济上不合算。因此，需要根据设备的使用费用多少来确定设备的经济寿命，其计算公式如下：

$$设备的经济寿命 = \sqrt{\frac{2 \times 设备原始值（元）}{设备使用费年递增额（元）}} \quad (3-16)$$

评估设备的寿命时，只能对项目的主要设备进行分析研究，在其他条件相同的情况下，设备的寿命期愈长，其经济性愈好。

对设备的维修性的评估主要是对设备维修的难易分析，应选择具有易接近性、易装拆性、零部件标准化和互换性好、维修性能较强的设备，这样不仅能缩短修理时间，提高设备利用率，还可大大降低修理费用，保证设备正常运行。

5. 设备安全可靠性

设备安全可靠性是指设备在规定时间内和规定条件下，完成规定功能的能力，一般用可靠性来衡量。选择有较高可靠度的设备，可以满足生产工艺要求，连续不断生产出高质量的产品，避免设备故障可能带来的重大经济损失和人身事故。在选择设备时，还应注意选择那些噪音小，配套有治理"三废"附属装置的设备，以利于环境保护。

6. 技术装备的来源评估

建议选购国内制造的设备，对于国内尚未能制造的关键设备以及化解技术难题的有关专利和技术资料，从国外引进的设备，应持慎重的态度，事先应做广泛的调查或咨询（如有关厂家的资信状况和技术力量）；引进设备时还要考虑拟引进设备的性能如何，是否属于重复引进，是否适应我国的国情（特别是原材料是否符合要求以及操作、维修特殊辅助设备和配套设备等问题）。若非成套引进或非从一家公司引进，那么协调配套问题的解决就显得非常重要了。引进并不只限于"硬件""软件"（即引进设备安装调试、操作、维修、质量检验等所必需的技术资料）应随同设备一起引进，不得漏缺。

除此之外，进行项目技术装备评估时，针对技术装备的购置方案进行分析时，会用到设备的投资回收期法，该方法在财务评估章节中会进行阐述。费用换算法，是比较技术装备整个寿命周期内的总费用来评价和选择项目技术装备的评估方法。其总费用由项目技术装备的投资和使用费用构成，其具体内容在财务评估章节中进行了阐述，以及是否考虑时间价值。

（三）项目工程技术评估及方法

项目工程技术评估一般包括地基工程评估、土建工程评估、工业管道工程评估、电气及照明工程评估、给排水工程评估、采暖工程评估和通风工程评估等内容。项目工程技术评估主要从以下两方面开展评估工作：项目工程设计方案的评估，主要考虑工程方案的科学性、合理性、经济性等指标；项目工程实施技术和施工组织方案的评估，主要考虑项目方案的可靠性、经济性、高效性等特性。

技术经济综合指数评价在评价替代现行技术（或称原方案）的各种技术方案时常常被使用到。由于此法把技术因素与经济因素合在一起来考虑技术先进性程度，因此，其评价的可靠程度较高。此法的评价手段是采用技术经济综合指数这一指标，综合指数高的方案为技术先进性程度高的方案。综合指数的计算公式为

$$R_i = \sqrt{X_i - Y_i} \quad (i=1,2,\cdots,n) \tag{3-17}$$

式中　R_i——i 方案的技术经济综合指数；

　　　X_i——i 方案的技术评价系数值，大于 0.6，方案才可行；

　　　Y_i——i 方案的经济评价系数值。

评价过程如下所示：

（1）用评分法（给分评分法如表 3-3 所示）先确定技术方案各评价项目的最高分值，然后对各技术方案评价项目进行评分，根据各评价项目的评分值，即可求得技术评价系数。技术评价系数按式（3-18）计算。

$$X_i = \frac{P_i}{P_{max}}$$

(3-18)

式中 P_i——技术方案 i 在各评价项目中的评价分数之和；

P_{max}——各评价项目的最高分之和，X_i 的意义同前。

表 3-3 综合评分方法

序号	技术性能评价项目	评分					最高分
		方案 1	方案 2	…	方案 i	方案 n	
1	A	3	4	…	3	3	4
2	B	3	3	…	4	3	4
3	C	4	3	…	3	4	4
4	D	3	3	…	2	3	4
5	E	3	3	…	4	3	4
6	F	4	3	…	4	3	4
7	G	4	4	…	4	4	4
8	H	4	4	…	4	3	4
9	分数之和 P	28	27	…	28	26	$P_{max}=32$
10	$X_i = \dfrac{P_i}{P_{max}}$	0.875	0.844	…	0.875	0.813	1.0

（2）计算各技术方案的经济评价系数，经济评价系数按式（3-19）计算：

$$Y_i = \frac{C_o - C_i}{C_o}$$

(3-19)

式中 C_o——原技术方案（现行技术）的成本；

C_i——新技术方案的估计成本；

Y_i 的意义同前。

技术方案经济评价系数如表 3-4 所示。

表 3-4 经济评价系数计算

方案号	新方案名称	新方案估计成本 C_i /万元	原方案成本 C_o /万元	经济评价系数 $Y_i=(C_o-C_i)/C_o$
1	方案 1	960	1 000	0.04
2	方案 2	940	1 000	0.06
…	…	…	…	…
i	方案 i	920	1 000	0.08
…	…	…	…	…
n	方案 n	900	1 000	0.1

（3）计算方案的技术经济综合指数。根据表 3-3 和表 3-4 的数据计算的各技术方案的技术经济综合指数如表 3-5 所示。

表 3-5 技术经济综合指数计算

方案号	新方案名称	技术评价系数 X_i	经济评价系数 Y_i	技术经济综合指数 $R_1=\sqrt{X_iY_i}$
1	方案 1	0.875	0.04	0.187
2	方案 2	0.844	0.06	0.225
…	…	…	…	…
i	方案 i	0.875	0.08	0.265
…	…	…	…	…
n	方案 n	0.813	0.10	0.296

（4）比较各方案技术经济综合指数的大小，其综合指数大的方案为优。如表 3-5 所示，技术方案 n 的综合指数最大，故认为方案 n 在所有新方案中的技术先进性程度为最高，则方案 n 为最优方案。

三、项目技术评估的程序

技术评估是一项细致复杂，而又很具专业性的工作，项目技术评估的一般流程如图 3-4 所示。

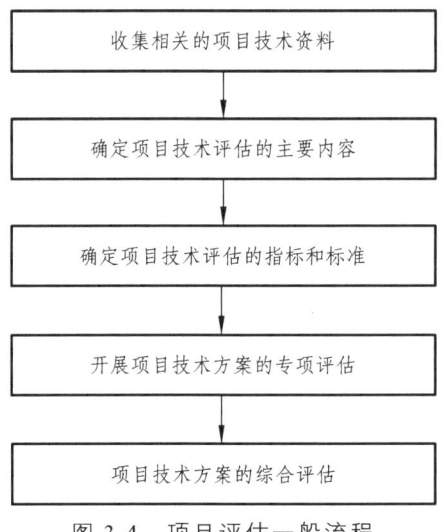

图 3-4 项目评估一般流程

收集资料是项目技术方案评价的首要工作，会对技术评估能否顺利进行、评价的准确性产生非常重要的影响。一般来说，技术评估要收集的资料主要包括各种技术方案、可行性研究报告和基础技术资料等。技术方案在这里主要是指工艺技术方案和设备选择方案。可行性研究报告里包含着对项目准备采用的技术装备和生产工艺的论证分析,它能把技术评价和其他部分有机衔接起来。基础的技术资料主要是指工艺方案、工艺流程、工艺说明书以及设备性能说明书等,它们能为技术评估提供在生产过程中的各种技术条件、数据及技术参数。

在资料收集后,按照前一节说明的评估内容及方法确定项目技术方案的评估结果,如图 3-5 所示。然后按照项目技术方案的可行性评估、项目技术方案的先进性评估、项目技术方案的实用性等几个方面的专项评估等,随后将项目技术方案专项评估的结果按照一定的方法进行全面综合,最终给出对于项目技术方案的全面评价。

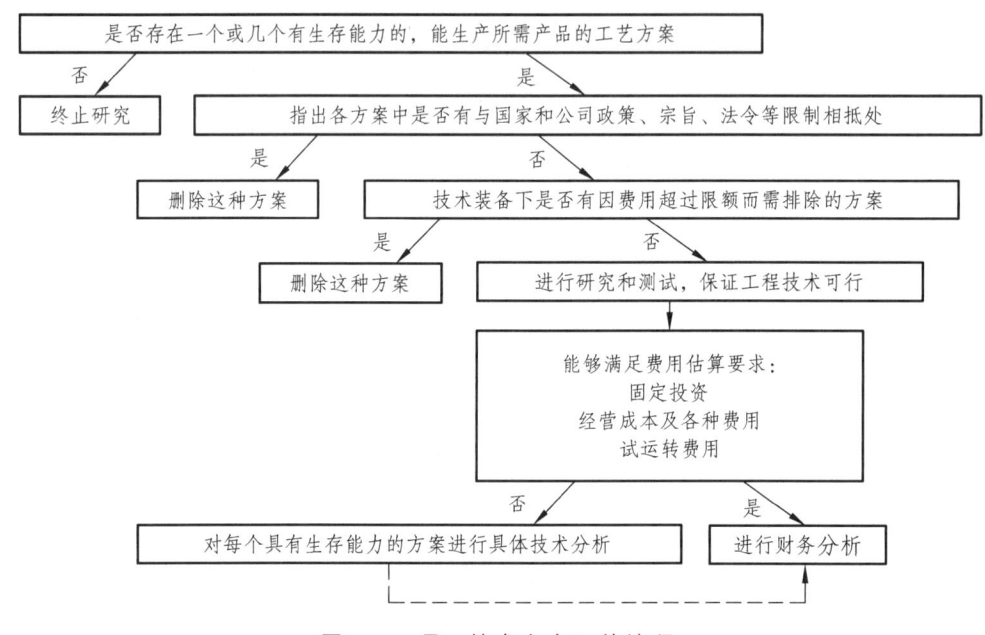

图 3-5 项目技术方案评估流程

四、项目技术评估的准则

项目技术直接决定着产品方案、生产规模和生产效率,对产品质量、数量、生产成本和经济效益将产生重要影响。项目技术评估是进行项目经济效益评价的前提条件,是对投资项目所采用的生产工艺、选用的设备以及技术措施等进行的分析、评价。技术评估应遵循的基本原则有:先进性原则、适用性原则、经济性原则、安全性原则、合理性原则以及可靠性原则。

（一）先进性原则

技术的先进性是指采用的技术应是先进技术,这种技术对项目的生产发展起主要作用,并在该领域具有国际水平或领先于我国现有技术水平。项目技术的先进性可通过各种技术经济指标体现出来,主要有劳动生产率、单位产品的原材料消耗、能源消耗、质量指标、占地面积和运输量等。所用的技术指标应与国内外同类型先进水平相比较,才能确定其先进程度。先进性原则要求比较全面,它不仅要求技术是先进的而且要求技术基础参数先进,在要求主机先进的同时,也要求配套的辅机、配件的先进性。

(二)适用性原则

技术上的适用性是指所采用的技术必须适应其特定的自然条件、技术条件、经济条件、社会条件,企业可以迅速消化、吸收、投产,并能取得良好的经济效益。任何一项技术在实际应用时都要结合具体的条件,因为同一技术在不同的使用条件下效果也会不同。适用性较强的技术通常能合理利用资源,降低原材料,特别是能源的消耗,能改善产品结构,提高产品质量,同时也有利于充分发挥原有的技术装备和技术力量。在对项目技术方案进行评价时,还要注意分析其是否和企业的技术管理水平相适应。

(三)经济性原则

经济性就是从经济效益的角度来考察评价项目所采取的技术,以最小的代价获得较高的收益。经济性原则可以体现为最大收益原则和最小成本原则。技术评估时,要根据项目的具体情况,反复比较各种技术方案的经济效益。不仅要注意技术方案的单项效益,还要注意综合经济效益;不仅要考虑企业的微观效益,还要考虑国民经济的宏观效益。

(四)安全性原则

安全性原则主要是考虑所采用的技术是否会对操作人员造成人身伤害,有无保护措施,是否会破坏自然环境和生态平衡,能否应采取策略减轻破坏等。对项目采用的工艺技术及设备的安全性,要从社会角度、劳动保护角度加以分析评价。

(五)合理性原则

合理性要求从科学的角度去评价技术方案。它是保证项目投产后顺利进行生产,并实现项目技术目标的关键。技术方案的合理性主要体现在工艺流程、设备和专业化协作程度要合理,产品的产量与规模要合理等。

(六)可靠性原则

可靠性原则是指项目技术的运用不会出现项目技术失效或过多的故障或问题。一般来说,一项技术的广泛应用应建立在多次试验成功,并经权威机构认定的基础之上。如果一项技术不成熟,则会为将来埋下隐患,甚至造成不可估量的损失。从社会的角度来看,采用可靠性高的技术方案能防范和积极避免因技术方案而产生的资源浪费、生态失衡以及人类安全受危害等情况的发生。

(七)保护环境原则

改善人类环境、维护生态平衡是当今世界技术发展的重要趋势,技术的优劣也体现在对环境的影响上。从整个社会和自然环境保护的角度来讲,对项目技术进行评估以确保项目技术必须保护和改善人类生存的环境是我国法律和国际法所要求的,如《建设项目环境影响技术评估指南》。

上述原则是相互联系、相互制约的有机整体,应始终贯穿于项目技术的选择、分析和评价的过程中。项目技术评估过程中,至少包含的问题如下:

(1)项目设计是否满足项目各阶段的需求?

(2)项目技术是否可以实现?如果可以,能否参考类似项目的价格?

(3)所采用技术的相关风险能否得到适当的管控?

(4)项目技术要求是否尽可能避免重大的地质工程风险?它是否能避免其他不能承受的技术风险?

(5)在成本和时间方面,地质风险的评估是否会对工程的进度产生重大影响?

(6)从监管的角度来看,服务的范围是否可行?

(7)项目建成后所提供的服务是否可以通过绩效指标来充分衡量?

(8)项目建成后所提供的服务未来的技术更新能否进行合理的估算?

(9)项目建设过程中和建成后是否会对自然环境、生态环境、人类健康和安全产生重大影响?

如果上述所有问题的答案都是肯定的,并且没有其他特殊的技术问题,那么该项目在技术上是可行的。如果上述问题的答案是不确切的,说明存在较大技术风险,则需要改善项目技术,或者考虑取消该项目的实施。

项目技术评估具有较高的难度和复杂度,这些技术风险主要体现在以下几方面:

(1)项目技术复杂性高,如新技术未获得全面的测试,未能全面验证其可行性。

(2)项目技术需要大量创新,可借鉴的资料及先例较少。

(3)在特别不确定的地质条件下建设项目,会造成项目较大的技术风险及成本的增加(如特殊地质条件下的隧道工程或大型跨海工程)。

(4)项目所属地区具有特殊的自然风险,如天气、水文或地震方面的风险。

(5)项目的复杂性和不确定性,涉及成本和施工进度等。

当一个项目具有这些特征时,需进行更为全面的评估技术,尽可能地评估项目建造和运营有关的风险。特别是应考虑下列预防措施:

(1)组建经验丰富的行业专家所组成的项目团队。

(2)对以往具有类似风险的项目进行仔细评估比对,广泛开展各类调查。

(3)寻求以往项目参加者的反馈意见。

综上所述,全方面的项目技术评估是困难的,并且是尤为重要的。这也是沪杭磁悬浮项目出现反复评估的原因,除了考虑技术先进性、安全性、可靠性等"硬件"因素外,还跟技术方案的适用性、经济性和合理性密切相关。

第二节 交通项目技术评估

一、铁路交通项目的技术评估

（一）项目概况

包括线路起讫点、经由、建设规模与目标（线路等级、升序、运输能力等）、主要建设条件、项目投入总资金及效益情况、主要技术经济指标等内容。

（二）运量预测

确定预测的依据与范围、吸引范围、行政区划、面积及近期人口、国内生产总值的变化情况、资源分布及开发利用情况、工农业现状及发展情况及交通运输现状等。选取合适的预测方法和依据进行客运量及货运量预测。一般应依据历史年度客、货运状况来进行年度客流、货流预测分析。

（三）线路方案选择

主要考虑线路起讫点、经由及长度，车站设置方式，线路地质条件，其中应考虑自然地理条件、水文地质条件、工程地质条件等地质条件，地层岩性与地质构造条件，拟建项目与邻线的关系，拟建项目与公路、水路等运输的关系，沿线的社会条件，法律支持条件等内容。

（四）建设规模与技术标准

建设规模主要考虑线路长度、客货输送能力、年正常客货运量、客货列车开行对数、编组站、主要装卸站、区段站等设置。技术标准有正线数目，限制坡度，牵引种类，机车类型，到发线有效长度、最小曲线半径、牵引质量、闭塞方式等。

（五）工程和设备方案

工程方案主要涉及线路路基和轨道工程，桥涵及隧道工程，车站、货场、编组站工程，机车交路工程，电气化工程，建筑安装工程量及"三材"（钢筋、水泥、木材）用量估算，主要建、构筑物工程一览表等内容。设备方案包括机车车辆，通信信号设备和主要设备清单。

（六）环境影响评价

环境影响评价主要包括沿线环境现状，项目施工与运营对环境的影响，保护和治理措施，其中包含综合防治措施（防振、防噪声等）及生态环境保护，环境保护设施与投资，环境影响评价等内容。

（七）风险分析

风险分析应进行项目主要风险因素识别，风险程度分析，制定防范和降低风险的对策。

二、公路交通项目的技术评估

（一）项目概况

包括项目提出的过程、理由及意义（在全国路网及地区路网中的地位和作用，项目在地区综合运输网中的地位和作用，项目对地区经济发展的影响），线路起讫点、经由，建设规模与目标（公路等级、线路长度、运输能力等），主要建设条件，项目投入总资金及效益情况，主要技术经济指标等内容。

（二）运量预测

确定预测的依据与范围，考察项目影响区内经济发展状况（项目影响区的确定、项目影响区内经济状况与发展前景），项目影响区内交通运输状况（综合运输网状况及发展规划，公路交通运输状况），拟建项目交通量预测（交通量现状调查，交通量预测）等内容。

（三）线路方案

确定备选线路条件，其中主要考虑线路起讫点、走向、经由，沿线地理位置条件，筑路材料来源及运输条件，社会条件，线路沿线城市及与附近公路、铁路、水运、航空交通的衔接情况，线路所经地区的法律支持条件等因素。进行线路方案比选，主要进行线路条件比选，占地及土石主工程量比选和投资费用比选。

（四）建设规模与技术标准

确定线路长度，路线等级（高速、一级、二级等），线路通过能力与输送能力，线路宽度及车道数。根据拟建项目在区域公路网中的功能与定位、交通量预测结果，综合考虑地形条件、投资规模、环境影响及与拟建项目连接的其他工程项目等影响因素，在通行能力及服务水平分析的基础上，按照《公路工程技术标准》相关规定，论证项目拟采用的技术等级、设计速度、车道数及路基宽度、荷载标准、抗震设防标准、隧道建筑界限、交通工程及沿线设施等具体指标，对于跨越有通航要求的河流上的桥梁，应明确通航标准等指标。

（五）工程方案

确定线路路面工程，桥涵工程，隧道工程，附属配套建筑工程，建筑安装工程量及"三材"用量，绘制主要建、构筑物工程一览表。

(六) 环境影响分析

主要分析沿线环境特征，推荐方案对工程环境的影响，制定减缓工程环境影响的对策，路线方案的对策，路基边坡防护对策，借方、弃方及水土保持对策，绿化恢复植被对策及其他对策。

(七) 风险分析

对于特殊复杂的重大项目，应进行风险分析。项目风险主要包括工程技术风险、资金风险、外部协作条件风险等，应结合项目实际进行识别风险程度分析采用专家评估法、风险因素取值评定法或风险概率分析法等，按各风险因素对项目影响程度和风险发生的可能性大小确定风险的等级。防范和降低风险措施根据不同的风险因素提出相应的规避和防范对策。

三、水运交通项目的技术评估

水运交通项目可细分为港口和航道建设项目，主要包含如下内容。

(一) 港口建设项目

1. 项目概况

主要介绍项目单位概况，包括企业性质、经营范围、主要投资项目、经营状况等。简述项目提出的背景、预可行性研究报告编制或者项目建议书审批情况，属于改扩建工程的项目应对前期工程做简要介绍。给出研究依据和过程、主要研究结论以及问题与建议。

2. 建设必要性

进行港口发展状况评估，主要对设施、生产运营状况进行评价。根据项目目标及定位和腹地经济社会及交通发展状况预测港口吞吐量。根据到港船舶状况和国内外运输船舶发展状况及趋势进行船型预测并设计代表船型。确定建设规模及建设时机并论证建设必要性。

3. 建设条件

介绍工程地理位置，应围绕对自然条件的分析进行必要的专题研究，包括气象（气温、降水、风况、雾、相对湿度、雷暴），水文（潮汐及水位、波浪、水流、冰况），地形、地貌及工程泥沙，工程地质、地震、港口作业天数等内容。之后对外部配套条件、用地及水域使用条件、环境条件和建设条件进行评价。

4. 总平面布置

确定本工程与相关规划、相邻工程关系，说明设计采用的规范或技术标准和泊位性质及应满足的使用要求，列出设计船舶主尺度。设置水域主尺度和陆域主尺度并进行高程设计。论证并确定航道长度、设计水深、有效宽度、挖泥边坡等,计算疏浚工程量。根据航道建设情况及水域条件,计算并提出本工程所需的锚地要求,包括水深、锚地数量、位置等。进行港池、航道冲淤变化预测,确定主要指标及工程量。

5. 装卸工艺

确定装卸工艺及计算泊位年通过能力、库场(罐区)面积及容量等所采用的设计参数。根据不同货种、运量和船型等条件,提出两个或两个以上技术可行的装卸工艺方案及工艺流程、主要工艺设备选型,确定各种主要装卸设备数量。根据设计吞吐量及设备配备、到港船型等情况,计算不同工艺方案的泊位年通过能力、堆场及仓库面积或罐区容量。

6. 水工建筑物

说明水工建筑物的建设内容、规模和建筑物安全等级。确定设计条件,包括设计船型、气象、水文、地质等条件、设计荷载等。根据设计条件,提出码头、防波堤等主要水工建筑物两个或两个以上技术可行的结构方案,对各方案进行结构计算,并给出推荐方案。

7. 陆域形成及道路、堆场

说明设计荷载(堆场均载、装卸运输设备荷载等)、地形和地质条件以及当地回填料情况等。说明地基处理方案的计算方法和主要设计参数,给出稳定性计算和沉降量计算结果,提出主要工程量。根据道路布置、使用要求及地质条件,确定道路面层、路基结构方案和道路地基处理方案等,提出主要工程量。确定堆场铺面结构、装卸设备走行线基础结构方案和堆场地基处理方案等,提出主要工程量。

8. 配套工程

配套工程包括以下各项的全部或部分内容:港区道路、铁路、内河、管道、供电、给排水、消防、通信、助导航及安全监督设施、自动控制、计算机管理系统、生产及辅助建筑物、港作车船、机修、修箱、洗箱等。配套工程通过社会服务方式解决的,应作简要说明。

9. 港口岸线使用

阐述项目建设地点、用地面积及范围、土地利用状况、土地性质、土地权属情况和土地取得方式等。沿海港口应阐述项目使用海域面积及范围、性质等。阐述港口岸线使用范围、长度等内容,按有关规定说明岸线使用的性质、期限,对港口岸线使用进行合理性分析。

10. 节能及安全

简述工程概况及能耗特点、项目所在地的能源供应状况和节能设计依据等。简述工程性质、规模及安全风险程度,列出设计依据的国家和地区有关法律法规和标准。

11. 环境保护和项目风险分析

列出环境保护执行的国家和地区有关法律法规、采用的技术标准。针对项目特点，概述项目在市场、工程、技术、融资、政策、社会环境、外部条件等方面可能存在的主要风险。

(二) 航道建设项目

航道建设项目主要分为沿海、内河航道建设项目。沿海航道建设项目包括疏浚、吹填及炸礁工程和船舶助导航工程及船舶交管系统等。而内河航道建设项目包括航道整治、疏浚、炸礁和航运梯级以及船闸工程等。现以内河航道建设项目为例，其技术评估主要包含如下内容。

1. 项目概况

主要介绍项目单位概况，包括单位性质、职能及隶属关系、投资建设情况等，由企业投资建设或者部分出资的，应简述相关企业性质、经营范围、主要投资项目、经营状况等。简述项目提出的理由、预可行性研究报告编制或者项目建议书审批情况，属于改扩建工程的项目，应对前期工程做简要介绍。最后给出研究依据和过程、主要研究结论以及问题与建议。

2. 建设必要性

首先进行水运现状的分析并进行现状评价，主要包括：河流概况、航道现状、水运量现状、船舶营运现状。根据腹地经济社会与交通发展状况进行水运量预测，如航道客货运量及流量流向预测和过坝运量预测。分析电力供需现状并进行电力需求分析。从适应腹地经济社会发展、完善综合运输体系、适应水运增长需求、满足用电需要与改善电网结构、实现航运规划目标、改善航道条件与保障航行安全等方面入手，综合论述本工程建设的必要性。

3. 建设条件

首先对气象条件进行评价，包括气温、降水、风况、雾况和相对湿度等。同时对水位、径流、泥沙、水位流量关系曲线、洪水和冰情等水文、泥沙条件进行分析。工程地质情况分析包括区域地质、航道区工程地质、库区工程地质、坝址工程区工程地质、地震和天然建筑材料等方面。之后对外部配套条件，如对本航道工程与其相关的防洪规划、河道综合治理规划、港口岸线利用规划等的符合性进行分析评价。调查分析工程所需的供水、供电、交通、通信、建筑材料和施工力量等建设条件，论证是否具备航道建设的必要条件。综合论述工程场址的建设条件，针对可能影响工程建设的重大问题应做出说明。

4. 河床演变与滩险碍航特性

首先进行河道特性分析，阐述工程河段及其上下游的河道特性、河势稳定情况及有关边界条件。针对河床演变，分析工程河段及其上下游河道的历史演变特征，分析碍航河段的河床演变趋势，分析大型水利工程等对本河道的影响。碍航特性分析主要是结合航道维护和近年来的事故情况，分析工程河段的碍航特性及碍航原因。

5. 通航标准与营运组织

根据有关部门或地方政府批复的航道规划文件进行航道规划，并根据主管部门批复的项目建议书确定项目航道通航标准。在船型及营运组织方面，根据拟建工程的有关港航条件、水运量预测需求等，设立主要航线的船型及营运组织方案。确定主要营运参数，选取论证指标，对船型及营运组织方案进行论证。分析船型及营运组织方案的论证成果，提出设计代表船型及营运组织方案。

6. 航道工程

首先进行工程总体设计，包括整治原则与工程措施确定、建设规模与设计标准制定（如航道尺度和通航水位等）、确定整治参数（如整治水位、整治流量及整治线宽度等）。初拟两个或两个以上总体方案，对各方案进行深入的技术经济比较，必要时应进行模型试验研究，并提出推荐方案。针对整治工程，主要对水工建筑物和航道端面进行计算分析。疏浚工程包括疏浚方案确定、挖槽设计与工程量计算和挖泥机具和抛泥区的选择等。炸礁工程应确定炸礁位置、炸礁断面并计算工程数量。最后结合护岸工程分布，提出护岸布置原则和范围。

7. 航运梯级工程

工程任务和规模的确定包括河流综合利用规划、开发任务、水库水位、通航水位，以及水利、动能、通航建筑物规模的确立等。工程布置及主要建筑物的设计包括工程等级及建筑物级别确定、坝址选择、枢纽总体布置、挡泄水建筑物、通航建筑物、电站厂房等项目的规划。机电及金属结构主要涉及水力机械、电气、金属结构、采暖通风和消防等。水库淹没和工程占地包括库区概况、水库淹没影响、水库移民安置规划、专项设施复建规划、防护工程及库底清理、水库淹没处理补偿投资估算和工程占地等内容。

8. 配套工程管理

航道工程的配套工程主要包括航标工程、公用工程、桥梁工程和其他工程等。其中航标工程是根据航标现状，确定新增航标及标牌的类别、布置及数量。其他配套工程一般包括港口及锚泊区、水闸、涵管、电缆、隧道等改建工程，以及航道维护基地、设施、绿化、安全监管设施等。

9. 节能及安全

根据工程概况对能耗、节能措施和节能效果等进行分析。在安全方面，根据工程性质、规模，列出安全设计所依据的国家和地区有关法律法规和标准。说明工程所在地自然条件（气象、水文、地质等）对劳动安全可能造成的影响或危险，分析生产过程中危险、危害等不安全因素,估计其危害程度。根据项目性质及危险因素分析,提出各类安全防治措施和应急措施,包括防火、防爆等安全设施,安全操作措施,生产过程监控措施,安全监管措施,危险环境的安全措施等,估算劳动安全设施与设备投资。

10. 环境保护与水土保持

环境保护包括环境现状分析、主要污染源及污染物确定、可能引起的生态变化、采用的环保标准、控制污染的方案、环保投资估算和环境影响评价等内容。水土保持包括水土流失现状分析、水土流失预测和水土保持措施的制定等。

11. 项目风险分析

针对项目特点,概述项目在市场、工程、技术、融资、政策、社会环境、外部条件等方面可能存在的主要风险。对拟建项目可能存在的主要风险因素,采用定性或定量分析方法评估其影响程度,确定风险等级。对于重大项目或认为风险程度较大的项目,应进行项目整体风险评估。对可能严重影响项目投资建设及运营的风险因素,提出针对性的防范和控制风险的对策和建议。列出风险与对策汇总表。

四、空运交通项目的技术评估

民用机场建设项目的技术评估主要包含如下内容:

(一)项目概况

主要包括机场地理位置、建设规模与目标、主要建设条件、项目投入总资金及效益情况、主要技术经济指标等内容。

(二)航空运量预测

确定航空运输服务范围,评估项目服务范围的经济发展状况和交通运输状况。进行航空客运量预测和年度货运量预测。

(三)机场场址选择

明确拟改扩建机场现状,包括:机场现状及机场总平面布局(飞行区、航站区、供油设施、航管、导航、通信、气象设施、机场的空域条件、驻场单位、其他设施和现有机场设施的利用方案及设备清单等)。确定拟新建、迁建机场场址选择(拟选机场场址所在地区经济和社会发展情况、场址所在地自然条件、场址的净空条件、场址的外部条件、法律支持条件征地、拆迁移民条件、当地军事主管部门对机场场址的意见、比选推荐方案、机场地理位置图等)。

(四)飞行程序

主要包括规划依据、空域结构与管理、无线电导航设施选择和飞行程序设计方案等内容。

（五）建设规模与工程设备方案

建设规模评估包括年度、高峰小时客运量，年度、高峰小时货运量和年度、高峰小时飞行架次等内容的估算。工程设备方案包括飞行区工程、航管、通信、气象工程，旅客航站区工程，货运区，飞机维修工程，机场消防救援工程，辅助生产和生活服务设施工程，公用配套工程，供油工程，航空公司驻场基地工程，主要设备清单，建筑安装工程量及"三材"用量估算，主要建、构筑物工程一览表等内容。

（六）机场总平面布置

包括机场远期各功能分区规划布置，本期工程总平面布置，各功能分区远期和本期建筑面积、占地面积及技术指标，机场净空控制和总平面布置图。

（七）环境影响评价和风险分析

环境影响评价包括环境条件调查，项目产生的污染物、噪声对环境的影响，环境保护设施与投资，环境影响评价等内容。风险分析包括项目主要风险因素识别，风险程度分析和防范、降低风险措施等。

第三节　总结与作业

一、课后读物

扫描二维码可以获得详细知识。

公路水路交通运输主要技术政策

二、课后习题

（1）技术评估内容有哪些呢？
（2）交通项目技术评估中需要考虑哪些内容？
（3）如果你是行业专家，试结合所选取的交通项目对其评估准则进行评述。

三、课后作业

选取一个交通项目，查找其技术评估的相关内容，书写该项目中所进行技术评估的内容与方法，并假设自己是该项目的技术评估人员，你还期望应用所学的知识改善哪些内容呢?

这个作业是期望学生能够开放学习多学科知识,严谨探究规划方案的可行性,有能力将所学的知识进行应用。深挖技术层面自己感兴趣的相关内容。也可以通过课后案例发现,技术评估不应只考虑到技术层面的内容。

四、课后案例

(1)苏通大桥技术评估。

(2)京唐城际铁路项目线路连接方式评估。

(3)郑蒲长江散货码头建设工程项目技术装备评估。

五、总结

你有可能成为交通项目技术专家吗?这可能有点难,需要多学习土木工程的知识。但作为交通人,也会体验到多学科交叉、专业融合的魅力,回想一下我们在第一章研究的剧本杀——郑州陇海路高架桥。是否发现了项目技术评估的难点?

第四章

交通项目财务评价

□ 交通项目评估

章节导读：

　　如果你想购买一台电脑，你的钱从哪里来，如果你现在的钱不够，你要怎么办呢？在交通项目的建设过程中，需要投入大量的资金，大量的资金大概是多少钱呢？这些钱来自哪里呢？这个项目是否会盈利呢？因此，你需要有财务思维。从个人角度：一个月需要多少钱？钱从哪里来？是否有资金进行理财存款，实现财务自由。从项目角度：项目需要多少资金？资金从哪儿来？债务能否偿还？项目能否盈利？悄悄告诉你开动本章的魔法口诀：应用。本章内容会陪伴你一生，它会像阿拉丁神灯一样实现你的愿望。

引言　趣味案例，写在课前

　　本学期初，你想要购买一个笔记本电脑（如下面的截图所示），因为经济原因，你决定京东白条分期，选择 1 085.37 元×12 期的贷款购买方式，请问你算过需承担多高的利率吗？

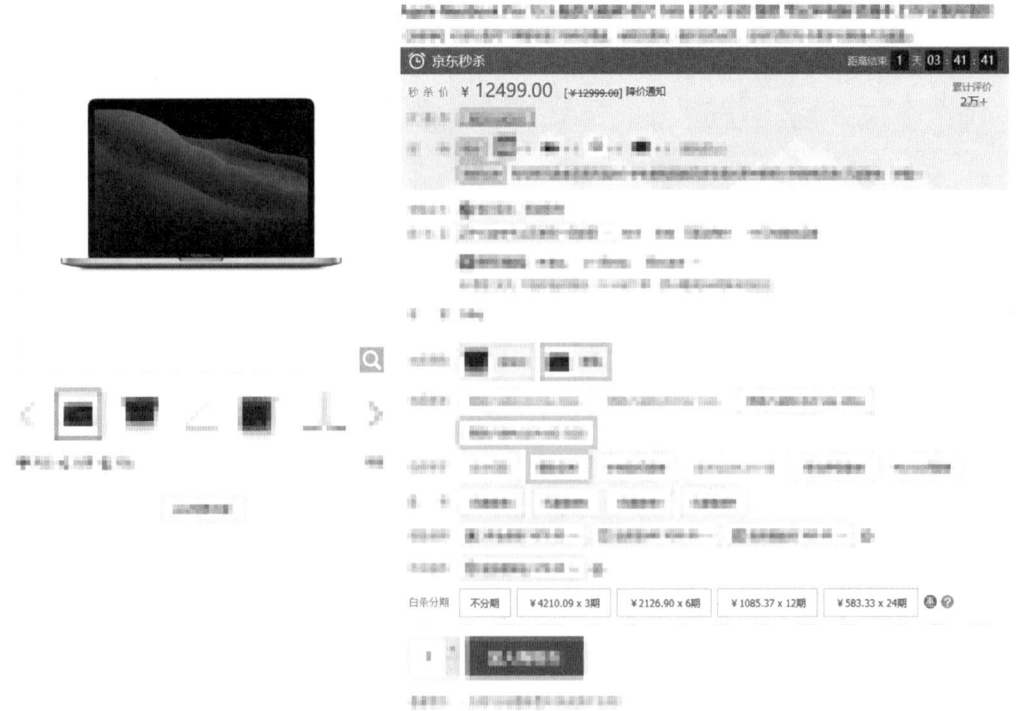

　　请拿出一张纸，用你拥有的财务相关知识，计算该贷款方案年利率？

计算思路：每个月要偿还一定的金钱——1 083.57 元，这个数额就是年金，那么 1 085.37×12=13 024.44 元，就是应该支付的资金总额，可算出，年利率＝（13 024.44/12 499）-1=4.20%。这样计算其实是不对的，有一个概念经常被我们忽略，就是资金的时间价值，我们从 1 月开始每个月支付的 1 083.57 元，乘以支付的 12 个月，获得的总额要大于在年底一次性支付的金额 13 024.44 元。这就是我们将过年的红包存起来，第二年拥有的钱从数额上大于第一年的原因。

正确计算为：由于是按月进行偿还，因此，这里的利率是月利率，应采用复利计算。请在第二节学习后，将所学知识应用到这里，再计算出年利率吧，回答我们上面给的问题。

问题答案：计算之后，京东白条收取的年利率为 7.98%，表 4-1 格是京东白条的不同年份设定的年利率。

表 4-1 京东白条年利率

年份	2018 年	2019 年	2020 年	2021 年
月利率	1.8%	1.05%	0.852%	0.641 6%
年利率	23.87%	13.35%	10.714%	7.98%

从表 4-1 我们可以看到，虽然年利率在逐年下降，但依然是高于存款利率的。京东白条是业内首款互联网信用支付产品，让用户可以享受到"先消费、后付款、实时审批、随心分期"的消费体验，因此，它的分期产品多样化，并且透明可见。请思考：作为其另一支付产品的校园贷，其收取的利率又是多少呢？

综上所述，本章的内容与金钱有关，进行财务评价，需要具备财务会计和财务管理的基本知识。包括财务会计报表和会计要素、货币时间价值、资金来源与融资方案等。财务评价可以从企业或投资项目的角度进行，本书围绕交通项目，考虑投资项目的财务评价。财务评价是建设项目经济评价的重要组成部分，也称为财务分析。财务评价是在国家现行财税制度和价格体系的前提下，从项目的角度出发，计算项目范围内的财务效益和费用，编制财务分析报表，计算财务分析指标，考察项目的盈利能力、清偿能力和财务生存能力，评价项目在财务上的可行性。财务评价明确项目对财务主体的价值以及对投资者的贡献，为投资决策、融资决策以及项目审批提供依据。

第一节 财务评价基础知识

一、财务会计报告和会计要素

（一）财务会计报告

会计的主要目的是提供有利于决策的信息。包括提供用于制定投资和信贷决策的信息；提供用于评价未来现金流量金额、时间和不确定性的信息；提供关于经济资源、对资源的要求权及资源和要求权变动的具体信息。主要以财务会计报告的形式提供会计信息。

财务会计报告是指企业（企业代指会计主体。会计主体是会计信息反映的单位，包括组织或个人）对外提供的反映企业某一特定日期的财务状况和某一会计期间的经营成果、现金流量等会计信息的文件。财务会计报告包括会计报表及其附注和其他应当在财务会计报告中披露的相关信息和资料。会计报表主要包括资产负债表、利润表和现金流量表。资产负债表反映的是公司特定日期的财务状况；利润表反映的是公司在某个时期（如1个月、1个季度或1年）经营活动的具体情况和结果；现金流量表反映的是公司在某个时期内现金活动的具体情况。

（二）会计核算基础

会计核算基础也称为会计处理基础，会计确认、计量的基础，是指在确认和处理一定会计期间收入和费用时，选择的处理原则和标准，其目的是对收入和支出进行合理配比，进而作为确认当期损益的依据。按照《企业会计准则——基本准则》（2014年修订）第九条的规定："企业应当以权责发生制为基础进行会计确认、计量和报告。"这一规定要求企业核算以权责发生制为基础，资产负债表和利润表依据权责发生制编制。除了权责发生制，还有收付实现制。《企业会计准则第30号——财务报表列报》（2014年修订）第七条规定："除现金流量表按照收付实现制原则编制外，企业应当按照权责发生制原则编制财务报表。"

资产负债表和利润表的编制依据权责发生制；现金流量表的编制依据收付实现制。权责发生制是按照权利是否形成、义务是否发生，来确认收入和费用的。在采用权责发生制会计的情况下，当项目符合基本准则中会计要素的定义和确认标准时，企业就应当确认相应的资产、负债、所有者权益、收入和费用，并在会计报表中加以反映。收付实现制是以现金的收取或支付为标准，确认收入的实现和费用的发生。因为收付实现制以现金作为评判，因此也被称作现金制。权责发生制又称作应计制，是以应收应付为标准来处理经济业务的，以确定本期收入和费用的会计核算基础。按照权责发生制的要求，会计主体在一个会计期间内发生的各项业务，凡符合收入或费用的确认标准,不论其款项是否收到或支付,均应作为本期的收入或费用处理;反之,凡不符合确认标准的收入和费用,即使其款项已在本期收到或支付,也不应作为本期的收入和费用处理。在采用权责发生制会计的情况下,当项目符合基本准则中财务报表要素的定义和确认标准时,企业就应当确认相应的资产、负债、所有者权益、收入和费用,并在财务报表中加以反映。

(三)会计报表及其六要素

会计作为一种商业语言,对会计主体的交易或事项进行确认、计量、记录和报告。对会计主体发生的交易或者事项进行确认、计量、记录和报告的依据是会计要素,会计要素的确定应按照交易或者事项的经济特征进行。会计要素包括资产、负债、所有者权益、收入、费用和利润。关于会计六要素的内涵,见《企业会计准则——基本准则》。

1. 资产负债表

资产负债表是反映企业在某一特定日期财务状况的会计报表,资产负债表的编制依据会计恒等式:资产=负债+所有者权益,反映了三个会计要素:资产、负债和所有者权益之间的关系。

资产负债表可以采用账户式或者报告式。根据《企业会计准则第 30 号——财务报表列报》应用指南(2014)的解释,一般企业资产负债表的编制采用账户式。但实务中,可以发现,很多上市公司年度报告中资产负债表一般采用报告式,以××公司为例,资产负债表如表 4-2 所示。请你认真了解表格中的内容,并尽量理解含义。

2. 利润表

利润表是指反映企业在一定会计期间的经营成果的会计报表。利润表的编制依据会计等式:收入-费用=利润,这是利润表编制的理论基础。利润表涉及到三个会计要素:收入、费用和利润。利润表一般采用多步式,示例如表 4-3 所示。其中:收入-费用=利润中的收入和费用均是广义的概念。在企业会计中,利润表编制所依据的等式应该表述为:营业利润=营业收入-营业成本-税金及附加-管理费用-销售费用-财务费用-资产减值损失-信用减值损失+其他收益±投资净损益±公允价值变动净损益±资产处置净损益,利润总额=营业利润+营业外收入-营业外支出,净利润=利润总额-所得税费用。请你认真了解表格中的内容并尽量理解其含义。

表 4-2 资产负债表

企业:××公司　　　　　　　　　　　　　　　　　　　　金额:人民币千元

资产	2021 年 12 月 31 日	2020 年 12 月 31 日
流动资产		
货币资金	143,801,598	141,206,185
…		

续表

资产	2021年12月31日	2020年12月31日
流动资产		
应收票据及应收账款	109,162,550	153,528,817
预付账款	18,591,945	18,784,004
其他应收款	63,474,288	55,278,965
存货	159,891,368	266,604,158
…		
流动资产合计	650,277,350	652,898,119
非流动资产		
发放贷款及垫款	2,145,000	1,683,000
长期应收款	54,442,045	40,662,087
长期股权投资	28,978,555	17,869,525
…		
固定资产	50,300,597	45,981,850
在建工程	4,428,384	3,863,578
无形资产	50,667,006	40,155,864
…		
非流动资产合计	267,393,232	168,989,340
资产总计	917,670,582	821,887,459
负债及股东权益		
流动负债		
短期借款	61,781,084	29,499,098
吸收存款	5,881,497	804,834
应付票据及应付账款	334,707,334	323,491,509
…		
流动负债合计	597,342,255	543,654,839
非流动负债		
长期借款	69,840,477	58,826,793
应付债券	37,458,422	35,677,923
…		
非流动负债合计	112,993,472	99,583,775
负债合计	710,335,727	643,238,614

续表

资产	2021年12月31日	2020年12月31日
股东权益		
股本	13,579,542	13,579,542
…		
股东权益合计	207,334,855	178,648,845
负债及所有者权益总计	917,670,582	821,887,459

表4-3 利润表

企业：××公司　　　　　　　　　　　　　　　　　　　　金额：人民币千元

项目	2021年度	2020年度
营业收入	730,123,045	680,981,127
减：营业成本	658,711,266	618,059,386
税金及附加	4,805,880	4,950,483
销售费用	4,431,330	4,530,901
管理费用	17,235,632	15,660,246
研发费用	11,571,783	10,397,720
财务费用	5,537,724	2,875,908
其中：利息费用	6,610,716	5,935,660
利息收入	3,077,852	3,290,583
…		
营业利润	25,321,766	20,909,804
加：营业外收入	1,096,998	1,090,270
营业外支出	1,313,502	744,310
利润总额	25,105,262	21,255,764
减：所得税费用	5,266,854	4,336,574
净利润	19,838,408	16,919,190
按经营持续性分类：		
持续经营净利润	19,838,408	16,919,190
终止经营净利润	—	—
…		
综合收益总额	19,488,152	16,557,241

3. 现金流量表

现金流量表是指反映企业一定会计期间的现金和现金等价物流入和流出（即现金流量情况）的会计报表。现金流量表的核心概念是"现金"，现金是企业运行的血液。企业经营正常进行，伴随着资金的筹集、运用、退出或再投入的过程。具体如图 4-1 所示。

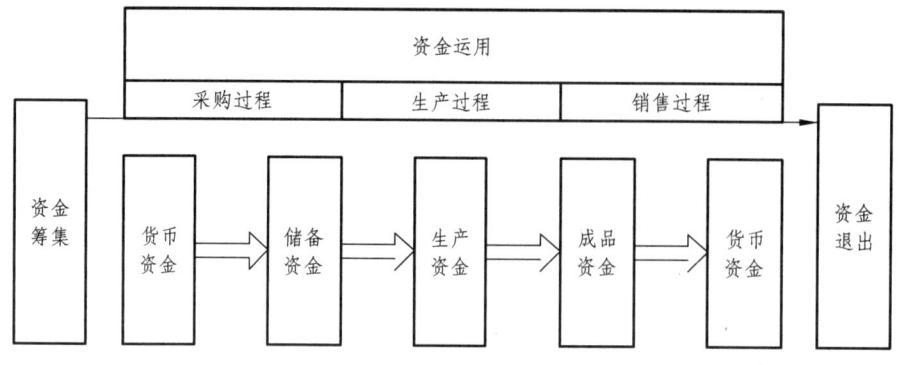

图 4-1 资金循环过程

企业生产中的现金循环过程如图 4-2 所示。

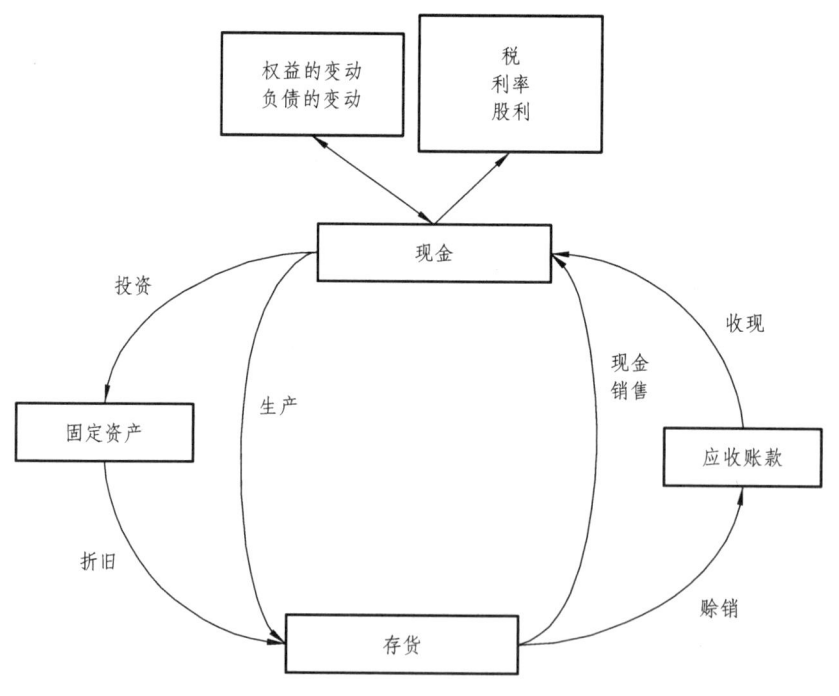

图 4-2 现金流量——生产循环

现金流量表是根据资产负债表和利润表派生的报表，所有数据都是根据账簿记录调整之后计算获取的。编制现金流量表的目的，是要提供有助于评价企业获取现金的能力，并能预测企业未来期间现金趋势，是否会出现流动性风险等信息。现金流量表中的现金流，根据其与企业日常经营活动的关系，可分为三个部分：来自经营活动的现金、来自投资活动的现金和来自筹资活动的现金。现金流量净额=现金流入−现金流出。

现金流量表示例,如表4-4所示,请你认真了解表格中的内容,并尽量理解含义。

表4-4 现金流量表

企业:×××公司　　　　　　　　　　　　　　　　　　　　　金额:人民币千元

项目	2021年度	2020年度
一、经营活动产生的现金流量		
销售商品、提供劳务收到的现金	738,836,489	684,183,754
…		
经营活动现金流入小计	757,730,225	698,035,431
购买商品、接受劳务支付的现金	657,105,765	587,113,314
…		
经营活动现金流出小计	752,282,364	672,631,253
经营活动产生(使用)的现金流量净额	5,447,861	25,404,178
二、投资活动产生的现金流量		
收回投资收到的现金	3,456,819	179,224
…		
投资活动现金流入小计	6,148,812	4,561,751
构建固定资产、无形资产和其他长期资产支付的现金	32,338,988	30,231,006
…		
投资活动现金流出小计	55,393,038	41,249,401
投资活动产生(使用)的现金流量净额	(49,244,226)	(36,687,650)
三、筹资活动产生的现金流量		
吸收投资收到的现金	14,945,566	16,819,530
…		
筹资活动现金流入小计	140,826,384	97,138,629
偿还债务支付的现金	82,808,194	60,499,480
…		
筹资活动现金流出小计	96,914,407	73,363,313
筹资活动产生(使用)的现金流量净额	43,911,977	23,775,316
四、汇率变动对现金及现金等价物的影响	579,385	(633,146)
五、现金及现金等价物净增加(减少)额	694,997	11,858,698
加:年初现金及现金等价物余额	129,392,720	117,534,022
六、年末现金及现金等价物余额	130,087,717	129,392,720

二、资金时间价值

(一)资金时间价值的涵义

《交通建设项目经济评价方法与参数》指出,所有项目的经济评价都是基于资金时间价值这一原理的。资金时间价值(Time Value of Money),也被称作货币时间价值,是指资金在周转使用中由于时间因素而形成的差额价值,即资金在生产经营中带来的增值额。西方有一句谚语"眼下的一分能值未来的一元"就很直白地体现了资金具有时间价值。1790 年,本杰明·富兰克林在波士顿和费城设立了两项价值 1 000 英镑的慈善信托基金,到 1990 年,这两笔基金分别增长到了 450 万英镑和 200 万英镑。

资金时间价值与时间有关,但时间价值不是由"时间"产生的,而是来源于工人创造的剩余价值。资金时间价值的存在至少需要三个理由:第一,通货膨胀;第二,收益的不确定性;第三,投资的机会成本。

(二)资金时间价值的表达方式

资金时间价值既可以用相对数表示,也可以用绝对数表示。确定资金时间价值应以社会平均资金利润率为基础,但同时要考虑投资风险和通货膨胀的客观存在。在计算时间价值时,应从资金平均利润率中扣除风险报酬和通货膨胀补偿。实践中,资金时间价值的相对数一般用利息率代替,绝对数一般用利息额代替。通常相对数使用较多。

为了后续计算货币时间价值方便,相关指标用如下字母表示:

利息率——i;利息——I;年数——n;本金——P;现金流入——CI;现金流出——CO,现值——PV;终值——FV;年金——A;年金终值——FVA;年金现值——PVA。

(三)单利和复利

资金时间价值计量既可能用单利,也可能用复利。比如,存入银行 100 元,年利率 5%,一年后增加到 105 元。将利息提出来,100 元继续存在银行,则第二年又增加到 105 元。即只有存入银行的 100 元现金获取利息,每年 5 元,利息不会获得利息。而复利则是将 100 元存入银行两年,增加到 110 元。而如果第一年年末的 105 元,全部存入银行,则第二年将增加到 110.25 元。单利和复利是利息计算的两种方法。

1. 单利(simple interest)

只有本金计算利息,利息不再计算利息的方法,被称为单利。我国银行存贷款一般采用单利计算。采用单利计算利息,第一年的利息的计算公式为:$I_1 = P \times i$,第二年的利息为:$I_2 = P \times i$,……第 n 年的利息为:$I_n = P \times i$。

2. 复利(compound interest)

不仅本金计算利息,利息也要计算利息,即利滚利,称为复利。

采用复利计息，第一年的利息与单利的计算公式相同，$I_1 = P \times i$。第二年的利息为：$I_2 = P \times i + I_1 \times i = P \times i + P \times i \times i = P \times i \times (1+i)$ … 第 n 年的利息为：$I_n = P \times i \times (1+i)^{n-1}$。

单利和复利利息计算比较示例。第 1 年年初存入银行 100 元，年利率 5%，期限 5 年，分别按单利和复利计算各年利息。如表 4-5 所示（计算结果保留两位小数）。

表 4-5 单利和复利利息计算比较

年数	单利计算			复利计算		
	年初存款额	每年利息	年末本利和	年初存款额	每年利息	年末本利和
第 1 年	100	5	105	100	5	105
第 2 年	105	5	110	105	5.25	110.25
第 3 年	110	5	115	110.25	5.51	115.76
第 4 年	115	5	120	115.76	5.79	121.55
第 5 年	120	5	125	121.55	6.08	127.63

（四）名义利率和实际利率

在前面的计算中，我们引入了年利率的概念，但实际中，利率可以按年、按半年、按季、按月或按天等计算。当计息期不同时，需要区分名义利率和实际利率。

1. 名义利率（Nominal Interest Rate）

名义利率是以一年为计息周期，按照单利计算的利率。名义利率又称为年化利率（Annual Percentage Rate，APR）。比如，月利率为 1%，则在名义利率下，年利率为：1%×12=12%。再比如：年利率为 5%，则名义利率下，季利率为：5%÷4=1.25%。

2. 实际利率（Effective Interest Rate）

实际利率也称为有效利率，是以年为计息周期，按照复利计算的利率。

以 r_n 表示名义利率，以 r_e 表示实际利率，以 m 表示一年内的复利期数。则名义利率和实际利率的关系为：$1 + r_e = \left(1 + \dfrac{r_n}{m}\right)^m$

实际利率可以用名义利率表示：

$$r_e = \left(1 + \dfrac{r_n}{m}\right)^m - 1 \tag{4-1}$$

例如，假定年利率为 12%，一年复利 12 次，则实际利率为（计算结果保留两位小数）：

$$r_e = \left(1 + \dfrac{r_n}{m}\right)^m - 1 = \left(1 + \dfrac{12\%}{12}\right)^{12} - 1 = 12.68\%$$

一年内复利期数不同，在名义利率相同的情况下，实际利率不同，具体如表 4-6 所示。

表 4-6 实际利率和复利期数的对应关系

名义利率	计息期	一年内复利期数	每期利率	实际利率
12%	1 年	1	12%	12.00%
	半年	2	6%	12.36%
	季度	4	3%	12.55%
	12 个月	12	1%	12.68%
	52 周	52	0.230 8%	12.73%
	365 天	365	0.032 9%	12.75%

注：实际利率计算结果保留两位小数。

（五）现值和终值

1. 资金循环和现金流量

投资项目一般包括建设期、营运期，在此期间会发生现金流入和现金流出，涉及的现金流量主要有三种，整个项目寿命期资金循环过程如图 4-3 所示。

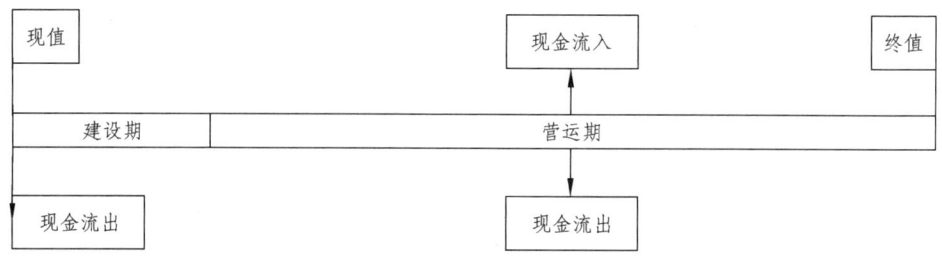

图 4-3 项目寿命期资金循环和现金流量

一是建设期的初始现金流量，为现金流出，包括设备购置及安装支出、垫支营运资本等费用性支出，还有可能包括机会资本（资金占用费）等。

二是项目营运期现金流量，包括现金流入和现金流出，主要为项目建设完工后，投入营运所带来的税后增量现金流入和现金流出。

三是项目营运期末现金流量，包括项目处置现金流入、设备变现税后现金流入、收回营运资本现金流入等，还可能涉及弃置义务现金流出。

在对项目进行评价时，需要考虑项目的净现金流量，而考虑资金时间价值时，需要计算基于项目现金流量的现值和终值。

2. 现金流量现值和终值的含义及计算

现值（Present Value，PV）是指未来现金流量现在的价值。在项目评估中，将项目寿命期内的现金流量均折现（Discount）为建设期期初（第零年）的现金流量，即现值。由终值求现值，倒求本金的方法，称为折现。折现时采用的利息率，称为折现率，即将未来有限期的预期收益折成现值的比率。折现率一般为预期最低投资收益率，包括无风险收益率、风险溢酬以及通货膨胀率。确定折现率需要考虑资金成本、资金供求状况、投资风险以及通货膨胀等因素。

终值（Future Value，FV）是指投资项目获取利息增加后的价值，即本利和。在项目评估中，将项目寿命期内的现金流量转换为计息期末的期终值。

为了更好地理解项目现金流入和现金流出，我们假定，某铁路建设项目，初始投资 P 元，该投资系银行贷款，建设初期借入，年利率为 i，借款期 10 年，到期还本付息。项目建设期 1 年，项目建成后，该铁路线路可运营 10 年，每年获得的运营收入分别为 CI_1、CI_2、CI_3、…、CI_{10}，每年运营成本支出为 C_1、C_2、C_3、…、C_{10}，第 10 期末，每年利息支出 I_1、I_2、I_3、…、I_{10}，铁路线路残值为 S，具体如图 4-4 所示。

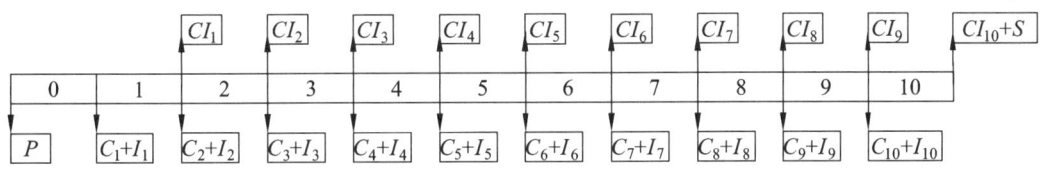

图 4-4　项目现金流量示意图

图 4-4 中，以向下的箭头表示现金流出，以向上的箭头表示现金流入。

在上述项目中，如果初始投资借入 P，每年年末付息，第 10 年末还本，则借入资金在第 10 年的终值（本利和）为（利息按单利计算）：$FV = P + P \times i \times 10 = P \times (1 + i \times 10)$

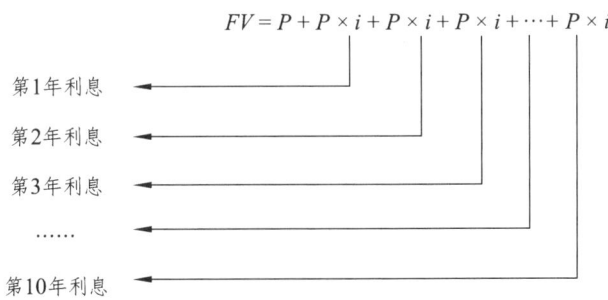

如果每年年末计息不支付，第 10 年末还本付息，则借入资金在第 10 年的终值（本利和）为（利息按复利计算）：$FV = P \times (1+i)^{10}$，

其中，第 1 年的本利和为：$FV = P + P \times i = P \times (1+i)^1$

第 2 年的本利和为：$FV = P \times (1+i)^1 + P \times (1+i)^1 \times i = P \times (1+i)^2$

第 3 年的本利和为：$FV = P \times (1+i)^2 + P \times (1+i)^2 \times i = P \times (1+i)^3$

……

第 10 年的本利和为：$FV = P \times (1+i)^9 + P \times (1+i)^9 \times i = P \times (1+i)^{10}$

其中 $(1+i)^n$ 称为复利终值系数，可以以符号 $(F/P, i, n)$ 表示。

例 1：某铁路建设项目需要从银行贷款 8 000 万元，年利率为 10%，借款期 5 年，请计算 5 年后的终值。

$FV = P \times (1+i)^n = P(F/P, i, n) = 8\,000 \times (1+10\%)^5 = 8\,000 \times 1.610\,51 = 12\,884.08（万元）$

未来10年现金流入 CI_1、CI_2、CI_3、$\cdots$、CI_{10}，利息率为 i（折现率），则其现值计算的示意图如图4-5所示。

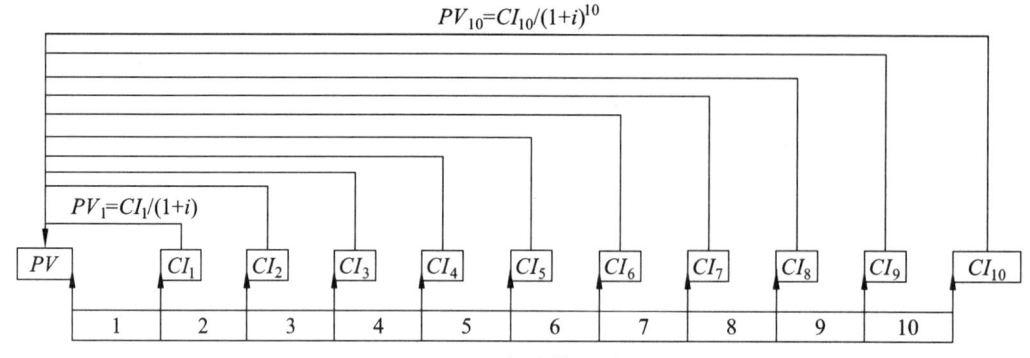

图4-5 现金计算示意图

即每一年现金流的现值计算公式为：

$$PV = \frac{CI_n}{(1+i)^n} \qquad (4-2)$$

其中 $\dfrac{1}{(1+i)^n}$ 称为复利现值系数，可以以符号 $(P/F,i,n)$ 表示。

例2：某铁路运输公司5年后需要购入新型动车，需要16 000万元的资金，年利率 $i=8\%$，问该铁路运输公司现在应存入银行多少钱才能保证5年后有资金购买新型动车（计算结果四舍五入保留两位小数）？

$$PV = \frac{CI_n}{(1+i)^n} = \frac{16\,000}{(1+8\%)^5} = 10\,889.33 \text{万元}$$

3. 一系列不等额支付的现金流量现值和终值的计算

在存在一系列现金流量的情况下，计算现值或者终值时，需要计算每一年的现值或终值，然后求和。

假定 n 期每期期末的现金流出分别为 CO_1、CO_2、CO_3、$\cdots$、CO_n，利息率为 i（折现率），则其终值计算的示意图如图4-6所示。

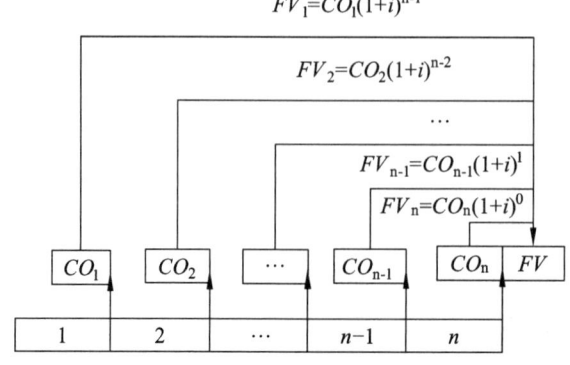

图4-6 一系列不等额支付的现金流量终值计算示意图

从图 4-6 中可以看出，全部现金流出的终值为各期终值之和，即：

$$FV = CO_n \times (1+i)^0 + CO_{n-1} \times (1+i)^1 + \cdots + CO_2 \times (1+i)^{n-2} + CO_1 \times (1+i)^{n-1}$$

(4-3)

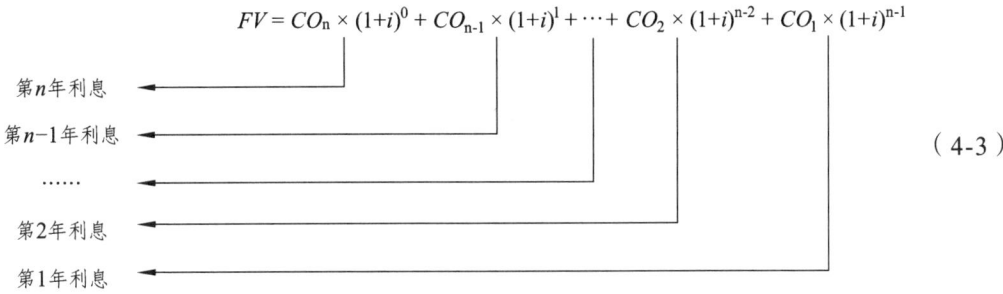

假定 n 期每期期末的现金流入分别为 CI_1、CI_2、CI_3、$\cdots$、CI_n，利息率为 i（折现率），则其现值计算的示意图如图 4-7 所示。

从图 4-7 可以看出，全部现金流入现值等于各期现值之和，即：

$$PV = \frac{CI_1}{(1+i)^1} + \frac{CI_2}{(1+i)^2} + \frac{CI_3}{(1+i)^3} + \cdots + \frac{CI_n}{(1+i)^n}$$

(4-4)

图 4-7 一系列不等额支付的现金流量现值计算示意图

例 3：某铁路建设项目连续三年分别从银行贷款 5 000 万元、2 000 万元、1 000 万元（假设每期期初借入），年利率为 10%，借款期 3 年、2 年和 1 年，请计算第 3 年末的贷款本利和（终值）。

银行贷款如图 4-8 所示。

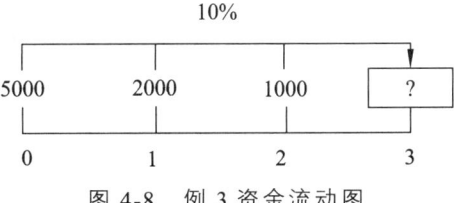

图 4-8 例 3 资金流动图

第 3 年年末的贷款本利和为：

$$FV = 5\,000 \times (1+10\%)^3 + 2\,000 \times (1+10\%)^2 + 1\,000 \times (1+10\%)^1 = 10\,175 万元$$

本例中如果每年年末贷入款项，则银行贷款如图 4-9 所示。

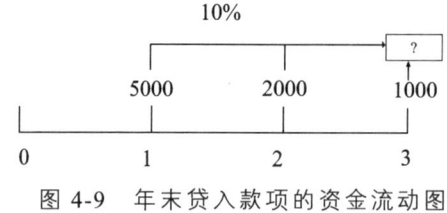

图 4-9　年末贷入款项的资金流动图

则第 3 年年末的贷款本利和为：

$$FV = 5\,000 \times (1+10\%)^2 + 2\,000 \times (1+10\%)^1 + 1\,000 = 9\,250 万元$$

例 4：某铁路运输公司 3 年内每年年末想各获得现金流量 1 000 万元，1 500 万元，2 000 万元，年利率 $i=8\%$，该铁路运输公司在第 1 年年初应至少投资多少钱（现值，计算结果四舍五入保留两位小数）？

本例中现金流量情况如图 4-10 所示。

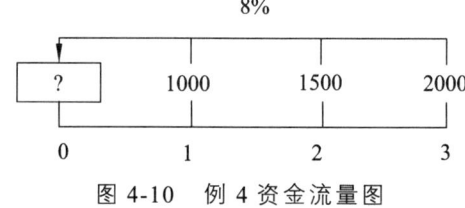

图 4-10　例 4 资金流量图

则第 1 年年初至少应投资额：

$$PV = \frac{1\,000}{(1+8\%)^1} + \frac{1\,500}{(1+8\%)^2} + \frac{2\,000}{(1+8\%)^3} = 925.93 + 1\,286.01 + 1\,587.66 = 3\,799.60 万元$$

4. 一系列等额支付的现金流量现值和终值的计算

如果一定时期内各期的现金流量都相等，即存在相等数额的现金收付的情况。等间隔期一系列等额收付的款项称为年金（Annuity）。根据年金的收付方式不同，分为先付年金和后付现金，先付年金（Annuity Due）是每期期初收付款的年金，后付现金是每期期末收付款的年金，后付年金一般称为普通年金（Ordinary Annuity）。年金现值系数表和年金终值系数表是根据后付年金编制的。如果距今若干期后每期发生定额收付，则称为递延年金（Deferred Annuity）。如果存在无限期的现金等额支付系列，称为永续年金（Perpepuity 或者 Perpetual Annuity）。

我们以后付年金为例，说明年金现值和终值的计算。

假定每年年末均需投入一笔等额资金 A，则在 n 年后各年本利和为年金终值 FVA。后付年金终值类比零存整取的本利和。

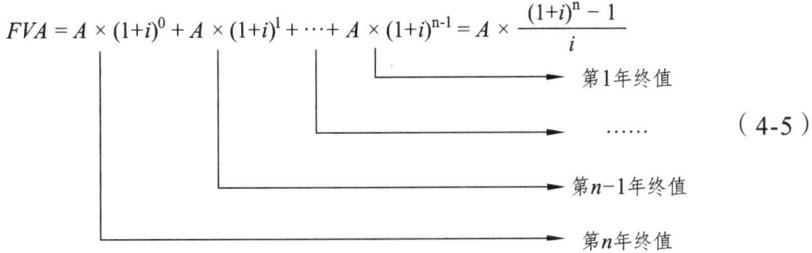

(4-5)

后付年金终值计算公式中的 $\sum_{t=1}^{n}(1+i)^{t-1}$ 被称为年金终值系数，一般记作 $(F/A,i,n)$，利用等比数列求和，可得年金终值系数：$(F/A,i,n)=\dfrac{(1+i)^n-1}{i}$。

假定每年年末均能得到一笔等额资金 A，则在第 1 年年初的各年等额资金现值之和为年金现值 PVA。

$$PVA = \dfrac{A}{(1+i)^1} + \dfrac{A}{(1+i)^2} + \cdots + \dfrac{A}{(1+i)^n} = A \times \dfrac{1-(1+i)^{-n}}{i}$$

(4-6)

后付现金现值计算公式中的 $\sum_{t=1}^{n}\dfrac{1}{(1+i)^t}$ 被称作年金现值系数，一般记作 $(P/A,i,n)$，利用等比数列求和，可得年金现值系数：$(P/A,i,n)=\dfrac{(1+i)^n-1}{i(1+i)^n}$ 或 $(P/A,i,n)=\dfrac{1-(1+i)^{-n}}{i}$。

例 5：某铁路运输公司每年年末可获得现金流入 5 000 万元，假定年利率为 10%，请计算第 5 年末的终值。

$$FVA = A \times (F/A,i,n) = A \times \dfrac{(1+i)^n-1}{i} = 5\,000 \times \dfrac{(1+10\%)^5-1}{10\%} = 5\,000 \times 6.105\,1 = 30\,525.50\text{万元}$$

例 6：某铁路建设公司拟转让一台盾构机，有甲乙两个卖家，甲公司提出分期付款，付款期 10 年，每年年末支付 500 万元；乙公司提出一次性支付 3 500 万元。如果铁路建设公司有其他投资项目，可以每年获得 10% 的收益率，那么它应该将盾构机转让给哪家公司（计算结果四舍五入保留两位小数）？

本例中，乙公司在固定资产转让时一次性支付 3 500 万元，甲公司分期付款，如果铁路建设公司有其他投资项目，甲公司如果一次性付款，则铁路建设公司可以将钱投资于项目，每年获得 10% 的收益率，所以虽然甲公司每年支付 500 万元，支付了 10 年，但铁路建设公司实际得到的钱的价值要低于 5 000 万元，应该是年金为 500 万元，期数为 10，折现率为 10% 的年金现值。甲公司分期付款情况如图 4-11 所示。

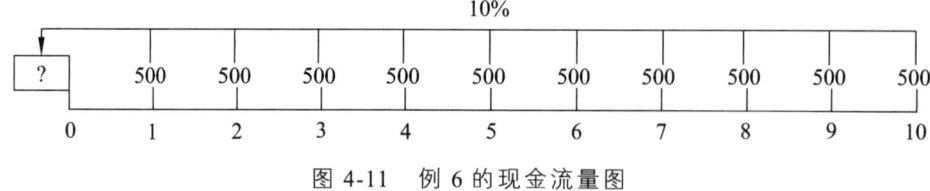

图 4-11 例 6 的现金流量图

甲公司付款现值为：

$$PVA = A \times (P/A, i, n) = A \times \frac{(1+i)^n - 1}{i(1+i)^n} = 500 \times \frac{(1+10\%)^{10} - 1}{10\%(1+10\%)^{10}} = 500 \times 6.144\,567 = 3\,072.28 \text{万元}$$

由于甲公司分期付款的现值小于乙公司一次性支付款金额，即 3 072.28<3 500，因此，该铁路建设公司应将盾构机转让给乙公司。

对于先付年金现值和终值的计算，可以在后付年金系数的基础上进行调整。

n 期先付年金的终值为 n 期后付年金的终值乘以（1+i）；n 期先付年金的现值为 n 期后付年金的现值乘以（1+i）。

永续年金的现值为：$PVA = \dfrac{A}{i}$，永续年金现值计算公式通常在半永久性的交通基础设施成本、收益的折现过程中使用。

5. 年偿债基金公式和年资金回收公式

年偿债基金是指为了在约定的未来某一时点清偿某笔债务或积累一定数额资金而必须在每期期末分次等额存储的金额。每期等额存储的金额类似于年金，按照年利率，可以求出该等额存储金额的终值。所以，年偿债基金实际上是年金终值的逆运算。

年偿债基金：

$$A = \frac{FVA}{(F/A, i, n)} = FVA \times \frac{i}{(1+i)^n - 1} = F \times (A/F, i, n) \qquad (4\text{-}7)$$

其中，$\dfrac{i}{(1+i)^n - 1}$ 被称为年偿债基金系数，即 $(A/F, i, n) = \dfrac{i}{(1+i)^n - 1}$。

例 7：某铁路运输公司 5 年后需要购入新型动车，需要 16 000 万元的资金，年利率 $i=8\%$，问该铁路运输公司每年年末应存入银行多少等额资金才能保证 5 年后有资金购买新型动车（计算结果四舍五入保留两位小数）？

$$A = FVA \times \frac{i}{(1+i)^n - 1} = 16\,000 \times (A/F, 8\%, 5) = 2\,727.30 \text{万元}$$

年资金回收是指在约定的年限内等额回收的初始投入资本额或者等额清偿所欠的贷款额。其中未收回或清偿的部分要按复利计息构成需回收或清偿的内容。年资金回收的现值之和是初始投入资本额或贷款额,因此,年资本回收额的计算是年金现值的逆运算。

年资金回收:

$$A = \frac{PVA}{(P/A,i,n)} = PVA \times \frac{i(1+i)^n}{(1+i)^n-1} = P \times (A/P,i,n) \quad (4-8)$$

其中,$\frac{i(1+i)^n}{(1+i)^n-1}$ 被称为年资金回收系数,即 $(A/P,i,n) = \frac{i(1+i)^n}{(1+i)^n-1}$。

例8:某铁路建设项目投入资金 8 000 万元,在年利率为 10%的情况下,要在 10 年内全部收回投资,则每年的现金流入应该达到多少(计算结果四舍五入保留两位小数)?

$$A = PVA \times \frac{i(1+i)^n}{(1+i)^n-1} = 8\,000 \times (A/P,10\%,10) = 1\,301.96\,万元 \quad (4-9)$$

总结,资金时间价值系数的计量公式:

(1)复利现值系数 $(P/F,i,n):(P/F,i,n)=(1+i)^n$

(2)复利终值系数 $(F/P,i,n):(F/P,i,n)=(1+i)^{-n}$

(3)年金现值系数 $(P/A,i,n):(P/A,i,n)=\frac{(1+i)^n-1}{i(1+i)^n}$ 或 $(P/A,i,n)=\frac{1-(1+i)^{-n}}{i}$

(4)年金终值系数 $(F/A,i,n):(F/A,i,n)=\frac{(1+i)^n-1}{i}$

(5)年偿债基金系数 $(A/F,i,n):(F/A,i,n)=\frac{i}{(1+i)^n-1}$

(6)年资金回收系数 $(A/P,i,n):(A/P,i,n)=\frac{i(1+i)^n}{(1+i)^n-1}$

第二节　交通项目财务评价的内容和步骤

一、交通项目财务评价的内容

从财务角度,项目是实现某一明确目标而预期实施的一系列经济活动,不要将项目简单理解为资产,但项目最终会形成资产,比如,一条铁路、一座桥梁、一座水库等。项目财务分析和评价的主体是项目实体(project-operating entity),项目实体是财务分析中费用和收益的载体,有时也被称为项目财务主体,项目实体既可以是既有的法人企业,也可以是新建法人企业。既有法人企业项目必须通过有无对比计算项目实体收益、费用增量作为拟建项目的财务效益和费用;新建法人企业无项目情况下,项目实体尚不存在,费用、收益为零,所以项目实施(包括建设和运营)所发生的全部收益和费用即为项目的财务收益和费用。

项目财务评价的目的是从财务角度考虑项目的可行性,一般包括融资前分析和融资后分析,融资前分析是指在考虑融资方案前就开始进行的财务评价和分析,即不考虑债务融资条件下进行的财务评价,融资前分析只进行盈利能力分析,是从项目投资总获利能力角度,考察项目方案设计的合理性,即考察项目净现金流的价值是否大于其投资成本。在融资前分析结论满足要求的情况下,初步设定融资方案,进行融资后分析,融资后分析包括盈利能力评价、偿债能力评价和财务生存能力评价,进而判断项目方案在融资条件下的合理性。

(一)交通项目盈利能力评价

盈利能力是指项目的获利能力,它既是项目竞争力的体现,也是项目偿债能力的保障。因此进行投资项目可行性分析,首先要评价项目的盈利能力。融资前分析中的盈利能力评价,只需要进行项目投资现金流量分析,从所得税前和所得税后两个角度进行考察。融资前盈利能力分析主要进行项目投资现金流量分析,以动态分析(项目折现现金流量分析)为主,静态分析(非折现现金流量分析)为辅。融资后盈利能力分析是在考虑融资的条件下,进行动态分析(折现现金流量分析)和静态分析(非折现盈利能力分析)。

盈利能力评价使用的现金流量因为是否融资而不同,相关概念如下。

1. 现金流入

项目投资现金流量中的现金流入,包括营业收入(必要时还包括补贴收入),在计算期最后一年,还要包括固定资产余值(融资前盈利能力分析中,该回收固定资产余值不受利息因素影响,列示在项目投资现金流量表中;它区别于融资后盈利能力分析的回收固定资产余值),回收流动资金。

2. 现金流出

现金流出主要包括建设投资、流动资金、经营成本、税金及附加、维持运营投资(运营期内发生的设备或设施的更新费用等)。如果进行所得税后分析,则所得税也作为现金流出。融资前分析中的所得税费用计算区别于其他财务报表中的所得税。所得税=息税前利润(EBIT)×所得税税率,该所得税被称为"调整所得税"。其中,息税前利润=利润总额+利息支出。融资前分析和融资后分析中,由于建设期利息会对折旧产生影响,而折旧的变化会影响利润总额,因此,会出现两个利息支出,两个折旧,进而出现融资前的息税前利润和融资后企业利润表中的息税前利润的差别。

3. 净现金流量

净现金流量是现金流入和现金流出之差，它是计算评价指标的基础。

（二）交通项目偿债能力评价

偿债能力是指项目借款到期偿还的能力。可以通过计算利息备付率、偿债备付率等指标反映偿债能力的大小，银行也能根据这些指标决定是否借款。此外，在项目投产后，通过计算出资产负债率、流动比率、速动比率等财务比率指标，来反映项目运营中的资金流动情况，从而反映项目所面临的风险，了解项目偿还长短期借款的能力。

（三）交通项目财务生存能力评价

财务生存能力是指项目的财务可持续性，反映项目期内资金的充裕程度。项目财务生存能力评价，又称为资金平衡分析，是通过编制财务计划现金流量表，考察项目计算期内各年的投资活动、融资活动和经营活动所产生的现金流入和现金流出，计算净现金流量和累计盈余资金，分析是否有充足的净现金流量维持正常经营。

项目财务生存能力评价应结合偿债能力分析进行，由于交通项目建设期长，借款额大，如果拟安排的还款期过短，会导致还本付息负担很重，为维持资金平衡，可以调整融资方案，适当延长还款期，减轻各年的还款负担。

为了进行上述三个方面的评价，需要进行财务预测、编制财务报表、计算财务指标、确定财务效果，并进行不确定性分析，最终明确财务的可行性。

二、交通项目财务评价的特点

交通项目财务评价应紧密结合交通行业和交通项目建设的特点，针对具体的运输方式进行评价。交通项目包括铁路、公路、水运、民航和城市轨道交通等基础设施项目。交通项目具有前期投资大、建设周期长、网络效益强、受益主体广、外部效果显著等特点。

（一）交通项目财务评价应考虑项目特点

基于交通项目投资大、建设周期长的特点，财务评价应着重关注偿债能力和财务可持续性。经营性交通项目的财务评价和分析，还需要考虑盈利能力，从盈利能力、偿债能力和财务生存能力三个方面入手，以配合经济费用效益评价和区域经济和宏观经济影响分析对项目进行经济评价。而非经营性（没有营业收入）交通项目财务评价重点关注财务生存能力。不同规模的项目是否进行财务评价以及在评价的内容方面也是有差别的，一般大中型交通建设项目都需要进行财务评价，而个别小型交通项目的评价内容可根据业主或有关部门的具体要求确定。

（二）交通项目财务评价应考虑不同运输方式的特点

铁路、公路、水运、民航和城市轨道交通等不同运输方式各有其特点，特别是基础数据测算中存在差别，如铁路项目收入包括货运收入和客运收入；收费公路项目包括对公路使用者收取的车辆通行费（即收费收入，以项目交通量、收费标准和收费里程为基础计算得到）；水运项目包括水运运输收入和港口收入；民航项目收入包括通用航空收入和机场服务收入等。因此对交通项目进行财务评价应考虑不同运输方式的特点。

（三）交通项目财务评价相对比较复杂

需要按照项目特点，并结合不同运输方式进行财务评价，反映了财务评价的复杂性。同时，不同融资方案对于交通项目财务可行性具有影响，因此需要区分融资前分析和融资后分析，也体现了财务评价的复杂性。除此之外，交通项目效益性和风险性并存，进行财务评价要考虑项目的收益，以及外部影响因素发生变化时所带来的风险。

三、交通项目财务评价的具体步骤

交通项目财务评价包括融资前评价和融资后评价，而评价离不开基础数据的收集和计算，交通项目财务评价的具体步骤包括：交通项目基础数据的搜集、汇总、分析和计算，融资前分析，融资后分析，不确定性分析。本章主要讲授前三部分内容，不确定性分析则在第7章节中进行讲解。

（一）交通项目财务数据的估算

交通项目财务基础数据的选取合理与否，直接影响财务评价结论。在编制财务报表，进行融资前分析和融资后分析前，首先要搜集、汇总基础数据，并分析其合理性和依据。需要估算的财务数据包括：投资估算、融资方案估算、费用估算、收益估算。

（二）融资前分析

融资前分析，是指不考虑融资条件（包括资金来源与构成，以及借款还本付息的方式）的影响，从项目投资总盈利能力角度考察项目方案设计的合理性，并进行方案的比较和选择。由于融资前分析排除了融资的影响，因此作为初步的投资决策和方案评价，为后续融资后分析提供了依据和基础。只有融资前分析可行，才能进行融资后分析。

融资前分析具体内容包括如下两部分：

（1）编制项目投资现金流量表，考察项目计算期现金流量。融资前分析中，根据获取的初始数据编制项目投资现金流量表，以营业收入、建设投资、经营成本和流动资金的估算为基础,确定项目计算期内的现金流入和现金流出。

(2)计算财务效益相关指标,判断投资的可行性。根据确定的项目计算期内现金流入和现金流出,可以计算静态投资回收期(P_t),反映收回项目投资所需要的时间。也可以计算项目投资内部收益率(税前内部收益率和税后内部收益率)和净现值等指标,反映融资前盈利能力,作为初步投资决策和确定融资方案的依据和基础。

(三)融资后分析

融资后分析是在融资前分析结果可行的前提下,进一步考察融资对项目的影响,分析融资条件下的盈利能力、偿债能力、利润与利润分配状况,以及财务生存能力等,进而判断融资条件下的项目可行性。通过融资后分析,可以进行融资决策和最终的投资决策。

融资后分析的具体内容分为三个方面:

(1)编制各种收入费用估算表以及财务报表。

融资后分析相比融资前分析,要编制更多的报表,包括基础报表、辅助报表和财务报表。一方面需要根据搜集的基础数据编制外购原材料费用估算表、外购燃料和动力费估算表、固定资产折旧费估算表、无形资产和其他资产摊销估算表、工资及福利费估算表等基础报表;另一方面需要编制总投资估算表、建设投资估算表、流动资金估算表、项目总投资使用计划与资金筹措表、营业收入、税金及附加和增值税估算表以及总成本估算表等辅助报表;还需要编制项目资本金现金流量表、投资各方现金流量表、利润与利润分配表、财务计划现金流量表、资产负债表、借款还本付息计划表等基本财务报表。

(2)计算财务分析指标。

融资后分析中,根据项目资本金现金流量表计算项目资本金内部收益率,考察项目资本金获取收益的水平;根据投资各方现金流量表计算投资各方内部收益率,考察投资各方可获得的收益水平;根据利润与利润分配表计算项目资本金净利润率(ROE)和总投资收益率(ROI),配合现金流量财务分析指标分析融资后盈利能力。根据资产负债表计算资产负债率、流动比率、速动比率等指标,根据借款还本付息表计算利息备付率、偿债备付率等指标,分析偿债能力。

(3)分析项目财务生存能力。

分析项目的财务生存能力,需要从两个方面入手:一方面要有足够大的经营活动现金流量,特别是运营初期,每年有足够的经营活动现金流量是财务可持续的基本条件;另一方面各年累计盈余资金不应出现负值。如果出现负值,应进行短期借款,同时分析该短期借款的年份长短和数额大小,进一步判断项目的财务生存能力。为维持项目正常运营,还应分析短期借款的可靠性。

在进行了融资后分析后,还应该进行不确定性分析,包括盈亏平衡分析和敏感性分析,进而判断项目的财务可行性。交通项目财务评价的具体步骤如图4-12所示。

□ 交通项目评估

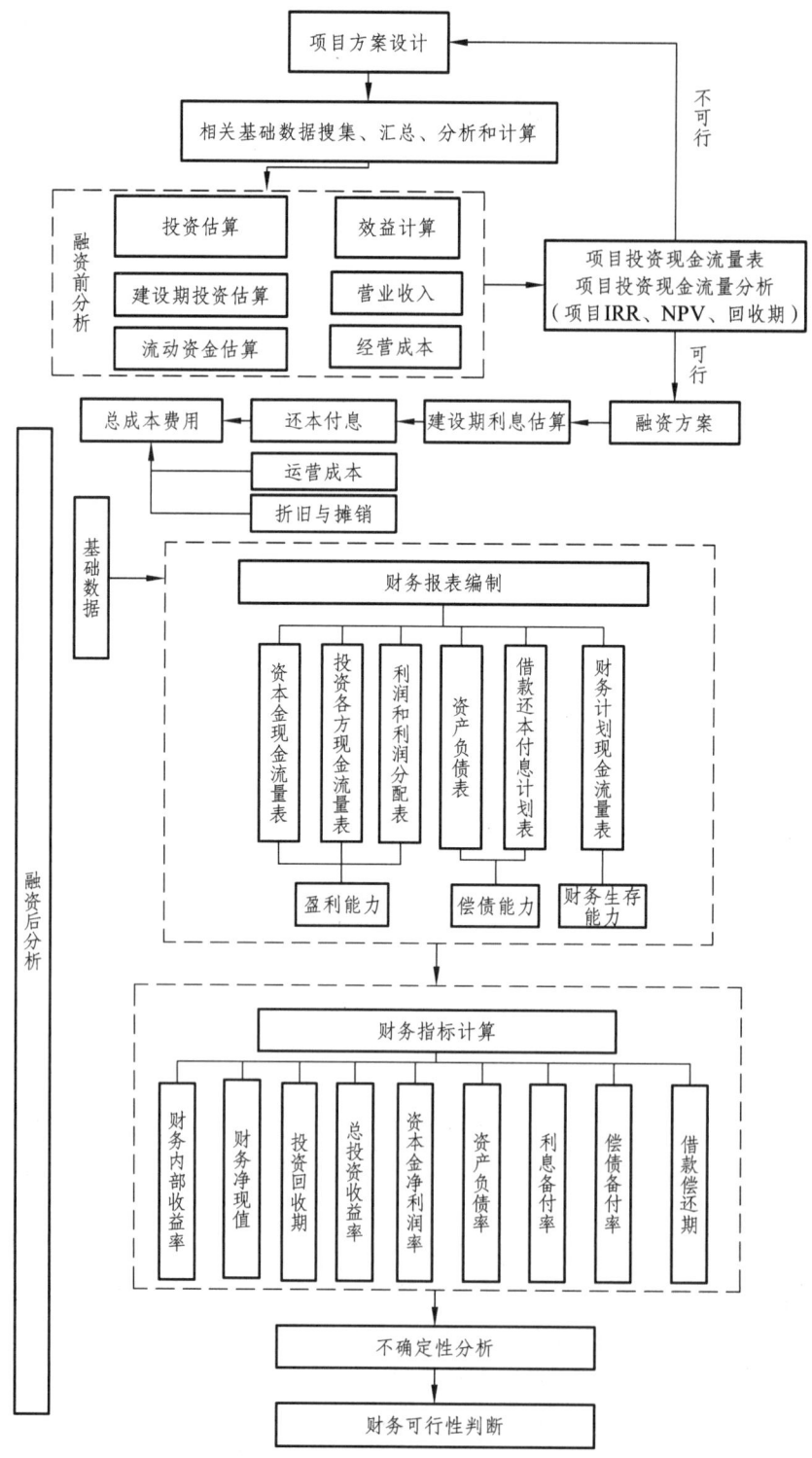

图 4-12 交通项目财务评价步骤

注：IRR 为内部收益率，NPV 为净现值。

第三节 交通项目财务评价的基础数据

财务分析的基础数据和参数选取是否合理，直接影响财务分析结论。在分析计算财务收益和费用、编制财务分析报表、计算财务分析指标之前，应首先对使用的基础数据和采用的参数进行认真研究，并对其合理性和依据予以说明。

一、交通项目财务评价参数的确定

财务评价参数包括计算、衡量项目费用、效益的各类计算参数和判定财务项目合理性、可行性的判据参数等。

（1）计算参数：用于计算项目的收入、费用的各类基础数据，如价格、各种费率、利率等。一般计算参数可以从市场或有关部门、机构取得。对于非完全市场竞争项目，主要投入物和产出物的价格受政府或行业干预，部分评价参数不由市场决定，则项目评价的主要参数需由政府或有关行业主管部门测算、提供。对于完全市场竞争项目，其多数投入物和产出物的价格都主要由市场决定，可以依据市场信息测定费用效益。

（2）判据参数：用于分析、比较和判断项目效益水平或用于判定项目可行性指标的基准值或参考值，包括基准收益率等。判据参数的测算依据"谁投资、谁决策、谁受益、谁承担风险"的原则进行。财务评价判据参数包括财务内部收益率、总投资收益率、项目资本金净利润率等判断项目盈利能力的指标的基准值或参考值，还包括利息备付率、偿债备付率、资产负债率、流动比率、速动比率等判断偿债能力的指标的基准值或参考值。

衡量财务内部收益率的基准值即财务基准收益率，是采用折现方法计算财务净现值的基准折现率，是项目财务可行性和方案比选的主要判据。财务基准收益率应是投资者在相应项目上最低可接受的财务收益率。其测定的具体原则包括：① 在政府投资项目并且按政府要求进行评价的项目中采用的行业财务基准收益率，应根据政府政策导向进行确定。② 在企业投资等其他各类建设项目的财务评价中所采用的行业基准收益率，应在分析一定时期内国家和行业发展战略、发展规划、产业政策、资源供给、市场需求、资金时间价值、项目目标等情况的基础上，结合行业特点、行业资本构成情况等因素综合测定。③ 在中国境外投资的建设项目财务基准收益率测定中，应首先考虑国家风险因素。④ 投资者自行测定项目的最低可接受财务收益率，应充分考虑第②条的各种情况，并根据自身的发展战略和经营策略、具体项目特点与风险、资金成本、机会成本等因素综合测定。⑤ 项目风险较大时，在确定最低可接受财务基准收益率时适当提高其取值。财务基准收益率的测定方法包括资本资产定价模型法（CAPM）、加权平均资金成本法（WACC）、典型项目模拟法、德尔菲专家调查法等。

在交通项目财务评价中，除财务基准收益率之外，其他指标的基准值或参考值也有相关的规定。总投资收益率、项目资本金净利润率和判断项目偿债能力参数的测定，可采用统计分析法、典型项目模拟法和德尔菲专家调查法等基本方法，也可同时采用多种方法进行测算，将用不同方法测算的结果互相验证，经协调后确定。总资产报酬率、净利润率、资产负债率、流动比率和速动比率等参数，应测定其取值的合理区间。具体测定方法有：① 根据大样本数据测定参数取值的合理区间。选取足够的代表行业内企业情况的企业样本，对各企业取有关参数的各年度平均值，作为该企业的代表数据，对行业内企业数据进行统计分析，根据分布规律及企业经营和财务状况确定合理区间所包含的企业样本值，以边界上的企业样本值作为合理区间的边界值。② 根据经验选取小样本测定。根据行业内企业经营情况选取 10~15 个企业样本，对小样本所包含的企业数据进行整理排序和统计分析，以第 20 百分位数所对应的企业的参数取值和第 80 百分位数所对应的企业的参数取值分别作为合理区间的两个边界值。在确定财务盈利能力参数——总投资收益率和资本金利润率之前，首先要对总资产报酬率和净利润率进行测算。总投资收益率是在总资产报酬率的基础上测定的；资本金利润率是在企业年度净利润率的基础上测定的。利息备付率、偿债备付率等参数，应测定其最低可接受值。这些参数对具体项目的计算判断具有参考价值，但并不是项目必须要达到的基准值。一般情况下，利息备付率不宜低于 2，偿债备付率不宜低于 1.3。

为了保证参数测定和选用的时效性，《建设项目经济评价方法与参数》（第三版）规定，建设项目评价参数应定期测算、动态调整和适时发布。

二、交通项目总投资估算

项目评价中的总投资是指项目建设和投入运营所需要的全部投资，为建设投资、建设期利息和全部流动资金之和。投资项目在建成交付使用时，项目投入的全部资金分别形成固定资产、无形资产、其他资产和流动资产（如图 4-13 所示）。此处的项目总投资与国家考核建设规模的总投资不同，国家考核建设规模的总投资为建设投资和 30% 的流动资金（又称为铺底流动资金）。

本节中涉及的详细内容请扫描二维码获得。

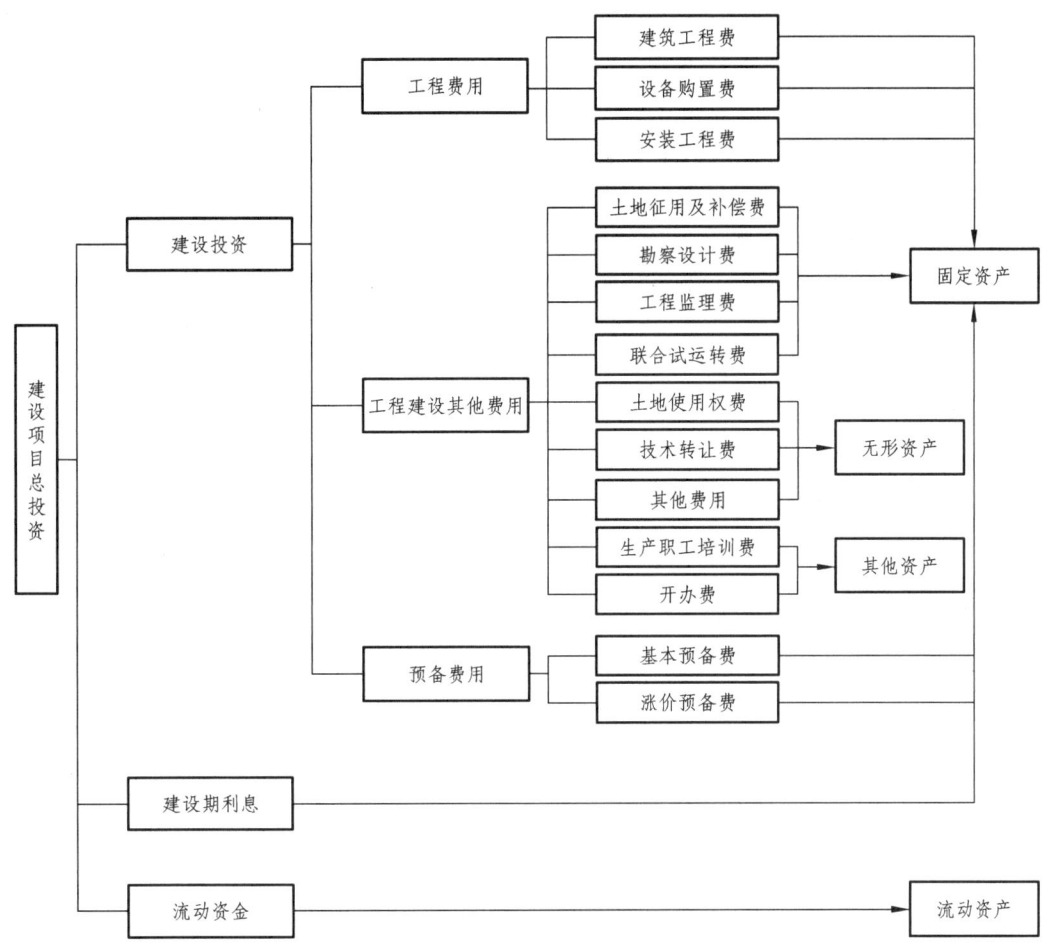

图 4-13 项目总投资构成和资产构成

（一）建设投资估算

建设投资是项目费用的重要组成部分，建设投资可采用分类法估算，由于建设投资的构成可按概算法或形成资产法分类，因此，建设投资可按概算法估算，也可按形成资产法估算。除此之外，建设投资还可以采用简单法估算。建设投资的简单估算法包括单位生产能力估算法、生产能力（规模）指数法、比例估算法、指数估算法和指标估算法等。前四种估算方法的准确度不高，主要适用于投资机会研究和初步可行性研究阶段。在项目可行性研究阶段应采用指标估算法和分类估算法。

按概算法分类，建设投资由工程费用、工程建设其他费用和预备费三部分构成。其中，工程费用又由建筑工程费、设备购置费（含工器具及生产家具购置费）和安装工程费构成；工程建设其他费用内容较多，且随行业和项目的不同而有所区别，主要包括土地征用及补偿费、勘察设计费等。预备费包括基本预备费和涨价预备费。

按形成资产法分类，建设投资由形成固定资产的费用、形成无形资产的费用、形成其他资产的费用和预备费四部分组成。固定资产费用是指项目投产时将直接形成固定资产的建设投资,包括工程费用和工程建设其他费用中按规定将形成固定资产的费用,即固定资产其他费用,如建设单位管理费、可行性研究费、研究试验费、勘察设计费、环境影响评价费、场地准备及临时设施费、引进技术及引进设备其他费、工程保险费、联合试运转费、特殊设备安全监督检验费和市政公用设施建设及绿化费等。无形资产费用是直接形成无形资产的建设投资。其他资产费用是指建设投资中除形成固定资产和无形资产以外的部分。

建设投资估算涉及的详细内容请扫描二维码获得,学习后,试着解决例9的问题。

例9:某项目在建设期的3年里,分别投入工程费30万元、40万元和50万元,可行性研究报告编制时至项目建设期年份为0,投资价格上涨率为5%,计算该项目的涨价预备费(计算结果保留两位小数)。

$$PF = \sum_{t=0}^{n}[I_t(1+f)^{a+t} - 1] = 30\times(1.05-1) + 40\times(1.05^2-1) + 50\times(1.05^3-1) = 13.48(万元) \quad (4\text{-}10)$$

(二)建设期利息估算

建设期利息是指筹措债务资金在建设期内发生并按规定允许在运营后计入固定资产原值的利息,包括银行借款和其他债务的利息、手续费、承诺费、管理费、信贷保险费等。进行建设期利息估算需要首先完成以下工作:

(1)建设投资估算及其分年投资计划;

(2)确定项目资本金(注册资本)数额及其分年投入计划;

(3)确定项目债务资金的筹资方式(银行贷款或公司债券)及债务资金成本率。

项目资金来源包括权益资金和债务资金,不同资本结构的资金成本不同,关于融资方式和资金成本的计算将在本节交通项目融资方案和资金筹措计划中进行详细讲解,本部分主要介绍建设期利息估算。

建设期利息估算涉及的详细内容请扫描二维码获得,学习后,试着解决例10的问题。

例10:某新建项目,建设期4年,项目建设需要资金100 000万元,资金来源包括:自有资金50 000万元,国内银行借款30 000万元,年利率6%,国外借款20 000万元,年利率5%。国内和国外借款均每年计息一次。建设期第1~4年各年资金安排比例分别为：30%、30%、30%、10%，借款也按照此比例安排，借款在年中支用，每年年末不支付利息。请据以估算建设期利息并编制建设期利息估算表（计算结果保留两位小数）。

由于借款在年中支用，每年年末不支付利息。

（1）第 1 年的建设期利息计算：

① 国内借款：

第 1 年当期应计利息 = （年初借款本息累计 + $\dfrac{当期借款}{2}$）× 年利率

$$= \left(0 + \dfrac{30\,000 \times 30\%}{2}\right) \times 6\% = 270（万元）$$

第 1 年年末建设期利息 = 第 1 年当期应计利息 = 270 万元

② 国外借款：

第 1 年当期应计利息 = （年初借款本息累计 + $\dfrac{当期借款}{2}$）× 年利率

$$= \left(0 + \dfrac{20\,000 \times 30\%}{2}\right) \times 5\% = 150（万元）$$

第 1 年年末建设期利息 = 第 1 年当期应计利息 = 150 万元

（2）第 2 年建设期利息计算：

① 国内借款：

第 2 年建设期利息 = （年初借款本息累计 + $\dfrac{当期借款}{2}$）× 年利率

$$= \left(9\,000 + 270 + \dfrac{30\,000 \times 30\%}{2}\right) \times 6\% = 826.20（万元）$$

第 2 年末建设期利息 = 第 1 年当期应计利息 + 第 2 年当期应计利息 = 270 + 826.20 = 1 096.20 万元

② 国外借款：

第 2 年建设期利息 = （年初借款本息累计 + $\dfrac{当期借款}{2}$）× 年利率

$$= \left(6\,000 + 150 + \dfrac{20\,000 \times 30\%}{2}\right) \times 5\% = 457.50（万元）$$

第 2 年年末建设期利息 = 第 1 年当期应计利息 + 第 2 年当期应计利息 = 150 + 457.50 = 607.50 万元

第 3 年和第 4 年可采用同样方式计算，获得国内借款第 3 年利息为 1 415.77 万元，第 4 年利息为 1 860.72 万元，国外借款第 3 年利息为 780.38 万元，第 4 年利息为 1 019.39 万元。

(三)流动资金估算

流动资金是保证企业正常生产经营的前提,流动资金的筹集应按相关部门的规定执行。流动资金的估算应在营业收入和经营成本估算之后进行。流动资金估算方法包括扩大指标估算法或分项详细估算法。

流动资金估算涉及的详细内容请扫描二维码获得,学习后,试着解决例 11 的问题。

例 11:某铁路项目运营的客货运换算周转量预测值为:第一年为 400 万换算吨公里,第二年为 600 万换算吨公里,第三年为 800 万换算吨公里。根据项目特点,平均每万换算吨公里占用流动资金为 100 万元,则各年分别需要投入多少流动资金?

按扩大指标估算法估算,

第一年需要投入的流动资金=400×100=40 000 万元

第二年需要增量投入的流动资金=600×100-40 000=20 000 万元

第三年需要增量投入的流动资金=800×100-60 000=20 000 万元

三、交通项目融资方案分析和资金筹措计划

交通项目建设投资巨大,在进行投资估算后,为了保证项目正常开展,需要确定项目的融资主体,并分析项目所需建设投资和流动资金的来源渠道和筹措方式,选定初步融资方案。通过初步融资方案的资金结构、资本成本和融资风险的分析,结合财务分析,比较、确定融资方案,编制资金筹措计划表。

(一)融资主体确定

项目的融资主体是指进行融资活动、并承担融资责任和风险的项目法人单位。正确确定项目的融资主体,有助于顺利筹措资金和降低债务偿还风险。确定项目的融资主体应考虑项目投资的规模和行业特点,项目与既有法人资产、经营活动的联系,既有法人财务状况,项目自身的盈利能力等因素。项目融资主体包括既有法人融资主体和新设法人融资主体。

融资主体涉及的详细内容请扫描二维码获得。

(二)项目资金来源

项目融资按照是否来源于企业内部,分为内源融资和外源融资。内源融资是作为融资主体的既有法人内部的资金转化为投资的过程,既可以来源于企业的内部积累资金,也可以来源于资产变现或企业产权转让。外源融资,是指吸收融资主体外部的资金。外源融资又可以分为直接融资和间接融资。直接融资是指融资主体不通过银行等金融中介机构而从资金提供者手中直接融资,如发行股票和企业债券融资;间接融资是指融资主体通过银行等金融中介机构向资金提供者间接融资,如向商业银行申请贷款、委托信托公司进行证券融资等。按照融资渠道,可以分为权益性融资和债务性融资。权益性融资是指项目资本金,包括股东直接投资、股票融资和政府投资;债务性融资是指以负债方式从金融机构、证券市场等资本市场取得的资金。项目资金来源如图4-14所示。

流动资金估算涉及的详细内容请扫描二维码获得。

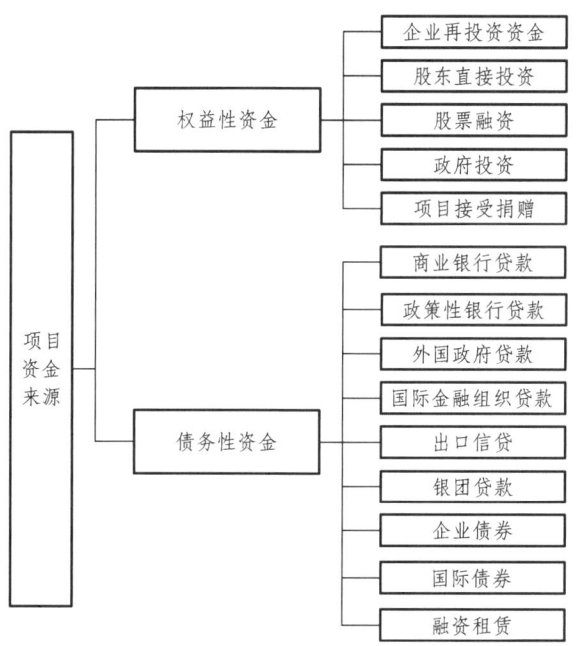

图4-14 项目资金来源

(三)资本结构与资金成本

确定融资方案,必须考虑权益性资金和债务性资金的比例以及各类资金内部的比例,即确定资本结构,并对资金成本进行分析。

1. 资本结构分析

资金结构是指融资方案中各种资金的比例关系。融资方案分析中,资金结构的确定和分析是一项重要内容。资金结构包括项目资本金与项目债务资金的比例、项目资本金内部结构的比例和项目债务资金内部结构的比例。

资本结构涉及的详细内容请扫描二维码获得。

2. 资本成本分析

资金成本(Cost of Capital)是指项目为筹集和使用资金而支付的费用,即筹资资金所付出的代价,包括资金占用费和资金筹集费。资金成本通常以资金成本率表示,资金成本率是指使用资金所负担的费用与筹集资金净额之比,计算公式为:

$$资金成本率 = \frac{资金占用费}{筹集资金总额 - 资金筹集费} \times 100\%$$

资本结构涉及的详细内容请扫描二维码获得,学习后,试着解决例12的问题。

例12:某高速公路开发公司为上市公司,拟新建一高速公路,该项目建设投资为 10 000 万元,资金筹措方案有两种:第一种是项目资本金(权益资金)4 000 万元,银行借款 6 000 万元;第二种是项目资本金和银行借款各 5 000 万元。该公司普通股目前市价为 16 元,预期年末每股发放股利 0.8 元,估计股利年增长率为 5%。与银行约定的贷款条件为:贷款年利率为 7%,每年计息一次,每年年底支付借款利息;贷款期限为 5 年,第 5 年年底偿还借款本金;此外,该笔借款的筹资费率为 0.5%,该公司的企业所得税税率为 25%。请为该高速公路选择一种资金筹措方案。

计算权益资本成本,根据给定条件,采用股利增长模型法:

$$K_s = \frac{D_1}{P_0} + g = \frac{0.8}{16} + 5\% = 10\% \tag{4-11}$$

计算债务资本成本,将给定数据代入下列公式中:

$$P_0(1-F) = \sum_{t=1}^{n} \frac{P_t + I_t(1-T)}{(1+K_d)^t} \tag{4-12}$$

第一种方案：

$$6\,000\times(1-0.5\%)=\frac{6\,000\times7\%\times(1-25\%)}{1+K_d}+\frac{6\,000\times7\%\times(1-25\%)}{(1+K_d)^2}+\frac{6\,000\times7\%\times(1-25\%)}{(1+K_d)^3}$$
$$+\frac{6\,000\times7\%\times(1-25\%)}{(1+K_d)^4}+\frac{6\,000\times7\%\times(1-25\%)}{(1+K_d)^5}$$

第二种方案：

$$5\,000\times(1-0.5\%)=\frac{5\,000\times7\%\times(1-25\%)}{1+K_d}+\frac{5\,000\times7\%\times(1-25\%)}{(1+K_d)^2}+\frac{5\,000\times7\%\times(1-25\%)}{(1+K_d)^3}$$
$$+\frac{5\,000\times7\%\times(1-25\%)}{(1+K_d)^4}+\frac{5\,000\times7\%\times(1-25\%)+5\,000}{(1+K_d)^5}$$

由于与银行约定的贷款利率条件相同，虽然贷款额不同，但债务资本成本相同。计算时直接约掉贷款额，通过查阅现值系数表，采用插值法。

假定 $K_d=5\%$，则复利现值系数 $(P/F,5\%,5)=0.783\,5$，年金现值系数，$(P/A,5\%,5)=4.329\,5$，$7\%\times(1-25\%)\times4.329\,5+0.783\,5-0.995=0.015\,8$；

假定 $K_d=6\%$，则复利现值系数 $(P/F,6\%,5)=0.747\,3$，

年金现值系数 $(P/A,6\%,5)=4.212\,4$；$7\%\times(1-25\%)\times4.212\,4+0.747\,3-0.995=-0.026\,5$；

插值法计算现值为 0 时的折现率，即

$$K_d=5\%+(6\%-5\%)\times\frac{0.015\,8}{0.015\,8-(-0.265)}=5.37\% \tag{4-13}$$

比较两种方案的加权平均资本成本：$K_w=\sum_{j=1}^{n}K_jW_j$

第一种方案：$\frac{4\,000}{10\,000}\times10\%+\frac{6\,000}{10\,000}\times5.37\%=7.22\%$

第二种方案：$\frac{5\,000}{10\,000}\times10\%+\frac{5\,000}{10\,000}\times5.37\%=7.69\%$

可见，第一种方案的加权平均资本成本低于第二种方案的加权平均资本成本，因此应选择第一种资金筹措方案，即项目资本金 4 000 万元，银行借款 6 000 万元。

（四）融资风险分析

在确定项目融资方案时，除了要考虑资本成本的高低，还应该考虑融资风险。融资风险是指融资活动存在的各种风险。融资风险有可能使投资者、项目法人、债权人等各方蒙受损失。在融资方案分析中，应对各种融资方案的融资风险进行识别、比较，并对最终推荐的融资方案提出防范风险的对策。交通项目融资中应考虑的风险因素如下。

1. 资金供应风险

资金供应风险是指在项目实施过程中由于资金不落实,导致建设工期延长,工程造价上升,使原定投资效益目标难以实现的可能性。导致资金不落实的原因很多,主要包括:① 已承诺出资的股本投资者由于出资能力有限(或者由于拟建项目的投资效益缺乏足够的吸引力)而不能(或不再)兑现承诺;② 原定发行股票、债券计划不能实现;③ 既有企业法人由于经营状况恶化,无力按原定计划出资。为防范资金供应风险,必须认真做好资金来源可靠性分析。在选择股本投资者时,应当选择资金实力强、既往信用好、风险承受能力强的投资者。

2. 利率风险

利率风险是指由于利率变动导致资金成本上升,给项目造成损失的可能性。利率水平随金融市场的变化情况而变动,未来市场利率的变动会引起项目资金成本发生变动。采用浮动利率,项目的资金成本会随利率的上升而上升,随利率的下降而下降。采用固定利率,如果未来利率下降,项目的资金成本不能相应下降,相对资金成本将升高。因此,无论采用浮动利率还是固定利率都存在利率风险。为了防范利率风险,应对未来利率的走势进行分析,以确定采用何种利率。

3. 汇率风险

汇率风险是指由于汇率变动给项目造成损失的可能性。国际金融市场上各国货币的币价在时刻变动,使用外汇贷款的项目、未来汇率的变动会引起项目资金成本发生变动以及未来还本付息费用支出的变动。某些硬货币贷款利率较低,但汇率风险较高;软货币则相反、汇率风险较低,但贷款利率较高。为了防范汇率风险,使用外汇数额较大的项目应对人民币的汇率走势、汇币种结算。一般情况下应尽量借用软货币。

四、交通项目收入和税金估算

交通项目收入和税金估算包括营业收入估算、补贴收入估算和税金估算。

(一)营业收入估算

项目经济评价中的营业收入包括销售产品或提供服务所获得的收入,其估算的基础数据,包括产品或服务的数量和价格。营业收入既是现金流量表中现金流入的主体,也是利润表的主要项目,是财务分析的重要数据,其估算的准确性极大地影响着项目财务效益的估计。

营业收入估算的基础是数量和价格。应分析、确认产品或服务的市场预测分析数据,特别要注重目标市场有效需求的分析;说明项目建设规模、产品或服务方案;分析产品或服务的价格,采用的价格基点、价格体系、价格预测方法;论述采用价格的合理性。

交通项目分年营业收入估算应考虑分年运营量，分年运营量可根据经验确定负荷率后计算或通过制定销售（运营）计划确定。可采用以下两种方法：①按照市场预测的结果和项目具体情况，根据经验直接判定分年的负荷率。判定时应考虑项目性质、技术掌握难易程度、产出的成熟度及市场的开发程度等诸多因素。②根据市场预测的结果，结合项目性质、产出特性和市场的开发程度制定分年运营计划，进而确定各年产出数量。相对而言，第二种做法更具合理性，国际上多被采用。运营计划或分年负荷的确定不应固定模式，应强调具体项目具体分析。

（二）补贴收入估算

某些项目还应按有关规定估算企业可能得到的补贴收入，包括与收益相关的政府补助、先征后返的增值税、按销量或工作量等依据国家规定的补助定额计算并按期给予的定额补贴，以及属于财政扶持而给予的其他形式的补贴等。补贴收入同营业收入一样，应列入利润与利润分配表、财务计划现金流量表和项目投资现金流量表与项目资本金现金流量表。以上几类补贴收入，应根据财政、税务部门的规定，分别计入或不计入应税收入。

（三）税金估算

税金包括增值税、消费税、城市维护建设税、教育费附加、资源税等。消费税、资源税、城市维护建设税和教育费附加计入利润表的税金及附加。

税金法规等涉及的详细内容请扫描二维码获得，学习后，我们可以试着计算增值税。

增值税计算的原理：

注：假定企业为增值税一般纳税人，增值税税率为13%。

五、交通项目总成本费用估算

交通项目总成本费用是指运营期内为生产产品或提供服务所发生的全部费用，

等于经营成本与折旧费、摊销费和财务费用之和。

（一）生产成本加期间费用估算法

总成本费用=生产成本+期间费用

其中：生产成本=直接材料+燃料和动力+直接工资+制造费用

期间费用=管理费用+营业/销售费用+财务费用

成本按照经济用途和发生的地点划分，分为生产成本和非生产成本。生产成本也称为制造成本，是指生产产品或提供服务过程中发生的各种成本，一般包括直接材料、直接工资、其他直接支出以及制造费用等成本项目。

期间费用也称为非生产成本或非制造成本，是指与产品制造过程没有联系的非生产成本耗费。一般分为管理费用、销售费用和财务费用。期间费用不计入产品的生产成本，直接体现为当前损益。

交通项目总成本费用涉及的详细内容请扫描二维码获得。

（二）生产要素估算法

总成本费用=外购原材料、燃料和动力费+工资及福利费+折旧费+摊销费+修理费+财务费用（利息支出）+其他费用

总成本费用计算是基于权责发生制，但在项目投资现金流量表中，需要按照收付实现制，估算经营成本，同时由于全部投资均被假定为资本金，因此，经营成本也不包括利息，即：经营成本=总成本费用-折旧费-摊销费-利息支出，或者经营成本=外购原材料、燃料和动力费+工资及福利费+修理费+其他费用，式中，其他费用是指从制造费用、管理费用和营业费用中扣除了折旧费、摊销费、修理费、工资及福利费以后的其余部分。

交通项目总成本费用涉及的详细内容请扫描二维码获得，学习后，计算例13、14。

例13：设固定资产原值为1 000万元，综合折旧年限为10年，净残值率为5%，试分别按年限平均法、双倍余额递减法和年数总和法计算折旧。

（1）年限平均法。

$$年折旧率=\frac{1-5\%}{10}\times 100\%=9.5\% \tag{4-14}$$

年折旧额=固定资产原值×年折旧率=1 000×9.5%=95（万元）

（2）双倍余额递减法。

$$年折旧率=\frac{2}{10}\times 100\%=20\% \tag{4-15}$$

第 1 年折旧额=1 000×20%=200（万元）

第 2 年折旧额=（1 000-200）×20%=160（万元）

第 3 年折旧额=（1 000-200-160）×20%=128（万元）

第 4 年折旧额=（1 000-200-160-128）×20%=102.4（万元）

第 5 年折旧额=（1 000-200-160-128-102.4）×20%=81.92（万元）

第 6 年折旧额=（1 000-200-160-128-102.4-81.92）×20%=65.54（万元）

第 7 年折旧额=（1 000-200-160-128-102.4-81.92-65.54）×20%=52.43（万元）

第 8 年折旧额=（1 000-200-160-128-102.4-81.92-65.54-52.43）×20%=41.94（万元）

第 9、10 年折旧额=[（1 000-200-160-128-102.4-81.92-65.54-52.43-41.94）-（1 000×5%）]÷2=58.89（万元）（由于结果保留两位小数，存在尾差，第 9、10 年应该分别为 58.89 万元和 58.88 万元。）

（3）年数总和法。

$$第 1 年折旧率=\frac{10}{10\times(10+1)\div 2}\times 100\%=\frac{2}{11}\times 100\%=18.18\%$$

第 1 年折旧额=(1 000-1 000×5%)×18.18%=172.71（万元）

$$第 2 年折旧率=\frac{10-1}{10\times(10+1)\div 2}\times 100\%=\frac{9}{55}\times 100\%=16.36\%$$

第 2 年折旧额=(1 000-1 000×5%)×16.36%=155.42（万元）

$$第 3 年折旧率=\frac{10-2}{10\times(10+1)\div 2}\times 100\%=\frac{8}{55}\times 100\%=14.55\%$$

第 3 年折旧额=(1 000-1 000×5%)×14.55%=138.23（万元）

$$第 4 年折旧率=\frac{10-3}{10\times(10+1)\div 2}\times 100\%=\frac{7}{55}\times 100\%=12.73\%$$

第 4 年折旧额=(1 000-1 000×5%)×12.73%=120.94（万元）

$$第 5 年折旧率=\frac{10-4}{10\times(10+1)\div 2}\times 100\%=\frac{6}{55}\times 100\%=10.91\%$$

第 5 年折旧额=(1 000-1 000×5%)×10.91%=103.65（万元）

第 6 年折旧率 $=\dfrac{10-5}{10\times(10+1)\div 2}\times 100\%=\dfrac{1}{11}\times 100\%=9.09\%$

第 6 年折旧额 $=(1\ 000-1\ 000\times 5\%)\times 9.09\%=86.36$（万元）

第 7 年折旧率 $=\dfrac{10-6}{10\times(10+1)\div 2}\times 100\%=\dfrac{4}{55}\times 100\%=7.27\%$

第 7 年折旧额 $=(1\ 000-1\ 000\times 5\%)\times 7.27\%=69.07$（万元）

第 8 年折旧率 $=\dfrac{10-7}{10\times(10+1)\div 2}\times 100\%=\dfrac{3}{55}\times 100\%=5.45\%$

第 8 年折旧额 $=(1\ 000-1\ 000\times 5\%)\times 5.45\%=51.78$（万元）

第 9 年折旧率 $=\dfrac{10-8}{10\times(10+1)\div 2}\times 100\%=\dfrac{2}{55}\times 100\%=3.64\%$

第 9 年折旧额 $=(1\ 000-1\ 000\times 5\%)\times 3.64\%=34.59$（万元）

第 10 年折旧率 $=\dfrac{10-9}{10\times(10+1)\div 2}\times 100\%=\dfrac{1}{55}\times 100\%=1.82\%$

第 10 年折旧额 $=(1\ 000-1\ 000\times 5\%)\times 1.82\%=17.29$（万元）

为了保证 10 年的折旧额总共为 950 万元，第 10 年的折旧额可以按下式计算：
950-172.71-155.42-138.23-120.94-103.65-86.36-69.07-51.78-34.59=17.25（万元）

例 14：某铁路建设项目建设期两年，每年贷款 5 000 万元，贷款在年初发放，建设期内只计息不偿还，年利率为 10%，每年计息 2 次。现有两种还款方案，第一种在运营后 5 年内按等额还本付息方式偿还;第二种是在运营后 5 年内按等额还本、利息照付方式偿还。请测算两种方案下的年还本付息额。如果从降低利息支出的角度考虑，哪种方案更好？

年利率 10% 为名义利率 r_n，根据公式：

$$r_e=\left(1+\dfrac{r_n}{m}\right)^m-1 \qquad (4\text{-}16)$$

则实际利率 $r_e=\left(1+\dfrac{10\%}{2}\right)^2-1=10.25\%$

还款起始年年初的借款余额：

第 1 年贷款本息和=5 000+5 000×10%/2+(5 000+5 000×10%/2)×10%/2+[5 000+5 000×10%/2+(5 000+5 000×10%/2)×10%/2]×10%/2+{5 000+5 000×10%/2+(5 000+5 000×10%/2)×10%/2+[5 000+5 000×10%/2+(5 000+5 000×10%/2)×10%/2]×10%/2}×10%/2=6 366.94

第 2 年贷款本息和=5 000+5 000×10%/2+(5 000+5 000×10%/2)×10%/2=5 512.50

$$I_c=6\,366.94+5\,512.50=11\,879.44\text{（万元）}$$

第一种方案运营后 5 年内按等额还本付息方式偿还：

每年还本付息：

$$A = I_c \times \frac{i \times (1+i)^n}{(1+i)^n - 1} = 11\,632.15 \times (A/P, 10\%, 5) = 11\,879.44 \times \frac{10\% \times (1+10\%)^5}{(1+10\%)^5 - 1} \quad (4\text{-}17)$$

由于 $(A/P, 10\%, 5) = 0.263\,8$，则 $A = 11\,879.44 \times 0.263\,8 = 3\,133.80$ 万元

每年支付利息额分年计算

第 1 年支付利息 = 11 879.44×10% = 1 187.94 万元

第 1 年还本 = 3 133.80 - 1 187.94 = 1 945.86 万元

第 2 年支付利息 = （11 879.44 - 1 945.86）×10% = 993.36 万元

第 2 年还本 = 3 133.80 - 993.36 = 2 140.44 万元

第 3 年支付利息 = （11 879.44 - 1 945.86 - 2 140.44）×10% = 779.31 万元

第 3 年还本 = 3 133.80 - 779.31 = 2 354.49 万元

第 4 年支付利息 = （11 879.44 - 1 945.86 - 2 140.44 - 2 354.49）×10% = 543.87 万元

第 4 年还本 = 3 133.80 - 543.87 = 2 589.93 万元

第 5 年支付利息 = （11 879.44 - 1 945.86 - 2 140.44 - 2 354.49 - 2 589.93）×10% = 284.87 万元

第 5 年还本 = 3 133.80 - 284.87 = 2 848.93 万元

等额还本付息方式下的还本付息计算表如下表 4-7 所示。

表 4-7　等额还本付息方式下还本付息计划表

单位：万元

序号	项目	1	2	3	4	5
1	年初借款余额	11 879.44	9 933.58	7 793.14	5 438.65	2 848.72
2	当年应计利息	1 187.94	993.36	779.31	543.87	284.87
3	当年还本付息	3 133.8	3 133.8	3 133.8	3 133.8	3 133.8
3.1	其中：还本	1 945.86	2 140.44	2 354.49	2 589.93	2 848.93
3.2	付息	1 187.94	993.36	779.31	543.87	284.87
4	年末借款余额	9 933.58	7 793.14	5 438.65	2 848.72	0

第二种方案运营后 5 年内每年等额还本利息照付偿还：

$$\text{每年归还本金} = I_c/5 = 11\,879.44/5 = 2\,375.89 \text{ 万元} \quad (4\text{-}18)$$

每年支付利息单独计算

第 1 年支付利息：11 879.44×10% = 1 187.94 万元

第 1 年支付本息：2 375.89 + 1 187.94 = 3 563.83 万元

第 2-5 年同样计算，具体见还本付息计划表。

第二种方案等额还本、利息照付方式下还本付息计划表如下表 4-8 所示。

表 4-8 等额还本、利息照付方式下还本付息计划表

单位：万元

序号	项目	1	2	3	4	5
1	年初借款余额	11 879.44	9 503.55	7 127.66	4 751.77	2 375.88
2	当年应计利息	1 187.94	950.36	712.77	475.18	237.59
3	当年还本付息	3 563.83	3 326.25	3 088.66	2 851.07	2 613.47
3.1	其中：还本	2 375.89	2 375.89	2 375.89	2 375.89	2 375.88
3.2	付息	1 187.94	950.36	712.77	475.18	237.59
4	年末借款余额	9 503.55	7 127.66	4 751.77	2 375.88	0

注：表中第5年还本额有尾差。

从5年付息情况来看，很明显，等额还本、利息照付方式下利息支出少于等额还本付息方式下的利息支出，因此，从降低利息支出的角度考虑，第二种方案更好。

（三）固定成本和可变成本

按照总成本费用与业务量之间的关系，可以分为可变成本、固定成本、半固定半可变成本。如果成本总额不随着业务量的变动而变动，则被称作固定成本，如折旧费、摊销费、修理费、工资及福利费（计件工资除外）和其他费用等，通常把运营期发生的全部利息也当作固定成本。如果成本总额随着业务量的变动成正比例变动，称为可变成本，或变动成本。可变成本主要包括外购原材料、燃料及动力费和计件工资等。有些成本费用，如采用基本工资加超额工资的工资费用，流动资金借款和短期借款利息等，属于半固定可变成本，必要时可进一步分解为固定成本和可变成本。项目评价中可根据行业特点进行简化处理。将总成本费用区分为固定成本和可变成本，可用于盈亏平衡分析。

铁路建设项目的总成本费用也称为铁路运输总支出，由营业支出和营业外净支出构成。营业支出又划分为营业成本、管理费和财务费用；按成本费用的经济要素构成，营业支出又可以分为工资、材料、燃料、电力、折旧和其他六大成本要素。营业外净支出是指营业外支出减去营业外收入后的净额。把不含折旧费的营运成本和不含无形资产和其他资产摊销费的管理费作为经济评价中的运营成本，把运营成本进一步划分为随运量变化的可变运营成本和不随运量变化的固定运营成本。可变运营成本包括机车燃料或电力消耗费用、机车车辆修理养护费用、机车与列车乘务员工资、货物到发费用及分摊的管理费等；固定运营成本包括铁路固定设施（包括正线、站线、车站、区间通信信号与电力牵引供电设施等）的修理、养护费用及分摊的管理费等。所有随运量变化的成本合并为项目总可变成本，而所有不随运量变化的成本合并为项目总固定成本。铁路建设项目的成本结构如图4-15所示。

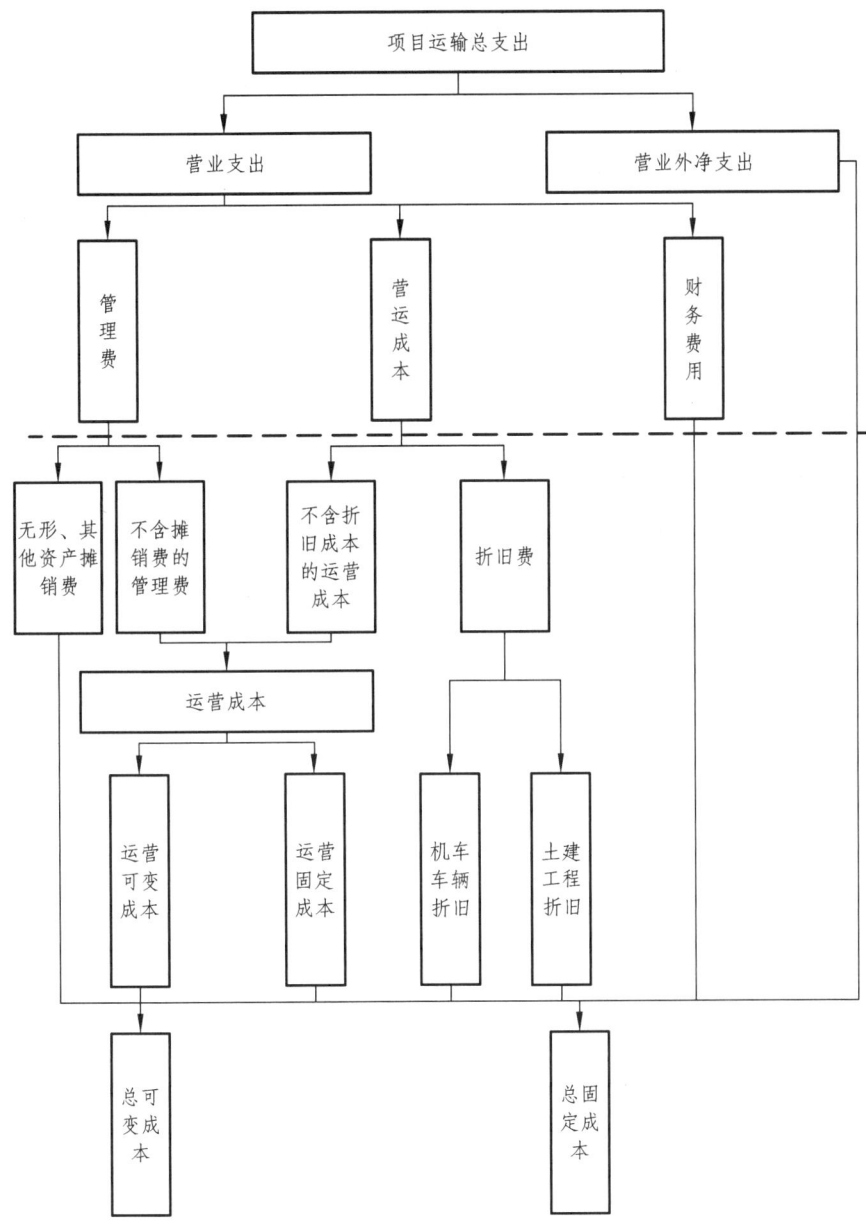

图 4-15 铁路建设项目成本结构示意图

六、维持运营投资

某些项目在运营期需要投入一定的固定资产才能得以正常运营。例如，铁路建设项目中的维持运营投资包括随着运量的增长需要增置和更新机车车辆、集装箱等移动运输设备的购置费，运营期可能需要追加的工程投资，寿命短于项目运营期的固定资产更新投资等。如果项目实体范围内存在辅助性规划关联项目，还需要考虑拟建项目的关联投资费用。

维持运营投资应计入项目资本金现金流量表,已作为确定现金流出和计算财务内部收益率指标的依据;同时也应计入财务计划现金流量表,参与财务生存能力分析。

第四节 交通项目财务评价报表和评价指标

一、交通项目财务评价报表

在交通项目财务报表辅助报表的基础上可以编制财务评价报表,包括借款还本付息计划表、资产负债表、利润与利润分配表、各类现金流量表以及财务计划现金流量表。其中借款还本付息计划表在前面的章节利息支出中已提及。

（一）利润及利润分配表

交通项目财务评价中,在收入、税金估算和总成本费用估算的基础上,进行利润估算:

利润总额=营业收入-税金及附加-总成本费用+补贴收入

式中:如果营业收入为含税收入,需要扣除增值税。

应纳所得税税额=应纳税所得额×所得税税率

目前可行性研究和项目评估中,一般所得税税率为25%。如果法律、法规和国务院有关规定给予减免税的,按规定执行。

净利润=利润总额-应纳所得税税额

交通项目财务评价报表涉及的详细内容请扫描二维码获得。

（二）资产负债表

为了反映项目计算期内各年年末资产、负债和所有者权益的增减变化及对应关系,考察项目资产、负债和所有者权益的结构,编制资产负债表。

资产负债表在编制时,应收账款、存货和现金等可依据"流动资金估算表"填列;累计盈余资金可依据"财务计划现金流量表"填列;各项借款可依据"项目总投资使用计划与资金筹措表"填列;累计盈余公积金和累计未分配利润可依据"利润与利润分配表"填列;固定资产净值、无形及其他资产净值可依据"固定资产折旧费估算表"和"无形及其他资产摊销估算表"填列;在建工程和资本金可依据"项目总投资使用计划与资金筹措表"分析整理综合后填列;资本公积要经过分析综合后填列。

交通项目财务评价报表涉及的详细内容请扫描二维码获得。

（三）现金流量表

项目现金流量表反映项目计算期内实际发生的流入和流出的现金活动及其流动数量，反映项目期内的现金流入、现金流出和净现金流量。现金流量表可以分为：项目投资现金流量表、项目资本金现金流量表和投资各方现金流量表。

1. 项目投资现金流量表

项目投资现金流量表是融资前分析的基础，可据以进行项目投资现金流量分析，不考虑融资方案的影响，计算所得税前和所得税后的项目投资财务内部收益率和项目投资财务净现值。由于所得税与融资方案没有关系，因此其数值区别于其他财务报表中的所得税，为调整所得税。

调整所得税=息税前利润（EBIT）×所得税税率

交通项目财务评价报表涉及的详细内容请扫描二维码获得。

2. 项目资本金现金流量表

从项目权益投资者整体角度考虑项目给权益投资者带来的收益水平，应编制项目资本金现金流量表。它在考虑融资方案条件下，对项目收益进行息税后分析，能反映项目方案在融资方案条件下的合理性。根据项目资本金现金流量表，可以计算项目资本金财务内部收益率，反映项目盈利能力。

交通项目财务评价报表涉及的详细内容请扫描二维码获得。

3. 投资各方现金流量表

要考察投资各方的具体收益，并编制站在投资各方角度的现金流量表，即站在投资各方角度，分别确认现金流入、现金流出和净现金流量，计算投资各方财务内部收益率指标。投资各方现金流量表中的现金流入和现金流出需要根据项目具体情况和投资各方因项目发生的收入和支出情况选择填列。在按股本比例分配和分担亏损和风险的原则下，投资各方的利益一般是均等的，可不计算投资各方财务内部收益率。

交通项目财务评价报表涉及的详细内容请扫描二维码获得。

（四）财务计划现金流量表

为了反映项目计算期内各年的投资、融资和经营活动的现金流入和流出，编制财务计划现金流量表。可用于计算累计盈余资金，用于分析财务生存能力。

交通项目财务评价报表涉及的详细内容请扫描二维码获得。

二、财务分析评价指标

融资前分析中，进行盈利能力分析，并以项目投资折现现金流量分析为主，计算项目投资内部收益率和净现值指标，也可以计算投资回收期指标。融资后分析中，以项目资本金折现现金流量和投资各方折现现金流量为主，计算总投资收益率、项目资本金净利润率、资产负债率、流动比率、速动比率、利息备付率和偿债备付率等。

（一）盈利能力分析指标

1. 投资回收期

用于反映以项目的净收益回收项目投资所需要时间的指标是投资回收期（Period of Return），一般以年为单位。按照是否考虑资金时间价值，项目投资回收期分为静态投资回收期和动态投资回收期。项目投资回收期一般从项目建设开始年算起，若从项目投产开始年计算，需要特别注明。

（1）静态投资回收期。

不考虑资金时间价值计算的投资回收期，为静态投资回收期，用 P_t 表示，其计算公式为：

$$\sum_{t=1}^{P_t}(CI-CO)_t=0 \qquad (4\text{-}19)$$

式中　CI——现金流入；

CO——现金流出。

项目投资回收期可借助项目投资现金流量表计算，即算出累计净现金流量由负值变为零的时点。计算公式为：

$$P_t = T - 1 + \frac{\left|\sum_{i=1}^{T-1}(CI-CO)_i\right|}{(CI-CO)_T} \quad (4\text{-}20)$$

式中　T——累计净现金流量首次出现正值或零的年份。

一般而言，投资回收期越短，表明项目投资回收越快，抗风险能力强。将求出的静态投资回收期与行业基准投资回收期或设定的基准投资回收期进行比较，如果静态投资回收期小于基准投资回收期，可考虑接受该项目；如果静态投资回收期大于基准投资回收期，可以考虑拒绝接受该项目；如果静态投资回收期等于基准投资回收期，接受或拒绝都可以。

静态投资回收期计算简单，经济意义明确；但由于未考虑资金时间价值，无法准确辨识项目的优劣。而且只考虑了投资回收之前的效果，无法反映投资回收之后项目带来的收益，因此比较片面。

（2）动态投资回收期

考虑资金时间价值，计算动态投资回收期。

如果 CI_t 为各期的现金流入，CO_t 为各期的现金流出，折现率为 i，动态投资回收期为 P'_t，则 P'_t 满足以下条件：

$$\sum_{t=1}^{P'_t}(CI-CO)_t(P/F,i,t) = 0 \quad (4\text{-}21)$$

式中　P'_t——动态投资回收期，是指净现金流量现值的累计值为零的年限。如果 P'_t 小于等于基准动态投资回收期，则项目可以接受。基准动态投资回收期是由同类项目的历史数据得到的，或是投资者确定的基准动态投资回收期。

如果项目的 0 年仅有 1 个投资 P，以后各年的净收益为等额的 A，则在动态投资回收期 P'_t 的计算公式可以改写为：$-P + A(P/A, i, P'_t) = 0$

即

$$P'_t = \frac{-\lg(1 - Pi/A)}{\lg(1+i)}$$

一般情况下，利用上述公式很难直接计算出 P'_t，因而，通常借助现金流量现值表，通过以下公式计算：

$$P'_t = T - 1 + \frac{|NPV_{T-1}|}{NCF_T \text{的现值}} = T - 1 + \frac{\text{第}T-1\text{年的累计净现金流量的现值的绝对值}}{\text{第}T\text{年的净现金流量的现值}} \quad (4\text{-}22)$$

式中　T——累计净现金流量的现值首次出现正值或零的年份。

因为考虑了资金时间价值，动态投资回收期指标相比静态投资回收期指标，评价效果较好；但计算相对复杂，而且仍然无法反映投资回收期之后的情况。

2. 财务净现值

财务净现值（Financial Net Present Value，$FNPV$）是按照设定的折现率（一般采用基准收益率i_c）计算的项目计算期内净现金流量的现值之和。计算公式为：

$$FNPV = \sum_{t=1}^{n}(CI-CO)_t(1+i_c)^{-t} \tag{4-23}$$

财务净现值计算可根据实际情况选择所得税前净现值或所得税后净现值。按照设定折现率计算得到的财务净现值大于或等于零时，项目方案在财务上可考虑接受。

财务净现值是考察项目盈利能力的绝对量指标，它考虑了资金时间价值并考虑了项目整个寿命期的盈利能力，经济意义直观明确；计算简便，根据编制的现金流量表，设定好折现率，进行简单的算术计算，也可以采用 Excel 计算。但财务净现值作为一个绝对数指标，不能反映项目的实际盈利水平；同时折现率是部门或行业事先设定的基准收益率，如果设定不客观，会导致采用财务净现值的评价结果失去客观性。

3. 财务内部收益率

财务内部收益率（Financial Internal Rate of Return，$FIRR$）是指项目计算期内净现金流量现值累计等于零时的折现率。计算公式为：

$$\sum_{t=1}^{n}(CI-CO)_t(P/F, FIRR, t) = 0 \tag{4-24}$$

式中　$(P/F, FIRR, t) = (1+FIRR)^{-t}$

财务内部收益率既可以采用 EXCEL 函数计算，也可以通过查找复利现值系数表通过试算利用插值法计算。

插值法的应用步骤：

首先，选择折现率i_1，将其带入财务净现值公式，如果此时计算出的财务净现值为正，需要选择一个高于i_1的折现率i_2，将其带入财务净现值公式，直至财务净现值为负。当试算的折现率i使财务净现值在零值左右摆动且先后两次试算的i_2和i_1之差足够小（一般不超过5%）时，可使用插值法近似求出i。插值法计算公式：

$$i = i_1 + \frac{FNPV_1}{FNPV_1 + |FNPV_2|}(i_2 - i_1) \tag{4-25}$$

式中　i——内部收益率；

　　　i_1——较低的试算折现率；

　　　i_2——较高的试算折现率；

　　　$FNPV_1$——i_1对应的财务净现值；

　　　$FNPV_2$——i_2对应的财务净现值。

财务内部收益率大于或等于基准财务内部收益率时，方案在财务上可接受。项目投资财务内部收益率、项目资本金财务内部收益率和投资各方财务内部收益率可以有不同的判别基准。该指标在计算时考虑了资金时间价值，并考虑了项目在整个寿命周期内的收益状况；反映了项目的实际盈利率。但该指标计算繁琐，适用于独立方案的可行性判断，不能用于互斥方案之间的比选。

4. 总投资收益率

总投资收益率（Return on Investment，ROI）反映总投资的盈利水平，是指项目达到设计能力后正常年份的年息税前利润或运营期内年平均息税前利润（$EBIT$）与项目总投资（TI）的比率。总投资收益率计算公式：

$$ROI = \frac{EBIT}{TI} \times 100\% \quad (4\text{-}26)$$

总投资收益率高于同行业的收益率参考值时，表明项目的盈利能力满足要求。

5. 项目资本金净利润率

项目资本金净利润率（Return on Equity，ROE）反映了项目资本金的盈利水平，是指项目达到设计能力后正常年份的年净利润或运营期内平均净利润（NP）与项目资本金（EC）的比率。计算公式为：

$$ROE = \frac{NP}{EC} \times 100\% \quad (4\text{-}27)$$

项目资本金净利润率高于同行业的净利润率参考值，表明用项目资本金净利润率表示的盈利能力满足要求。

（二）偿债能力分析指标

1. 资产负债率

资产负债率（Loan of Asset Ratio，LOAR）是指各期末负债总额（TL）同资产总额（TA）的比率，计算公式为：

$$LOAR = \frac{TL}{TA} \times 100\% \quad (4\text{-}28)$$

资产负债率要适度，项目运营才安全、稳健，具有较强的筹资能力和资金运用能力。不能简单用资产负债率高或者低，来判断项目负债状况的优劣，因为过高的资产负债率表明项目财务风险太大，而过低的资产负债率表明资金利用效率太低。对资产负债率的判断，需要结合债权人的要求，以及企业所处的竞争环境、行业发展趋势和国家宏观经济状况等具体条件进行判定。项目分析中，在长期债务还清后，可不计算资产负债率。

2. 流动比率

流动比率（Current Ratio，CR）是指各期期末流动资产（CA）和流动负债（CL）

的比率，计算公式为：

$$CR = \frac{CA}{CL} \times 100\% \qquad (4-29)$$

流动比率用来评价流动资产的短期变现能力，衡量短期偿债风险。流动比率不宜过高，也不宜过低。

3. 速动比率

速动比率（Quick Ratio，QR）是指速动资产（QA）对流动负债（CL）的比率。一般认为，存货在流动资产中变现速度较慢，有些存货可能滞销，无法变现，因此，速动资产=流动资产-存货，则速动比率的计算公式为：

$$QR = \frac{QA}{CL} \times 100\% \qquad (4-30)$$

速动比率反映了流动资产中可以立即变现用于偿还流动负债的能力。速动比率通常既不宜过高，也不宜过低。

4. 利息备付率

利息备付率（Interest Coverage Ratio，ICR）是指在借款偿还期内的息税前利润（EBIT）与应付利息（PI）的比值，反映了项目债务利息的偿付保障程度。计算公式为：

$$ICR = \frac{EBIT}{PI} \qquad (4-31)$$

式中　PI——计入总成本费用的应付利息。

利息备付率应分年计算。利息备付率越高，表明利息偿付的保障程度越高。一般而言，利息备付率不宜低于2，实际要结合债权人的要求确定。

5. 偿债备付率

偿债备付率（Debt-Service Coverage Ratio，DSCR）是指在借款偿还期内，用于计算还本付息的资金（$EBITDA - T_{AX}$）与应还本付息额（PD）的比值，用于反映可用于还本付息的资金偿还借款本息的保障程度。计算公式为：

$$DSCR = \frac{EBITDA - T_{AX}}{PD} \qquad (4-32)$$

式中　$EBITDA$——息税前利润加折旧和摊销；

　　　T_{AX}——企业所得税

　　　PD——应还本付息金额，包括还本金额和计入总成本费用的全部利息。融资租赁费可视同借款偿还。运营期内的短期借款本息也纳入计算。如果项目在运行期内有维持运营投资，则需要扣除。

偿债备付率分年计算,偿债备付率高,表明可用于还本付息的资金保障程度高。偿债备付率一般不宜低于 1.3。

(三)财务生存能力分析指标

衡量财务生存能力,主要根据财务计划现金流量表,计算净现金流量和累计盈余资金,考察两点。

(1)拥有足够的经营净现金流量。

如果一个项目拥有较大的经营净现金流量,说明项目方案比较合理;如果不能产生足够的经营净现金流量,或者经营净现金流量为负值,说明项目正常运行存在资金困难,有可能需要靠短期融资维持运营,或者需要政府补助维持运营。一般而言,项目运营前期的还本付息负担较重,应特别重视运营前期的财务生存能力评价,还款期不要安排得过短。

(2)累计盈余资金不出现负值。

各年累计盈余资金不出现负值是财务上可持续的必要条件。因此,整个运营期间内,允许个别年份的净现金流量出现负值,但不允许任何一年的累计盈余资金出现负值。一旦出现负值,需要安排短期融资,并将短期融资体现在财务计划现金流量表中,融资后短期融资的利息也应纳入成本费用和其后的计算。但项目存在较大或者频繁的短期融资,可能导致以后的累计盈余资金无法出现正值,使项目难以持续运营。

第五节 总结与作业

一、课后读物

扫描二维码可以获得详细知识。

复利系数表	2019 年中国收费公路发展状况及未来发展趋势分析	《2019 年全国收费公路统计公报》解读	2020 年交通运输行业发展统计公报

《企业会计准则——基本准则》（2014）	公路建设项目经济评价方法与参数	建设项目经济评价方法与参数	相关税法规定链接
(QR)	(QR)	(QR)	(QR)

注：相关税法规定包含关于深化增值税改革有关政策的公告、关于《中华人民共和国消费税法（征求意见稿）》向社会公开征求意见的通知、中华人民共和国资源税法、中华人民共和国城市维护建设税法。

二、课后习题

（1）请通过思维导图列出本章内容。

（2）请解释什么是货币时间价值。基于货币时间价值的概念，你对未来工作十年的收入有什么期待？

（3）如何从财务评价角度评估地铁项目建设是否可行？

三、课后作业

请阅读下面课后案例中的交通项目财务评价基础数据，思考每一个数字的来历，尝试找到每一个数字的来源和计算方法，并从偿债能力、盈利能力和财务生存能力三个方面评价项目可行性。如果你是财务负责人，你认为案例项目哪些方面可以做出改进吗？

通过该作业，使学生对于交通项目财务评价的具体指标有清晰的认识，树立项目可行性评价中的财务评价思维。

四、课后案例

（一）交通项目财务评价基础数据的案例分析

具体内容请扫码观看。

（二）高速公路差异化收费

2020年10月27日，山东济泰高速正式通车。济泰高速公路的通车，使得济南到泰安的路程由原来的一个小时缩短到了半个小时左右。网友们因济泰高速沿途优美的自然风光和丰富的文化旅游资源，将之称为山东"最美高速"。但与此同时，济泰高速也被一些车主吐槽为"最贵高速"。有车主在网上晒出发票，全程大概 55.9 千米，收费共 58 元，平均下来每千米需要 1 元多。

高速公路收费高的问题一直被诟病，截至 2021 年 4 月，中国的高速公路总里程为 16.1 万千米，其中收费站多达 6 000 个。

根据《2019 年全国收费公路统计公报》显示，虽然 2019 年收取了 5 551 亿元的车辆通行费，可是到 2019 年，高速公路的资产负债规模已经扩大到 5.8 万亿元，负债率高达 65.8%。高速公路是否应该免费？收取的高速公路车辆通行费都去哪儿了？

高速公路差异化收费情况扫码观看。

五、总结

通过本章学习，你应该了解到可用的资金来源有很多。由此进行发散，假设你现在选择创业，思考一下，你可以从哪些途径获取资金？同时，思考一下，对于交通项目，项目资金来源于哪里？它是否盈利、能否偿债、可否生存哪一项是最重要的？交通项目立项建设，是否以财务评价作为最重要的评价标准？财务评价在地铁、铁路的建设中又会起到什么作用呢？

第五章

交通项目经济评估

> **章节导读：**
> 　　企业财务与城市经济之间是什么关系？企业盈利就意味着经济效益高吗？企业亏损就意味着经济效益低吗？我们查阅地铁企业的营业成本与收益后，你会发现什么结论？如果地铁企业入不敷出，地铁是否应该在城市建立与运营？财务与经济是从两个不同方面针对项目进行评估，它们之间有什么联系，又有什么区别呢？悄悄告诉你开启本章的魔法口诀：异同。

引言　趣味案例，写在课前

如果你幸运地找到一台时光机，它可以带你回到十年前，你有什么想要做的？

如果你回到过去，投资成功拥有大量资产，你会想要成立地铁公司，修建地铁并运营地铁吗？

请拿出一张纸，写出你是否想建立并运营地铁公司的原因。

据统计，截至 2019 年年底，共有 40 个城市开通城市轨道交通，运营线路达 208 条，运营线路总长度达 6 736.2 km。2019 年，全国城市轨道交通平均单位车公里运营成本 23.4 元，同比下降 0.4 元。平均单位人公里运营成本 0.69 元，同比下降 0.15 元。全国城市轨道交通平均单位车公里运营收入 16.7 元，同比下降 0.5 元。平均单位人公里运营收入 0.47 元，同比下降 0.01 元。因此，我们可以看到，通过运营成本和运营收入的对比，城市轨道运营对于企业来讲是亏损的，从项目的财务评估角度评估该项目，该项目属于亏损项目。与此同时，如果分析地铁的成本与收入，大部分地铁项目财务评估的结论也是一样的。这种情况下，你还想成立地铁公司吗，为什么呢？

现实中，在满足国家对城市轨道交通规划建设管理的意见基础上，地铁是应该建设的，至少站在大城市（如我国一线城市）的角度，地铁建设是大好事。那为什么从企业角度看是亏钱的项目，我们却说它是好的呢？因为从企业角度看和从城市角度是不一样的。就比如城市地铁建设后，交通拥挤减少，产生的拥堵费用降低，这个不会被企业算作是自己的盈利，但从经济角度来看，这就是效益，这也正是财务与经济的不同。

第一节　交通项目经济评估概述

一、交通项目经济评估的内涵与意义

经济评估从资源合理配置的角度，分析项目投资的经济效率和对社会福利所做出的贡献。经济评估分为狭义和广义两种解释，狭义的经济评估仅指对项目投资的经济合理性进行评估，识别整个社会为项目付出的代价，以及项目为提高社会福利所贡献的经济利益；广义的经济评估，除经济利益以外，还应包括识别项目对环境、社会所造成的影响。狭义的经济评估又被称为国民经济评估或经济费用效益分析，是按合理配置资源的原则，采用影子价格、影子汇率、影子工资和社会折现率等经济分析参数，从项目对国民经济所做贡献及社会为项目付出代价的角度，来考察项目的经济合理性的过程。本章内容是依据狭义经济评估进行书写，而广义经济评估中除经济利益以外的内容则在第六章体现。

综上所述，经济评估的结论作为项目取舍的主要依据。即实现如何更有效、合理地利用国家有限资源，最大限度地促进国民经济的增长和人民物质文化水平的提高。其包含的意义如下。

1. 经济评估是宏观上合理配置国家有限资源的需要

国家资源包括资金、外汇、土地、劳动力以及其他自然资源，它们在总量上是有限的，必须在资源的各种相互竞争的用途中做出选择。这种选择必须借助于国民经济评估，从国家整体的角度来考虑。我们可以把国民经济作为一个大系统，项目的建设作为这个大系统中的一个子系统，分析项目从国民经济中所吸取的投入以及项目产出对国民经济这个大系统的经济目标的影响，从而选择对大系统目标最有利的项目或方案。有利于引导宏观投资方向。

2. 经济评估是真实反映项目对国民经济净贡献的需要

全面识别整个社会为项目付出的代价，以及项目为提高社会福利所做出的贡献，评估项目的经济合理性。从经济角度，商品价格不能体现实现资源最优配置的原则下，按现行价格计算项目的投入或产出，不能确切地反映项目建设给国民经济带来的效益与费用。需要借以计算建设项目费用和效益以便于得出该项目的建设是否对国民经济总目标有利的结论。

3. 经济评估是投资宏观决策科学化的需要

运营经济净现值、经济内部收益率等指标及体现宏观意图的影子价格、影子汇率等参数，可以起到鼓励或抑制某些行业或项目发展的作用，促进国家资源的合理分配。最明显的是国家可以通过调整社会折现率这个重要的国家参数以调控投资规模实现投资管理质量的提高。

二、交通项目经济评估与财务评价关系

（一）交通项目经济评估与财务评价的共同点

1. 评估目的相同

两者都使用基本的经济评估理论，即费用与效益比较的理论方法，寻求以最小的投入获得最大的产出，即使收益最大化。

2. 评估基础相同

两者所依据的基础数据都是在完成市场调查、需求预测以及线路、站点站型选择和设备、车辆、工艺选择、建设规模选择、投资估算、筹资分析等基础上进行的。

3. 基本分析方法和主要指标的计算方法类同

两者都采用流量分析方法（经济评估采用费用效益流量分析、财务评估采用现金流量分析），通过报表分析方法，对净现值、内部收益率等经济盈利性指标进行经济效益分析，以考察项目可行性。

（二）交通项目经济评估与财务评价的区别

1. 评估角度不同

交通项目财务评价是从项目本身的财务角度，从项目的经营者、投资者、未来的债权人角度，考察项目的收支、盈利情况和借款偿还能力，以评估最优方案的财务生存能力，分析各方的实际收益或损失，确定投资行为的财务可行性。交通项目经济评估则站在国家和地区的层次上，从全社会的角度分析评估项目对国民经济的效益和费用。

2. 项目的费用和效益的含义及范围的划分不同

交通项目财务评价只根据项目直接发生的财务收支，计算项目的费用和效益。税金、建设基金和贷款利息均计为费用，补贴则计为效益。交通项目经济评估则从全社会的角度考察项目的费用和效益，考察项目所消耗的有用社会资源和对社会提供的有用产品，不仅要考虑直接的费用和收益，还要考虑间接的费用和收益。税金、建设基金和国内贷款利息以及国家补贴均属于交通项目经济的内部转移支付，不计入项目的费用和效益，国外贷款利息则计入项目费用。

3. 评估参数不同

衡量盈利性指标内部收益率的判据，财务评价中用财务基准收益率，经济评估中用社会折现率。财务基准收益率依行业的不同而不同，而社会折现率在全国各行业各地区则是一致的。

4. 价格体系不同

交通项目财务评价中,一切投入物和产出物的价格按国内市场价格估算,称为"财务价格"。交通项目经济评估要用一种既反映这种货物的价值,又要反映它的稀缺程度的"影子价格"来代替国内市场价格。

财务评价与经济评估的主要区别如表 5-1 所示,经济评估和财务评价之间的联系是相当紧密的,在很多情况下,经济评估利用财务评价中已经使用过的数据资料,对财务评价进行必要的调整,得到经济评估的结论。

表 5-1 财务评价与经济评估的主要区别

类别 项目	财务评价	经济评估
评估角度	从企业角度	从国家与社会角度
费用和效益范围	根据项目的实际收支确定效益与费用,只计算项目的直接效果	根据项目为社会提供产品和服务及所消耗的有用资源计算项目的效益与费用,包括直接效果和间接效果,不计转移支付
参数及价格体系	现行市场价格及趋势、行业基准收益率或设定的折现率等	影子价格、影子汇率、社会折现率等

(三) 交通项目经济评价和财务评价在项目决策中的作用

(1) 财务评价与交通项目经济评估结论都表明项目可行,项目应予以通过。

(2) 财务评价与交通项目经济评估结论都表明项目不可行,项目应予以否定。

(3) 财务评价结论表明可行,而经济评估结论表明项目不可行,项目一般不予以通过。

(4) 财务评价结论表明项目不可行,经济评估结论表明是个好项目,则项目一般应予以推荐。但是,一个财务上没有生命力的项目是难以生存的。因此,必要时可重新考虑方案,进行再设计,使其具有财务生存能力。对于某些民生急需、国民经济效益好而财务效益欠佳的项目,可建议采取某些优惠措施,如通过改变项目的税率或利率以及实行政策性补贴等措施,使其也能具有财务生存能力。

地铁建设项目属于上面哪一条呢?

依据现有地铁企业的经营数据,一些地铁项目属于第(1)条,一些地铁项目属于第(4)条。

三、交通项目经济评估的项目范围和理论基础

(一) 经济评估的项目范围

在市场经济条件下,大部分项目财务评价结论可以满足投资决策的要求,从项目角度考察项目的盈利能力和偿债能力。但有些项目需要进行国民经济评估,从国

家整体角度考察项目的效益和费用,分析计算项目对国民经济的净贡献,评估项目的经济合理性,为投资决策提供宏观依据。需要进行国民经济评估的项目主要有:

(1) 国家及地方政府参与投资的项目。

(2) 国家给予财政补贴或者减免税费的项目。

(3) 主要的基础设施项目,包括铁路、公路、航道整治疏浚等交通基础设施建设项目。

(4) 较大的水利水电项目。

(5) 国家控制的战略性资源开发项目。

(6) 动用社会资源和自然资源较大的中外合资项目。

(7) 主要产出物和投入物的市场价格不能反映其真实价值的项目。

综上所述,交通项目需要进行经济评估。

(二) 交通项目经济评估的理论基础——费用效益分析法

费用效益分析是项目经济评估的理论基础,即从国家宏观利益出发,通过识别项目的经济效益和经济费用,求得项目的经济净收益,判断项目经济可行性的过程。在交通项目中,效益是由交通费用的降低而引起的消费者剩余的增加,对费用没有独立的定义,只是认定费用是一种效益的牺牲。

根据有无法原则,在对某个交通项目进行经济评估时,将有此交通项目与无此交通项目时的替代交通项目进行对比计算,即假设没有该项目,为完成预测运量,势必由其他项目来替代该项目,将替代项目与该项目进行对比,计算出交通项目经济评估的各项指标,然后计算本项目的国民经济效果,这就是"有无对比法"。交通项目的费用效益分析的关键点:一是准确划分项目造成的经济效益和经济费用;二是确定影子价格等国民经济评估的重要参数。

四、交通项目经济评估的流程

交通经济评估可以直接进行效益和费用流量的识别和计算,并编制报表;也可以在财务评价已有数据的基础上进行调整编制。一般来说,在财务评价基础上进行经济评估更为常用,本书仅针对这种方法作详细介绍。交通项目经济分析评估流程如图 5-1 所示。

(1) 在拥有的财务报表基础上,收集整理基础数据资料,如地区国民经济发展情况等。

(2) 调整效益和费用的范围。

① 剔除已计入财务效益和费用的转移支付因素,如增值税、所得税、国内贷款利息、财务现金流量表的构成项。另外,这部分转移支付还可能体现在财务评估现金流量表的建设投资、流动资金、经营成本等项中,如建设投资中有政府补贴的,应予以剔除。

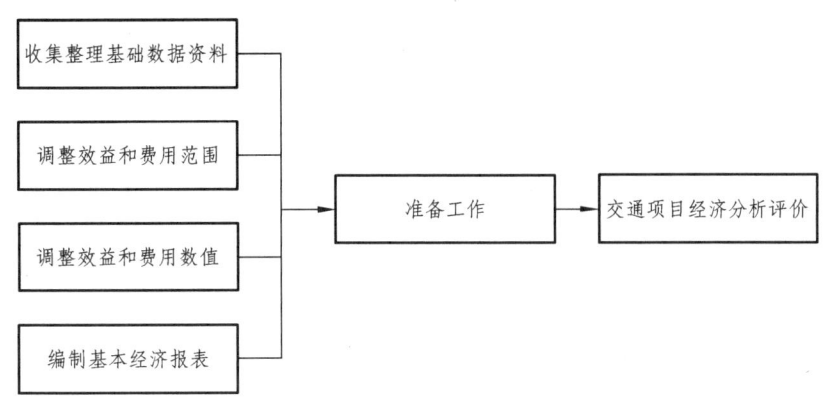

图 5-1 交通项目经济评估流程图

② 对于可货币化的外部效果（包括外部费用和外部效益）将货币化的外部效果计入经济效益费用流量，对于难以货币化的外部效果，尽可能采用其他量纲进行量化，难以量化的，则进行定性描述。

（3）调整效益和费用的数值。

① 固定资产投资的调整：剔除属于国民经济内部转移支付的引进设备、材料的关税和增值税，并用影子汇率、影子运费和贸易费用对引进设备价值进行调整。对于国内设备价值，则用其影子价格、影子运费和贸易费用进行调整。

根据建筑工程消耗的人工、三材、其他大宗材料、电力等，用影子工资、货物和电力的影子价格调整建筑费用，或通过建筑工程影子价格换算系数直接调整建筑费用。若安装费中的材料费占很大比重，或有进口安装材料，也应按材料的影子价格调整安装费用。用土地的影子费用替代土地的实际费用。剔除涨价预备费，调整其他费用。

② 经营费用的调整：以先用货物的影子价格、影子工资等参数调整费用要素，然后再加总求得经营费用。

③ 运营收入的调整：先确定项目产出物的影子价格，然后重新计算运营收入。

④ 在涉及外汇借款时，用影子汇率计算外汇借款本金与利息的偿付额。

（4）编制项目的"国民经济效益费用流量表全部投资"，并据此计算全部投资经济内部收益率和经济净现值指标。对使用国外贷款的项目，还应编制"国民经济效益费用流量表国内投资"，并据此计算国内经济内部收益率和经济净现值指标。

（5）进行国民经济分析。

将国民经济评估的基本报表计算出的各项指标与国民经济评估参数进行比较，分析项目的国民经济盈利能力，并判断其是否可行。

第二节　交通项目经济费用与效益的识别

经济分析主要从宏观的角度分析评估项目实施过程中可能出现的各种外部效果，提出尽量减少或避免项目负面效果的建议和措施，以保证项目的顺利实施并使项目正面效果持续发挥。依据《建设项目经济评估方法与参数》（第三版）相关内容建立交通项目经济分析的内容框架，识别和度量交通项目经济费用和效益。

一、经济费用和效益识别的要求及原则

（一）经济费用和效益识别的要求

（1）对项目涉及的所有社会成员的有关费用和效益进行识别和计算，全面分析项目投资及运营活动耗用资源的真实价值，以及项目为社会成员福利的实际增加所做出的贡献。这包括分析体现在项目实体本身的直接费用和效益，以及项目引起的其他组织、机构或个人发生的各种外部费用和效益，以及各种无形费用和效益。

（2）项目费用与效益识别的时间范围应足以包含项目所产生的全部重要费用和效益，而不应仅根据有关财务核算规定确定。分析项目的近期影响以及项目可能带来的中期和远期影响。

（3）应对项目外部效果的识别是否适当进行评估，防止出现漏算或重复计算。对于国民经济效益的识别宜简不宜繁。如果考虑过多的因素，计算困难且不能保证出现重复计算。重复计算是现今国民经济评估中经常出现的问题，常会导致计算结果与现实相差甚远。当主要几项国民经济效益已经使国民经济评估达到可行时，项目的其他国民经济效益就无需再多做考虑。这样既可减少数据采集和计算的工作量，又不影响评估结论。内部收益率大于社会折现率，就说明了项目本身从国民经济评估的角度可行与否，并不是选优，大到多少，不重要，只要说明对国家有利就够了。

（二）经济费用和效益识别的原则

1. 有无对比原则

我国对建设项目的国民经济评估，一般应用有无对比法。即将没有建成交通项目之前的情况和建成后的情况进行比较的方法。在进行效益识别的时候，将有项目情况下的数据与无项目情况下的数据之间的差额叫做增量数据。在进行项目的国民经济效益与费用的识别和计算时，要遵循使用增量数据的原则，不能将有项目情况下的数据直接拿来作为国民经济的效益或费用。

2. 以国家的角度做全面分析，剔除转移支付的原则

效益与费用的识别要从国家的整体角度出发，看其是否消耗了国民经济的实际

资源（投入），是否真正增加了国民收入（产出）。比如国家对项目的补贴，项目向国家交纳的税金以及票价等的经营收入，是国民经济内部的"转移支付"，并没有产生实际资源的增加和耗用，因此在国民经济评估中，既不计为项目的费用，也不计为项目的收益。如果项目投资中包含国外贷款，则项目要偿还国外贷款本息，则会产生国民经济内部资源向国民经济系统外部的转移，导致国民经济内部资源的减少，应计为项目的国民经济费用。

3. 边界关联原则

交通项目国民经济评估分析的边界是整个国家，其不仅仅需要识别项目自身所产生的费用和效益，还应识别出相关产业和行业产生的利弊影响，即项目所产生的外部效果。尤其对于线路沿线的土地开发和增值具有深远影响，在进行费用效益识别时，应特别遵循边界关联原则，以减少或防止费用和效益识别的遗漏或重复。

二、经济费用和效益的分类和识别

（一）经济费用和效益的分类

1. 直接费用与效益、间接费用与效益

直接效益是直接由项目提供的货物或劳务所获得的利益，它的真实价值一般体现在消费者愿意为此付出的最大代价。直接费用是指建造或经营某项目而必须付出的代价，它既包括项目所有的货币支出，还包括由于该项目的兴建而引起的经济损失，以及项目的主要受益者所承担的或必须支付的费用。

间接费用和间接效益：就其带动沿线土地增值、拉动沿线经济发展可视为产业关联效果，即间接效益，而在施工过程中产生的噪音污染、环境污染、暂时性交通堵塞可视为环境生态效果，即间接费用。同时，在项目建设过程中，必将带来技术的进步和科技的创新，并会培养出大量的管理技术人才，这些为交通项目的技术扩散效果。在间接效益的识别过程中，应选择与项目直接相关的影响进行分析，尽量使其货币化，并将定量计算与定性描述相结合，既应避免效益与费用识别的遗漏，也应避免外部效果的过分扩大和出现只计效益、不计费用的情况。

2. 内部费用与效益、外部费用与效益

内部费用和效益是指在项目之内的，为内部交通部门、社会带来的效益，比如节约运输成本、提高运输效率、节省社会成本等，或对国民经济节省资源，例如公路修建节省的旅途时间、汽油开支等。与此同时，交通项目建设需花费大量财力与人力。

外部费用与效益是指在项目之外的，社会经济的其他部分获得项目计划之外的费用与效益，受益者不需要付出任何代价，受损者也得不到任何的补偿。如一个免费的公路项目，人们通行中所获得的效益是该项目的外部效益，由车辆排出的废气而导致周围居民承受的污染则是项目的外部费用。修建的铁路或公路的建成对当地其他经济的促进，以及工业基地的建立、资源的开发、商品的贸易等做的贡献，都属于外部效益，外部效益的衡量较为困难，很难确定所增加值有多少是归属于交通项目的。

3. 有形费用与效益、无形费用与效益

有形费用与效益是指可以采用货币计量单位或实物计量单位予以计量的费用与效益。有形效益指的是某交通运输项目可以用经济价值来衡量的利益，比如修建铁路增加的运输量、降低运输费用。

无形费用与效益是一些不存在市场价格又难以采用其他计量单位的费用与效益，无形效益指的是某交通运输项目对社会带来无法用数值来衡量的效益，比如修建公路后，减少的环境污染以及为地区发展创造的有利条件等不易衡量的效益。

上述费用与效益的种类，是费用效益分析中经常需要考虑的对象，但对于不同的投资主体，在经济分析时往往要对上述费用与效益种类的测算分析加以取舍。通常情况下，政府作为投资主体来考虑其投资项目的实施，则主要应站在弥补市场在资源配置上的缺陷，实现对全社会经济的宏观影响的角度来决定。因此，政府在运用费用效益分析方法确定某项交通项目投资时，就有必要对项目可能发生的全部费用和效益进行全面的测算与分析，以达到最佳配置。

（二）交通项目经济费用和效益的识别

1. 交通项目经济费用的识别

交通运输项目的费用构成和度量根据项目的类型而不同，也根据新建、改扩建、建设规模、目标以及评估层次微观、宏观的不同而有着显著的差异。交通运输项目的效益一般表现为资源费用的节约，如建设费用、运营费用、出行时间费用、事故费用、环境费用等的节省。因此，正确地估算各类费用不单是估算项目投入费用的需要，也是估算项目效益的基础。如美国维多利亚运输政策研究所将道路运输费用划分为20类，如表5-2所示。

表 5-2 道路运输费用划分

序号	费用类型	说明
1	车辆固定费用	车主的固定费用
2	车辆营运费用	车辆可变费用，包括燃油、轮胎、收费和短期停车费
3	运营补贴	公共服务的财政补贴
4	出行时间	出行利用时间价值
5	内部事故	出行者承担的事故费用
6	外部事故	出行者对他人造成的事故费用
7	内部停车	居民额外停车费用和用户长期租赁停车场费用

续表

序号	费用类型	说明
8	外部停车	用户不直接承担的额外停车费
9	拥挤	对其他道路使用者造成的拥挤费用
10	道路设施	道路设施建设和运营费用
11	土地价格	公共道路用地的价值
12	交通服务	提供交通服务，如交警、路灯、交通事故紧急救助服务等
13	运输多样性	对非司机和低收入者选择不同运输系统，出行方案选择的服务费用
14	大气污染	车辆废气排放的大气污染费用
15	噪声	车辆噪声污染费用
16	资源外部性	资源特别是汽油消耗的外部费用
17	阻碍影响	道路和交通引起非机动车出行的延误
18	土地利用影响	低密度、轿车导向发展模式引起的经济、社会和环境影响
19	水污染	交通设施和车辆引起的水污染和水文影响
20	废物垃圾	处理报废车辆有关的外部费用

在实际工作中，经常出现公路项目、铁路项目或水运项目，或者是铁路项目与公路项目或水运项目作为替代方案进行比较的情况。但是，各个运输部门铁路、公路、水运、民航、管道等的项目投资估算标准缺乏可比性，从而造成各种运输方案之间选择的不可比性，使得上述替代方案的比选难以得出最优方案。为了使各种运输方式的项目间具有可比性，有必要针对一些共性费用制定统一的标准化指标。

2. 交通项目经济效益的识别

按照交通运输项目是否营利以及收费能否收回投资，把交通运输项目分为三类：经营性项目、半经营性项目和非经营性项目。对于不同类型的交通运输项目，其经济分析的方法也有所不同。经营性的项目是指能够用收费来代替消费者支付意愿的项目，包括航空运输和一些客运专线、观光专线等。这类项目可以把线路看成是提供的中间"产品"，把运行看作是提供的最终服务，运输的收费扣除成本就可以作为这些项目的效益。这样，最终受益者旅客的支付意愿就体现在服务收费中了，从而就不需再重复计算时间费用的节省等效益。

非经营性项目是指不收费（不能收费或收费成本太高）的交通运输项目，包括一般的国道、不收费的道路和桥梁以及一些城市道路的改扩建项目。这类项目的效益主要体现在消费者剩余的增加，或者说体现在使用者费用的节省上，因此可以按有无对比原则计算由于路程缩短、道路标准或质量的提高而产生的各种费用节省，包括：

（1）车辆运行费用的节省，包括路程缩短、车速加快和路况改善而得到的单位行驶里程的费用节省，节省的是车辆的可变成本。

（2）车辆时间和旅客时间的节省，其中车辆时间的节省是指车辆利用节省出时间的机会效益，等于车辆毛收益减去可变成本。

（3）货物在途时间的节省，这笔费用的节省至少是货物占用时间减少资金机会成本。除了上述费用的节省之外，应该考虑直接的无形效益，包括减少拥挤的效益、交通事故的减少以及旅客出行的舒适和正点等。

在不收费的情况下，效益主要由消费者剩余的增加来体现。项目的效益为面积 C_0edC_1，如图 5-2 所示。这些效益包括有无对比的转移交通量 Q_0 和诱发交通量 Q_1-Q_0。

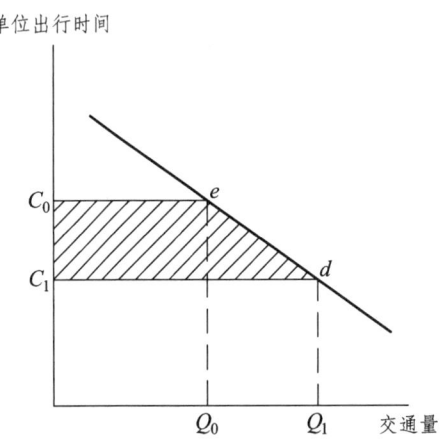

图 5-2　非经营性项目的效益

半经营性项目是指收费但收费不足以收回投资的项目，比如一般的高速公路、桥梁和铁路项目。这类项目的经济评估相对复杂，不仅要考虑收费的经营收入，又要考虑费用和时间节省。半经营项目的效益为面积 C_0kedfC_1，如图 5-3 所示。当只有费用的节省代表了社会资源的节省时，道路收费才能被看作是转移支付，不作为效益，但收费对交通量会产生一定的影响。图 5-3 中，C_1 和 C_0 分别表示有项目与无项目的单位交通费用，P_1 和 P_0 表示有无项目的收费。

确定交通项目效益的时候，特别要注意区别外部效益和货币性效益，以避免出现重复计算的问题。比如，单个道路项目都是整个网络的组成部分，当网络系统整体性较强时，单个项目的交通量和效益就难以界定和全面覆盖，这时就有必要从网络整体的角度考虑交通量的重新分布和效益，项目建设引起的交通量转移缓解交通拥堵的效益就作为项目的外部效益。再比如，当交通运输项目计算了运输费用的节省和时间节省等直接效益后，沿线的土地升值、产业发展和就业的增加就都属于派生的货币性效益，即使要作为一种间接效益，也要认真鉴别其与直接效益重复的部分。建议不要把沿线土地和房地产升值、地区经济发展、提升就业和居民收入等效果直接作为效益在经济分析中计算。必要时，可将这部分内容归入宏观经济效果和社会效果分析中。交通运输项目的宏观经济影响和社会影响主要体现在改善路网结构、促进资源利用开发、推动区域社会经济发展等效果，可重点选用经济效果、社会效果和环境效果等相关指标（宏观经济影响详见第六章相关内容）。

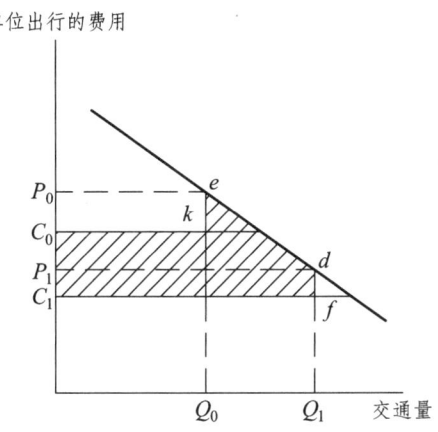

图 5-3　半经营性项目的消费者剩余

第三节　交通项目经济费用和效益的调整与估算

一、经济费用和效益计算的原则

项目投资所造成的经济费用或效益的计算，应在利益相关者分析的基础上，研究特定的社会经济背景下相关利益主体获得的收益及付出的代价，计算项目相关的效益和费用。

1. 支付意愿原则

项目产出物的正面效果的计算遵循支付意愿原则，用于分析社会成员为项目所产出的效益所愿意支付的价值。

2. 受偿意愿原则

项目产出物的负面效果的计算遵循接受补偿意愿原则，用于分析社会成员为接受这种不利影响所得到补偿的价值。

3. 机会成本原则

项目投入的经济费用的计算应遵循机会成本原则，用于分析项目所占用的所有资源的机会成本。机会成本应按资源的最有效利用所产生的效益进行计算。

4. 实际价值计算原则

项目经济费用效益分析应对所有费用和效益采用反映资源真实价值的实际价

格进行计算，不考虑通货膨胀因素的影响，但应考虑相对价格变动。

二、经济费用效益评估参数调整

国民经济评估参数是国民经济评估的基础，评估参数的正确选取和恰当使用是国民经济评估费用效益正确计算的重要保证。因此，有必要对交通项目国民经济评估各参数进行研究和选取。通常而言，国民经济评估参数可分为国家级通用参数和项目级一般参数，国家级通用参数包括社会折现率、影子汇率和影子工资等；项目级一般参数包括货物影子价格等，符合按照国家发改委和建设部联合发布的《建设项目经济评价方法与参数》（第三版）中的要求，前者由国家行政主管部门专门组织测算并发布，必须在交通项目国民经济评估中采用，后者由行业或评估人员测定，可参考选用。

（一）影子价格

1. 影子价格的概念

影子价格在二十世纪三四十年代由荷兰学者詹恩及苏联数学家康托洛维奇分别提出，是指当社会资源处于最佳分配状态时，能够真实反映产出物与投入物经济价值、体现资源稀缺程度及需求情况的价格。影子价格以边际生产力为衡量基础、以线性规划为计算方法、以资源稀缺性为价值依据，可根据"机会成本"及"支付意愿"原则确定，是比交换价格更为合理、更为真实的价格。

影子价格又被称为最优计划价格或效率价格。它是指有限资源在最优分配、合理利用条件下，对社会目标的边际贡献或边际效益。使用影子价格可以使有限的资源得到最佳的分配，从而带来最大的经济增长，或者说实现最高的经济效益。在我国，类似于交通项目这种投资巨大，政府补贴较多，公益性较强的项目的国民经济评估中，必须使用影子价格予以修正。

2. 影子价格计算思路

影子价格计算的前提是各类资源处于最佳分配状态，这是一种理想的、纯粹的、自由竞争的、发展完善的经济状态，在现实生活中会由于人为对经济活动的干扰而无法实现。因而，可用以下两种思路对影子价格进行确定。

（1）根据国民经济各部门之间的产业关联度，将各类资源和各种用途一一列出，在投入产出表中进行优化分配，从而达到最佳状态，各资源最后一个单位的边际产出值即为产品的影子价格，但这种思路实际操作困难，国民经济行业种类纷繁复杂，各行业之间的合作竞争关系千丝万缕，想要完全列出每个部门之间的关系和每种资源的用途，工作量巨大且不现实，在当前阶段无法实现。

（2）理想化考虑社会经济活动处于无人为因素干扰的理想自由竞争环境中，根据西方经济学中平均利润率作用规律，使得资源分配趋于合理，此时的市场价格即为影子价格，这种方法在实际经济活动中也因为人为因素的干扰、自由竞争的破坏是不可忽略的而不可直接采用。

为解决两种思路中存在的问题和障碍，我们可以分情况地确定影子价格：针对第一种思路，将社会产品分为中间产品和最终消费品，中间产品作为过渡产品可用机会成本或边际产出值来代表影子价格；最终消费品可根据经济学"支付意愿"来代表影子价格。针对第二种思路，从某个国家角度出发，难免受其国内各种政策、行政、人为因素影响而使得价格失真，如果进一步扩大研究范围，将货物放于国际环境中，其价格受到的人为干扰因素就会减小很多，可近似地用国际市场价格代替影子价格使用。

综上研究考虑，可在影子价格的计算中，先把货物分为外贸货物（凡是国家有进出口额的货物）和非外贸货物两类，对于外贸货物，可按照口岸价（即国际市场价格）进行计算；对于非外贸货物，以消费者"支付意愿"为基础，定价合理的以国家统一定价（即国内市场价格）为准，不合理的用分解成本法（即以财务价格为基础进行调整）进行确定。

3. 影子价格的确定及计算

按照以上计算思路，影子价格的计算可按如下公式进行：

（1）外贸货物影子价格计算。

① 直接出口。

$$SP = FOB \times SER - T_1 - T_{R1} \tag{5-1}$$

式中　SP——产品影子价格，按出厂价计算；
　　　FOB——产品出口离岸价，以外汇计算；
　　　SER——影子汇率；
　　　T_1——产品出厂到口岸的运输费用；
　　　T_{R1}——产品国内外经销企业贸易费用。

② 直接进口。

$$SP = CIF \times SER + T_1 + T_{R1} \tag{5-2}$$

式中　SP——产品影子价格；
　　　CIF——产品进口到岸价，以外汇计算；
　　　SER——影子汇率；
　　　T_1——产品从我国口岸到项目地点的运输费用；
　　　T_{R1}——产品从我国口岸到项目地点的贸易费用。

③ 间接出口。

$$SP = FOB \times SER - (T_2 + T_{R2}) + (T_3 + T_{R3}) - (T_4 + T_{R4}) \tag{5-3}$$

式中　SP——产品影子价格，按出厂价计算；

FOB——产品出口离岸价,以外汇计算;

SER——影子汇率;

T_2+T_{R2}——原供应厂到口岸的运输及贸易费用;

T_3+T_{R3}——原供应厂到用户的运输及贸易费用;

T_4+T_{R4}——项目地点到用户的运输及贸易费用。

④ 间接进口。

$$SP = CIF \times SER + (T_5 + T_{R5}) - (T_3 + T_{R3}) + (T_6 + T_{R6}) \tag{5-4}$$

式中　SP——产品影子价格;

CIF——产品进口到岸价;

SER——影子汇率;

T_5+T_{R5}——产品从口岸到原用户的运输及贸易费用;

T_3+T_{R3}——国内供应厂到原用户的运输及贸易费用;

T_6+T_{R6}——国内供应厂到项目地点的运输及贸易费用。

⑤ 替代进口。

$$SP = CIF \times SER + (T_5 + T_{R5}) - (T_4 + T_{R4}) \tag{5-5}$$

式中　SP——产品影子价格;

CIF——产品进口到岸价;

SER——影子汇率;

T_5+T_{R5}——产品从口岸到用户的运输及贸易费用;

T_4+T_{R4}——产品出厂到用户的运输及贸易费用。

⑥ 减少进口。

$$SP = FOB \times SER - (T_2 + T_{R2}) + (T_6 + T_{R6}) \tag{5-6}$$

式中　SP——产品影子价格;

FOB——产品出口离岸价;

SER——影子汇率;

T_2+T_{R2}——产品从生产厂到口岸的运输及贸易费用;

T_6+T_{R6}——原供应厂到项目地点的运输及贸易费用。

（2）非外贸货物影子价格计算。

① 非贸易产出物。

作为非贸易产出物,其只能在国内市场进行供应,因而可能会产生以下几种情况:

a. 国内需求存在缺口,产品的产出用以增加国内供应量以填补需求缺口,此时,应首先调查并确定产品的市场价格、计划价格、计划价格加补贴、协议价格、同类产品平均分解成本等值$\{P_i\}$,之后根据供需关系的不同,分情况确定影子价格:

$$供求大致均衡:SP = \text{Min}\{P_i\} \tag{5-7}$$

供不应求: $SP = \text{Max}\{P_i\}$ （5-8）

无法确定: $SP = \text{Min}\{P_i\}$ （5-9）

b. 国内需求本已饱和，产品的产出无任何改革创新之处，只能挤占国内同类产品生产厂商的市场份额，此时影子价格可变

$$SP = C_{可变} \quad （5-10）$$

式中 $C_{可变}$——替代产品的可变成本。

c. 国内需求本已饱和，产品通过技术改良、质量提高替代同类产品，此时，影子价格

$$SP = P_d \quad （5-11）$$

式中 P_d——产品国内市场价格。

② 非贸易投入物。

非贸易投入物，其供应来源为国内生产市场，可通过以下几种途径获得：

a. 提高国内产品来源厂商生产能力以满足需求，即需扩大来源厂商的生产规模。计算时，首先应对其全部生产成本进行分解，得到产品出厂影子价格，进而可得产品到项目的影子价格为

$$SP = SP_{货} + T_6 + T_{R6} \quad （5-12）$$

b. 国内市场产品来源供应原本过大，无需增投即可满足要求，此时，影子价格为

$$SP = C_{可变} + T_6 + T_{R6} \quad （5-13）$$

c. 国内市场产品来源不充足，且无法通过进一步扩大生产规模来满足需求缺口，只能靠挤占其他同类用户用量以满足生产需求，此时，首先应通过调查统计出计划价格加补贴、市场价格和协议价格值 $\{P_i'\}$，进而计算产品影子价格。

$$SP = \text{Max}\{P_i'\} + T_6 + T_{R6} \quad （5-14）$$

（二）影子汇率

1. 影子汇率概念

影子汇率是经调整后的国外货币与国内货币购买力的真实比率，是项目投资决策的重要参数和经济评估的重要基础，就交通项目而言，影子汇率的确定影响着项目引进方案的正确性与合理性。影子汇率通常由国家统一组织测算，直接以影子汇率或以影子汇率换算系数的形式发布，其测算必须准确。如果测算值过高，代表出口产品经济效益和进口产品成本被过高估计，会在评估中造成国内生产过剩和进口方案被弃的误导；同理，如果测算值过低，则代表出口产品经济效益和进口产品成本的过低估计，在评估中造成减少出口和扩大进口的误导。

2. 影子汇率计算

实际计算中,常以影子汇率换算系数为基数,对外汇牌价进行修正以得到影子汇率,即

$$SER = f \times P \qquad (5-15)$$

式中　SER——影子汇率;

　　　f——影子价格换算系数;

　　　P——外汇牌价。

考虑我国进出口关税、补贴、进口增值税等因素,确定影子汇率换算系数为1.08。

(三)影子工资

影子工资是建设项目使用劳动力使社会付出代价的真实衡量,是劳动力的影子价格,其测算应根据项目所在地的就业状况和就业转移成本,根据技术劳动力和非技术劳动力的不同分别进行测算。影子工资以劳动力机会成本和新增资源消耗体现,前者是指劳动力不用于此项目,而从事其他活动时的最大收益;后者是指在劳动力就业过程中花费的搬迁费、培训费等,通常而言,其计算以财务工资为基数,通过影子工资换算系数进行换算,得出影子工资:

影子工资=劳动力机会成本+新增资源消耗=财务工资×影子工资换算系数。

(四)社会折现率

社会折现率是资金的时间价值的体现,是投入项目资金按照复利计算应达到的最低收益率,一方面其可用于经济净现值的折现,另一方面可与经济内部收益率对比,衡量项目经济可行性,一般由国家统一组织测算。对于社会折现率的测算,不同国家和地区选用不同的测算依据、方法及取值,我国社会折现率主要考虑资本机会成本,1987年由国家计委确定其为10%,1993年国家计委和建设部对其进行了修订,确定数值为12%,然而,经济学者们运用相关经济数据表明我国原本采用的社会折现率数值偏高,在《建设项目经济评估方法与参数》(第三版)中规定,当前社会折现率为8%,但对于受益时间长、远期效益大、效益获取风险小的项目,例如环保、生态以及不可进行再生资源等项目,可适当降低,但不应低于6%。

社会折现率的测算可从消费和生产两种思路来解释:前者是由于消费者普遍偏好近期利益,对远期风险采取规避态度,且服从边际效用递减规律;后者是由于交通项目对资金的占用,使得资金无法用于其他项目而失去的机会成本的衡量;前者可用社会时间偏好率来描述,而后者可用资金的机会成本来测算。其中,所谓边际效用是指消费者在一定时期内,增加一单位某商品的消费所增加的总效用,消费者总效应随消费量的增加而增加,但增加幅度(即边际效用)递减。

$$MU = \frac{\Delta TU}{\Delta Q} \tag{5-16}$$

式中 MU——边际效用；

ΔTU——总效用增量；

ΔQ——消费量增量。

（五）土地影子价格

近年来，随着我国市场经济的不断发展和完善，土地的交易越来越多地服从市场运作机制，根据土地转让方式的不同，城镇土地一般可由拍卖、招标、协议、划拨等方式获得，并由此形成拍卖价格、招标价格和协议价格等，其中，招标和拍卖在正常的经济活动下，都是自由竞争的结果，因而可由市场交易价格近似替代影子价格。通过划拨、双方协议等方式取得的土地使用权需视具体情况对财务价格进行调整以获得土地影子价格；通过经济开发区优惠出让取得的土地使用权，可按当地土地市场交易价格类比获得，如难以获得类比价格的，应采用社会折现率对土地未来费用和效益进行折现或通过开发投资应得效益加上土地开发成本来确定土地的影子价格。但需注意，如果招标和拍卖过程中存在有碍公平交易的因素，就应该重新考虑、调整测算土地的影子价格。然而，对于协议方式取得的土地使用权，会因为协议双方动机和供需关系的影响而导致协议价格偏离影子价格，因而不可作为影子价格使用。

究其根本，土地的影子价格由两部分组成，一部分是土地如不投入项目而从事其他经济活动取得的最高效益，即机会成本，另一部分是在交通项目实施过程中带来的拆迁补偿等新增资源的消耗。其中，土地的机会成本可按照下式进行计算：

$$OC = \sum_{i=1}^{n} NB_0 \times (1+g)^{1+\tau} \times (1+i_s)^{-t} \tag{5-17}$$

式中 OC——土地机会成本；

NB_0——基年土地最好可行替代用途单位面积年净效益；

t——年序数；

i_s——社会折现率；

g——土地最好可行替代用途的年均净效益增长率；

τ——基年距项目开工年数；

n——项目占用土地期限。

三、经济效益的估算

交通运输项目的经济效益指的是项目建成后为社会带来的实际成果和效益，主要有促进经济发展、节省运营费用、改善路网结构、扩大运输能力、节约运输费用，减少运输时间，减少交通事故、改善运输服务质量等方面。它不仅反映的是经济活动的总成果,更是指活动的效率,是经济活动的净成果。

(一)交通项目经济效益的具体体现

1. 节省营运费用

一项新的或者改建的交通运输设施的最直接、最重要、最易于用货币来衡量的效益就是营运成本或运输成本的减少。不同的运输方式节省运输成本的方式不同。公路和铁路的改善通常能降低车辆的营运成本,对公路和铁路的及时维修,保持其良好的运行状态,不仅能减少营运成本、旅客和货物的延误、事故成本以及未来维修和重建的成本,而且能防止公路和铁路因故障性维修而引起的关闭及由此而造成的损失。港口的改善通常能减少船舶的待泊现象,降低货物的装卸成本,如果由此而使用更大的船舶,更能降低货物的单位运输成本。

2. 节省运输时间

(1)客运。

在很多情况下,运输条件的改善减少了运输时间并增加了运输服务的可靠性。对于旅客,时间节省的价值主要取决于增加的时间所造成的机会:更多的生产时间或者更多的休闲时间所带来的价值。如城市客运项目中公共交通的时间节省是特别重要的。如果时间节省关系到项目使用人的收入,指出对不同的使用人(如私人汽车、公共汽车等的驾驶人员)的不同效益是很重要的,因为会关系到利益的分配。

(2)货运。

在运输过程中的货物实际上就是资本,因此在资本短缺的情况下货运时间的节省有着特别重要的意义。货运时间节省的价值可用资本的价格即资本利润率来衡量。另外,更快的运输通常意味着更可靠的运输,因为它减少了货损的可能性,且可保有较少的存货,这又是另一种资本节省。此外,一旦发生缺货需要运输补货,一次延误可能引起其他资源的停转。例如,缺少一个零件就会妨碍昂贵设备的有效利用。

(3)减少事故。

我国公路事故发生率很高,因此减少事故显然是一种经济效益,因为许多交通条件的改善是不能导致事故的发生减少,所以要求我们根据项目的具体情况进行具体分析。衡量减少事故的经济效益需要确定事故减少的数量,估算事故的损失。其中需要考虑以下3种损失。

① 财产损失:在事故中损坏的车辆,其价值可由车销保险单上的索赔额来反映。这容易用货币来衡量,财产损失一般占事故总成本的60%~80%。我国公安部每年都公布道路交通事故数和财产损失,从中可以得出每次事故的平均损失。本部分还可以包括货物损失的价值,尤其在港口和铁路项目中。

② 人员受伤:包括人员受伤后生产力的损失、医疗服务以及忍受痛苦的损失。

③ 人员死亡：衡量因项目而减少人员死亡的价值等于给生命定价，通常的方法包括：

a. 总产出方法。指死亡者未来产出的贴现价值，加上在死亡者之后对其亲属造成的痛苦价值。

b. 净产出方法。不同于总产出方法，指死亡者未来产出的贴现价值减去未来消费的贴现价值。

c. 保险法。指个人为其生命投保的金额。

d. 通用方法。指赔偿给家属的数额。

（4）难以量化的效益。

交通运输项目的社会效益难以量化，如增加社会就业，减少能源消耗、尾气和噪音污染，促进城市规划的实现和城市经济的发展，改善居住环境和提高生活质量等。

（二）交通项目直接经济效益的估算

在交通项目经济效益的估算中，各运输方式的交通项目经济估算也有所不同。

1. 铁路项目的经济效益的估算

（1）节省运营费用（B_1）。

① 正常交通量计算表达式为：

$$B_{11} = (C_w L_w - C_y L_y) Q_n \tag{5-18}$$

式中 C_w、C_y——分别为无项目和有项目时的单位运输费用（元/吨·km 或元/人·km）；

L_w、L_y——分别为无项目和有项目的运输距离（km）；

B_{11}——按正常运输量计算的运费节约效益（万元/年）；

Q_n——正常运输量（万吨/年或万人次/年）。

② 按转移交通量计算表达式为：

$$B_{12} = (C_z L_z - C_y L_y) Q_z \tag{5-19}$$

式中 C_z——原相关线路的单位运输费用（元/吨·km 或元/人·km）；

L_z——原相关线路的运输距离（km）；

B_{12}——转移运输量的运费节约效益（万元/年）；

Q_z——转移过来的运输量（万吨/年或万人次/年）。

③ 按诱增交通量计算的表达式为：

$$B_{13} = q(C_m L_m - C_y L_y) Q_g \tag{5-20}$$

式中 C_m、L_m——为无项目时各可行方式中最小的单位运输费用及相应的运输距离（元/吨·km 或元/人·km）；

B_{13}——诱发运输量的运费节约效益（万元/年）；

Q_g——诱发运输量（万吨/年或万人次/年）；

q——为年转移运量单位的百分比，一般客运取50%，货运为40%。因此，$B_1=B_{11}+B_{12}+B_{13}$。

（2）节约运输时间效益（B_2）。

① 客运。

按正常客运量计算表达式为：

$$B_{21} = \frac{1}{2}bT_nQ_{zp} \quad (5-21)$$

式中　B_{21}——按正常客运量计算的旅客旅行时间节约效益（万元/年）；

　　　b——旅客的单位时间价值（按人均国民收入计算）（元/小时）；

　　　T_n——节约的时间（小时/人），$T_n = T_0 - T_y$（T_0为其他线路上旅行的时间，T_y有项目下的线路旅行时间）；

　　　Q_{zp}——诱发运输量（万吨/年或万人次/年）。

按转移客运量计算表达式为：

$$B_{22} = \frac{1}{2}bT_zQ_{zp} \quad (5-22)$$

式中　B_{22}——按转移客运量计算的旅客旅行时间节约效益（万元/年）；

　　　T_z——节约的时间（小时/人），$T_z = T_0 - T_y$（T_0为其他线路上旅行的时间，T_y有项目下的线路旅行时间）。因此，$B_2=B_{21}+B_{22}$。

② 货运。

货物时间效益为（B_3）

$$B_3 = \frac{PQT_s i_s}{365 \times 24} \quad (5-23)$$

式中　B_3——缩短货物在途时间的效益（万元/年）；

　　　P——货物的影子价格（元/吨）；

　　　T_s——缩短的时间（h）；

　　　Q——运输量（万吨/年）；

　　　i_s——社会折现率。

③ 货物损失减少的效益（B_4）。

$$B_4 = \beta PQ \quad (5-24)$$

式中　B_4——提高运输质量的效益（万元/年）；

　　　β——货损降低率，即无项目和有项目时的货物损耗率之差（%）。

④ 交通事故损失的效益（B_5）。

$$B_5 = \left(\frac{Q_{客转}}{\frac{n_客}{\lambda_客}} + \frac{Q_{货转}}{\frac{n_货}{\lambda_货}} \right) \times L \times P_{损失} \times j / 10^4 \tag{5-25}$$

式中 B_5——提高运输安全的效益（万元/年）；

$Q_{客转}$、$Q_{货转}$——项目后转移客运输量（万人/年）、货运量（万吨/年）；

$n_客$、$n_货$——项目前客运平均座位（座/年）和货运吨位（吨/年）；

$\lambda_客$、$\lambda_货$——项目前客运、货运实载率（%）；

L——运输距离（km）；

$P_{损失}$——交通事故平均损失费（元/次）；

j——综合事故率差[次/（万车·km）]。

2. 公路项目的经济效益的估算

（1）运输成本降低的效益（B_1）。

运行成本降低的效益是公路运输项目主要的经济效益。公路运输项目的实施改善了所在地区的道路和交通条件，使运输费用中基本消耗减少，带来费用的节约。具体计算运行成本降低效益的公式如下：

$$B_1 = B_{11} + B_{12} \tag{5-26}$$

式中 B_{11}——拟建项目降低运行成本效益（元）；

B_{12}——原有相关公路降低运行成本的效益（元）。

$$B_{11} = 0.5 \times (T_{1P} + T_{2P})(VOC'_{1p} \times L' - VOC_{2P} \times L) \times 365 \tag{5-27}$$

式中 VOC'_{1p}——"无项目"情况下，原有相关公路在正常交通量的条件下，各车型车辆的加权平均运输费用（元/车公里）；

VOC_{2P}——"有项目"情况下，拟建项目在总交通量条件下，各车型车辆的平均加权运输费用（元/车公里）；

T_{1P}——"有项目"情况下，拟建项目的正常交通量（辆/日）；

T_{2P}——"有项目"情况下，拟建项目的总交通量（辆/日），包括正常、诱增和转移三部分交通量；

L——拟建项目的里程（km）；

L'——原有相关公路的里程（km）。

$$B_{12} = 0.5 \times (T'_{1P} + T'_{2P})(VOC'_{1p} - VOC'_{2p}) \times L' \times 365 \tag{5-28}$$

式中 VOC'_{2p}——"有项目"情况下，原有相关公路在总交通量的条件下，各车型车辆的加权平均运输费用（元/车公里）；

T'_{1P}——"有项目"情况下，原有的正常交通量（辆/日）；

T'_{2P}——"有项目"情况下，原有相关公路的总交通量（辆/日）。

(2) 旅客时间节约效益（B_2）。

具体包括节约旅客乘车的准备时间（购票时间、候车时间等）及乘行所花费时间形成的效益。具体的计算公式如下：

$$B_2 = B_{21} + B_{22} \tag{5-29}$$

式中　B_{21}——拟建公路运输项目旅客出行时间节约的效益（元）；
　　　B_{22}——原有相关公路运输项目旅客出行时间节约的效益（元）。

$$B_{21} = 0.5 \times W \times E \times (T_{1PP} + T_{2PP})(H'_{1p} - H_{2P}) \times 365 \tag{5-30}$$

式中　T_{1PP}——"有项目"情况下，拟建项目客车正常交通量（辆/日）；
　　　T_{2PP}——"有项目"情况下，拟建项目的客车总交通量（辆/日），包括正常、诱增和转移三部分交通量；
　　　H'_{1p}——"无项目"情况下，原有相关公路在正常交通量的条件下，分车型客车出行所需的时间的加权平均值（h）；
　　　H_{2P}——"有项目"情况下，拟建项目在总交通量条件下，分车型客车出行所需的时间的加权平均值（h）；
　　　W——旅客单位时间的价值（元/人·小时）；
　　　E——客车平均载人系数（人/辆）。

$$B_{22} = 0.5 \times W \times E \times (T'_{1PP} + T'_{2PP})(H'_{1p} - H'_{2p}) \times 365 \tag{5-31}$$

式中　T'_{1PP}——"有项目"情况下，原有项目客车正常交通量（辆/日）；
　　　T'_{2PP}——"有项目"情况下，原有项目的客车总交通量（辆/日）；
　　　H'_{2p}——"无项目"情况下，原有相关项目在总交通量的条件下，分车型客车出行所需的时间的加权平均值（h）。

(3) 加速货物周转形成的效益（B_3）。

加速货物周转形成的效益由两部分构成。其一，无论是原材料、初级产品、中间产品还是最终消费品，都凝聚着无差别的人类劳动，具有一定的价值，代表着一定数额的资金，货物运送过程中占有的时间实际上是占有一定量的资金。节约货物的在途时间，意味着加速资金的周转，减少资金的占用，可以类比节约旅客出行时间的效益来计算该部分效益（B_{31}）；其二，任何企业为了保证正常的生产经营活动，都必须拥有一定量的资源储备，物资储备过多会加大储存费用，储备过少又会增加订购的次数和运输费用，而新建项目可以实现在适当的时间，将适当种类和数量的资源送达适当的地点，形成减少库存资金的效益（B_{32}）。B_3具体计量思路如下：

$$\begin{aligned}B_3 &= B_{31} + B_{32} \\ B_{32} &= B'_{32} + B''_{32}\end{aligned} \tag{5-32}$$

式中 B'_{32}——原有项目下，系统内所有单位为维持正常生产经营活动一年所花费的最少费用（元）；

B''_{32}——拟建项目下，系统内所有单位为维持正常生产经营活动一年所花费的最少费用（元）。

（4）事故减少的效益（B_4）。

新建公路运输项目使得车辆运行环境得到改善，交通事故发生的次数减少，从而提高了公路交通的安全性。由于道路交通事故减少的经济损失，形成运输事故减少的效益。其效益具体的计算公式如下：

$$B_4 = B_{41} + B_{42} \tag{5-33}$$

式中 B_{41}——拟建项目减少交通事故的效益（元）；

B_{42}——原有相关公路减少交通事故的效益（元）；

$$B_{41} = 0.5 \times (T_{1P} + T_{2P})(r'_{1b}L'C_b - r_{2P}LC_P) \times 365 \times 10^{-8} \tag{5-34}$$

式中 T_{1P}——"有项目"情况下，拟建项目的正常交通量（辆/日）；

T_{2P}——"有项目"情况下，拟建项目的总交通量（辆/日），包括正常、诱增和转移三部分交通量；

r'_{1b}——"有项目"情况下，原有相关项目在正常交通量的条件下的事故率（次/亿车·公里）；

r_{2P}——"有项目"情况下，拟建项目在总交通量的事故率（次/亿车·公里）；

L'——原有相关公路的里程（公里）；

L——拟建项目的里程（公里）；

C_b——"无项目"情况下，原有相关项目单位事故平均经济损失（元/次）；

C_p——"有项目"情况下，拟建项目单位事故平均经济损失（元/次）。

$$B_{42} = 0.5 \times (T'_{1P} + T'_{2P})(r'_{1b}C_b - r'_{2P}C_P) \times L' \times 365 \times 10^{-8} \tag{5-35}$$

式中 T'_{1P}——"有项目"情况下，原有的正常交通量（辆/日）；

T'_{2P}——"有项目"情况下，原有相关公路的总交通量（辆/日）；

r'_{2P}——"有项目"情况下，原有相关公路在总交通量的事故率（次/亿车·公里）。

（5）提高运输质量（B_5）。

在我国道路货物运输中，存在严重的货损、货差等现象。特别是在运送建筑材料和煤炭等货物，严重的侧漏现象不仅会造成资源的浪费，而且也对环境造成污染。新建项目基于设施的改善，从而提高运输质量，具体的效益计量如下：

$$B_5 = f \cdot P \cdot Q \tag{5-36}$$

式中 f——货损降低率，即"无项目"和"有项目"时的货物损耗率之差；

P——货物的影子价格（元/吨）；

Q——运输量（吨/年）。

(6) 提高车辆使用强度，加快价值流转的效益（B_6）。

原始投资随着车辆的不断运行，价值逐渐转移到其他产品的成本中，从而实现车辆价值的回收和国民经济价值的正常流转。新建公路运输项目由于提高了车辆的使用强度，进一步加快了价值流转。具体计算公式如下：

$$B_6 = \sum K \cdot i \qquad (5\text{-}37)$$

式中　K——某车型车辆平均年提前回收价值（元）；

　　　i——经济折现率。

(7) 增加运输能力供给的效益（B_7）。

增加运输能力供给的效益是指同样的运力投放（吨位和座位不变）条件下，由于车辆通行环境的改善导致车日公里增加从而形成的效益，主要表现为项目所在区域内动力投放不增加，但运输能力却增加了。例如，在原有道路通行的条件下，某车辆车型每年行驶 x km，道路通行条件改善后，买车每年行驶里程为 $2x$ km，这就相当于同样的运输能力供给，在拟建项目节约了一半的车辆投入，节约投入车辆的成本即为增加运输能力供给的效益。

3. 民航机场项目的经济效益估算

在计算机场对区域经济增长的直接贡献时，采用增加值作为衡量指标来评估机场的国民经济效益。所谓"增加值"，实际上就是生产过程中产出和投入之间的价值差额，是报告期内生产经营活动过程中所增加的价值。采用增加值指标可以直观反映机场直接影响国民经济效益的价值总量，增加值只包括新创造的价值和折旧，而不包括生产过程中能源、原材料等的物质消耗，避免了重复计算，更能确切反映产业部门或企业的经济效益。

增量效益是以航空业务量增量为基础，计算旅客、货物运输时间的节约效益，旅客、货物运输费用的节约效益，货物破损减少的效益和外汇收入等国民经济效益。民航机场建设项目的经济效益主要包括以下部分：

(1) 旅客和货物运输时间节约效益。旅客运输时间节约效益根据乘坐飞机的旅客（包括工作出行人员和非工作出行人员）运输量、单位时间价值及乘坐飞机而节约的旅行时间计算。货物运输时间节约效益根据货物的影子价格、运输量、缩短的运输时间及社会折现率计算。

(2) 飞机在机场停留时间节约效益。根据飞机数量、飞机费用及飞机在机场缩短停留时间（包括空中等待和地面延误的时间）计算。

(3) 减少货物损失的效益。根据货物运输量、在途货物平均价值及"有无项目"情况对比时不同运输方式货损率之差计算。

(4) 增收外汇效益。根据境外航空公司和旅客向机场支付的净增费用计算。

(5) 提高交通安全的效益。根据交通事故平均损失费、无项目情况和有项目情况下不同运输方式的事故率之差及交通量计算。

（6）客、货运输费用节约的效益。根据有项目和无项目情况下单位运输费用及运输量计算。

4. 港口项目的经济效益的估算

拟建港口项目包括改建港口工程项目、扩建港口工程项目和新建港口项目三种。港口改扩建项目"有无项目"的含义为：有项目情况是指在原有港口基础上通过改建、扩建等活动提高港口的通过能力。无项目情况即是现有条件完成原有及现有的运量任务。两者对比可能产生的效益主要有：船舶在港停时费用的节约，货值利息的节约，装卸、仓储、堆存费用的节约，装卸设备更新费用的节约，船舶营运费用的节约，海上或陆上运输费用的节约，过驳措施投资和驳运费用的节约，诱增交通量的效益等。新建港口项目无项目时就需要通过扩建毗邻港口设施的能力完成运输的需要。因此，将新建项目与无项目时毗邻港口替代方案进行比较，可能产生的效益主要有：扩建毗邻港口投资的节约，船舶在港停时费用的节约，船舶营运成本的节约，海上或陆上的费用因运量在新建港口和现有港口间发生重新分配、运距变化而可能带来的节约，货币利息的节约，港口装卸、仓储、堆存、中转费用的节约、诱增交通量产生的效益。计算公式如下：

（1）运输费用减少带来的效益。

若项目的实施将缩短运距，货运与客运运输成本的减少额分别为：

$$B_{hd} = (C_{h0}L_0 - C_{hn}L_n)Q_h \tag{5-38}$$

$$B_{kd} = (C_{k0}L_0 - C_{kn}L_n)Q_k \tag{5-39}$$

式中 B_{hd}、B_{kd}——分别为项目实施后，因货运和客运运输费用节约带来的效益（万元）；

C_{h0}、C_{k0}——分别为项目实施前，在规划年交通量状况下的货运单位运输成本（元/吨·km）与客运单位运输成本（元/人·km）；

C_{hn}、C_{kn}——分别为规划项目实施后，在规划年交通量状况下的货运单位运输成本（元/吨·km）与客运单位运输成本（元/人·km）；

Q_h、Q_k——分别为规划项目中相应的预测货运量（万吨）与预测客运量（万人）；

L_0、L_n——分别为规划项目实施前与实施后的航道里程（km）。

（2）航道等级提高带来的效益 B_{hj} 和 B_{kj}。

若规划项目的实施将提高航道等级，则将提高平均行驶速度、降低油耗和材料消耗，从而降低货运与客运的运输成本。具体计算为：

$$B_{hj} = (C_{h0} - C_{hn})Q_h L_j \tag{5-40}$$

$$B_{kj} = (C_{k0} - C_{kn})Q_k L_j \tag{5-41}$$

式中 B_{hj}、B_{kj}——分别为规划项目实施后，因航道晋级而节约的货运运输成本与客运运输成本（万元）；

C_{hn}、C_{kn}——分别为规划项目实施后,在规划年交通量状况下的货运单位运输成本(元/吨·km)与客运单位运输成本(元/人·km);

Q_h、Q_k——分别为规划项目中晋升等级航道上相应的预测货运量(万吨)与预测客运量(万人);

L_j——晋升等级航道里程(km)。

(3)相关航道减少拥挤的效益 B_{hy} 和 B_{ky}。

若规划项目的实施将吸引交通流量,则将使原相关航道上的拥挤程度降低,平均技术船速提高,从而降低相关航道上的货运和客运的运输成本。这部分效益的计算如下:

$$B_{hy} = (C_{h0} - C_{hn})Q_h L_y \tag{5-42}$$

$$B_{ky} = (C_{k0} - C_{kn})Q_k L_y \tag{5-43}$$

式中 B_{hy}、B_{ky}——分别为规划项目实施后,因相关航道减少拥挤而节约的货运运输成本与客运运输成本(万元);

Q_h、Q_k——分别为规划项目实施后,可减少拥挤的原相关航道上相应的预测货运量(万吨)与预测客运量(万人);

L_y——可减少拥挤的相关航道里程(km)。

(4)运输时间的节省效益。

港口项目的实施可以促使船舶在港口的等泊和在泊装卸的时间减少,节约货物在途时间,从而缩短了资金周转时间而产生效益。这类时间节约效益表现在三个方面:旅客时间节约效益、货物在途时间缩短效益以及船舶的时间节约效益。

① 节约旅客在途时间的效益 B_{kt}。

这部分效益可以按照旅客的时间价值计算,即

$$B_{kt} = \alpha I_k Q_k T_k \tag{5-44}$$

式中 B_{kt}——规划项目实施后,节约旅客在途时间的效益(万元);

α——旅客工作性出行时间占总出行时间的比例;

I_k——规划年社会劳动者人均小时国民收入(元/小时);

Q_k——规划项目中预测的客运量(万人);

T_k——规划项目实施后,节约旅客在途时间总量(小时)。

② 货物在途时间缩短效益 B_{ht}。

$$B_{ht} = \overline{C} I_h Q_h T_h \tag{5-45}$$

式中 B_{ht}——规划项目实施后,节约货物在途时间的效益(万元);

$\overline{C}$——在途货物的平均价格(元/吨);

I_h——规划年小时流动资金利息率或社会折现率(元/小时);

Q_h——规划项目中预测的货运量(万吨);

T_h——规划项目实施后,节约货物在途时间总量(小时)。

③ 船舶的时间节约效益。

$$B_{st} = qC_sT_s \tag{5-46}$$

式中 B_{st}——规划项目实施后,船舶时间节约效益(万元);

q——规划项目中预测的到港船舶数量(万艘);

C_s——船舶每天的停泊费用(元/艘·天)。

T_s——规划项目实施后,船舶全年缩短的停泊时间(天)。

(5)减少货损货差的效益 B_{hl}。

若规划项目的实施将改善交通条件,则可减少在途货物的货损从而产生效益。其计算公式如下:

$$B_{hl} = \overline{C}Q_h(S_0 - S_n) \tag{5-47}$$

式中 B_{hl}——规划项目实施后,减少在途货物货损所节约的费用(万元);

S_0、S_n——分别为规划项目实施前与实施后的货损率(%)。

(6)包装费用节省的效益 B_p。

由于装卸运输条件的改善,可以实行散装运输、成组运输或集装箱运输,或提供其他方便条件,从而避免或减少包装费用的效益。

$$B_p = V_pQ_c \tag{5-48}$$

式中 B_p——规划项目实施后,船舶时间节约效益(万元/年);

V_p——每吨袋装或件装包装物的平均价格(元/吨);

Q_c——规划项目实施后,货运量中袋装货或件装货改为散装运输或集装箱运输的货物数量(万吨/年);

(7)港口营运费用的节省效益 B_g。

新建或改扩建港口项目,若能够提高港口生产的效率,就可以通过装卸等营运时间的减少来创造效益。

① 码头装卸营运费用节省效益。

$$B_{g1} = (C_{z0} - C_{zn})Q_z \tag{5-49}$$

式中 B_{g1}——项目实施后,码头装卸营运费用节省效益(万元/年);

C_{z0}——规划项目实施前,原码头的单位装卸营运费用(元/吨,元/人次);

C_{zn}——规划项目实施后全港单位装卸营运费用(元/吨,元/人次);

Q_z——规划项目实施后全港的装卸量(万吨/年,万人次/年)。

② 锚地装卸费用的节省效益。

$$B_{g2} = (C_{wm} - C_{ym})Q_{zm} \tag{5-50}$$

式中 B_{g2}——锚地装卸费用节省效益(万元/年);

C_{g0}——规划项目实施前,原码头的单位装卸营运费用(元/吨);

C_{ym}——规划项目实施后装卸营运的单位费用(元/吨);

Q_{mz}——规划项目实施后,从锚地转移过来的运量(万吨/年)。

(8)发货运量带来的效益 B_y。

诱增交通量指的是完全由本项目的实施所产生的新增运量,即没有本项目就不会发生的运量。若规划项目的实施将改善港航条件、降低运输费用,则很可能诱增和吸引新的运量需求从而带来效益。这部分的计算可以仿照铁路诱增运量效益的计算方法,计算公式如下。

$$B_y = [P_{gs} - (C_{gp} + C_{gt})]Q_g \tag{5-51}$$

式中 B_y——诱发运输量的运输节约效益(万元/年);

P_{gs}——货物的影子价格(元/吨),可以取货物销售地的市场价格,视为消费者的愿付价格;

C_{gp}——货物生产影子费用(元/吨);

C_{gt}——货物运输影子费用(元/吨);

Q_g——诱发货运量(万吨/年)。

第四节 交通项目经济评估基本报表与指标

一、基本报表及其编制

交通项目经济评估的基本报表是项目投资经济费用效益流量表,格式见表5-3。经济费用效益流量表的项目与财务现金流量表基本相同,不同之处主要有以下几点。

(1)表中现金流入和现金流出,原则上均应按影子价格计算,外币换算采用影子汇率。

(2)销售税金和所得税及特种基金因系国民经济内部的转移支付,所以既不作为费用(现金流出),也不作为效益(现金流入)。

(3)由于从国民经济角度考察项目的效益和费用,因此在现金流入和现金流出中分别增加了"项目间接效益"和"项目间接费用"。

表5-3 项目投资经济费用效益流量表　　　　　　　　单位:万元

序号	项目	计算年份						合计
		1	2	3	4	5	…	n	
1	效益流量								
1.1	项目直接效益								
1.2	资产余值回收								
1.3	项目间接效益								

续表

序号	项目	计算年份							合计
		1	2	3	4	5	...	n	
2	费用流量								
2.1	建设投资								
2.2	维持运营投资								
2.3	流动资金								
2.4	经营费用								
2.5	项目间接费用								
3	净效益流量（1-2）								
计算指标：经济内部收益率（%）									
经济净现值（i_n=%）									

注：运营期发生的改造投资作为费用流量单独列项或列入固资产资项中。

二、经济评级指标

（一）经济内部收益率

经济内部收益率（Economical Internal Rate of Return，$EIRR$）是项目在计算期内各年经济净效益流量的现值累计等于零时的折现率。它反映项目对国民经济净贡献的相对指标，表示项目经济盈利能力的大小。计算公式为：

$$\sum_{t=1}^{n}(B-C)_t(1+EIRR)^{-t}=0 \quad (5-52)$$

式中 $EIRR$——经济内部收益率；

B——效益流入量；

C——费用流出量；

$(B-C)_t$——第 t 年的净效益流量；

n——项目的计算期。

经济内部收益率是从国民经济评估角度反映项目经济效益的相对指标，它显示出项目占用的资金所能获得的动态收益率。项目的经济内部收益率等于或大于社会折现率时，表明项目对国民经济的净贡献达到或者超过了预定要求。

可利用经济现金流量表，应用插法求得：

$$EIRR = I_1 + \frac{NPV_1 \times (I_2 - I_1)}{|NPV_1|+|NPV_2|} \quad (5-53)$$

评判标准：当 $EIRR \geqslant I_s$ 时，项目可以考虑接受。

（二）经济净现值

经济净现值（Economical Net Present Value，$ENPV$）是指用社会折现率将项目

计算期内各年净效益流量折算到项目建设期初的现值之和。计算公式为：

$$ENPV = \sum_{t=1}^{n}(B-C)_t(1+I_s)^{-t} \qquad (5-54)$$

式中　$ENPV$——经济净现值；

　　　$(B-C)_t$——第 t 年的净效益流量；

　　　I_s——社会折现率；

　　　n——计算期。

经济净现值是反映项目对经济净贡献的绝对指标。项目的经济净现值等于或大于零，表示国家为拟建项目付出代价后，可以得到符合社会折现率所要求的社会盈余，或者还可以得到超额的社会盈余，并且以现值表示这种超额社会盈余的量值。经济净现值大于等于零，表示项目的盈利性达到了基本要求，认为该项目从国民经济角度考虑是可以被接受的。

国民经济评估同时还需要进行敏感性分析，其分析思路和方法同财务评估。通过敏感性分析，可以找出对国民经济盈利能力影响较大的因素，而通过概率分析，可以确定项目所承担的风险大小。

评判标准：当时 $ENPV \geqslant 0$ 表示项目可以考虑接受。

（三）经济净现值率

$$ENPVR = \frac{ENPV}{I_j} \qquad (5-55)$$

式中　$ENPVR$——项目经济净现值率；

　　　I_j——项目总投资现值。

评判标准：当 $ENPVR \geqslant 0$ 时，项目可以考虑接受。

（四）差额投资内部收益率

$$\sum_{t=1}^{n}\left[(CI-CO)_A - (CI-CO)_B\right]_t \times (1+\Delta IRR)^{-t} = 0 \qquad (5-56)$$

式中　$(CI-CO)_A$——投资大的方案净现金流量；

　　　$(CI-CO)_B$——投资小的方案净现金流量；

　　　ΔIRR——差额投资内部收益率。

评判标准：当 $\Delta IRR \geqslant I_s$ 时，选择投资大的方案；当 $\Delta IRR < I_s$ 时，选择投资小的方案。

（五）经济效益费用比

$$RBC = \frac{\sum_{t=1}^{n} B_t \times (1+I_s)^{-t}}{\sum_{t=1}^{n} C_t \times (1+I_s)^{-t}} \qquad (5-57)$$

式中　RBC——经济效益费用比；

B_t——第 t 期经济效益；

C_t——第 t 期经济费用。

评估标准：当 $RBC \geq 1$ 考虑接受项目；反之，则不接受。

（六）投资回收期

$$N = N_{正} - 1 + \frac{\left|NPV_{N_{正}-1}\right|}{NPV_{N_{正}}} \tag{5-58}$$

式中　N——项目投资回收期（分为动态投资回收期和静态投资回收期，一般取前者）；

$N_{正}$——累计净现金流量出现正值的年数；

$NPV_{N_{正}-1}$——上一年累计净现金流量现值；

$NPV_{N_{正}}$——出现正值年份净现金流量的现值。

评估标准：投资回收期越短，项目效益越好，风险越小。

以上一些国民经济评估参数，有的参数之间互相联系，可互为推导，因此，在交通项目国民经济评估中，仅选取较为有代表性的评估指标进行计算评估。

第五节　总结与作业

一、课后读物

扫描二维码可以获得详细知识。

公路水路交通运输主要技术政策	建设项目经济评估案例——某新建铁路项目	建设项目经济评估案例——某新建公路项目	建设项目经济评估案例——某新建港口项目
(二维码)	(二维码)	(二维码)	(二维码)

二、课后习题

（1）请以思维导图列出本章内容。

（2）财务评估与经济评估有什么共同点和不同点？

（3）站在财务评估角度与经济评估角度，地铁项目是否应该被建设？

三、课后作业

请结合课后读物的内容，针对财务评价章节中的交通项目进行经济费用效益分析基本报表及评估指标计算，判定其经济可行性。

□ 交通项目评估

通过该作业，学生对于交通项目经济评估的具体指标应有清晰的认识，并树立项目可行性评估中的经济评估思维。

根据经济费用的识别和计算，经济效益的识别与计算，结合自己的经验假设，编制经济效益费用流量表。应用经济评价指标进行计算，计算结果若大于社会折现率 8%，说明项目经济效益是可行的，计算结果若小于社会折现率 8%，说明项目经济效益是不可行的。

四、课后案例

请查阅资料，了解苏州是否有机场，结合本章所学你觉得苏州应该建设机场吗？

五、总结

你有抓到财务和经济的异同吗？你有没有发现角度的不同会带来不一样的呈现，如站在企业角度，可能暂时地铁的修建是一个赔本的买卖，但是站在城市的角度，地铁可以减缓城市拥堵，节省出行时间，还会减少交通事故。那么对于交通项目，还有什么角度可以去考虑呢？

第六章

交通项目社会评估

□ 交通项目评估

> **章节导读：**
>
> 　　你是如何评价一个城市好坏的呢？除了考虑城市的发展情况，还会考虑什么呢？把你能考虑到的内容记录下来，再来看这些内容是否与社会相关。
>
> 　　悄悄告诉你开启本章的口诀：公平。

引言　趣味案例，写在课前

一、课前案例

1. 人车冲突严重的交叉口，如何解决该问题呢？

先不要看后面的分析，请先拿出一张纸，尽可能多地写出解决方案，再从这些方案中选出你觉得应大力推广的方案，以及你不支持的方案，并写出原因。

案例分析1：

在交叉口中，人车冲突矛盾，解决的方法就是从时间或空间的角度使人车不同时或不相交运动。因此，解决方案分为两个角度：时间和空间。

① 时间角度：信号控制。建设信号灯，配置交叉口红、绿灯的时间配比，使交叉口处人和车在同一平面下不同时间流动。

② 空间角度：过街设施。建设天桥、地下设施，使交叉口处车与人在同一时间不同平面下流动。

时间角度的矛盾点：行人绿灯时长是车辆红灯时长，车辆绿灯时长是行人红灯时长。行人过街是需要时间的，而过街时间则与道路宽度、行人过街速率相关。尤其在道路建设越来越宽的情况下（如双向十车道），这个时间加长，是车辆等待难以容忍的。所以，有些城市特意把行人过街拆成二次过街形式，建设行人等待环岛（如图6-1所示）。作为行人的你，接受行人二次过街的设计吗？

空间角度的矛盾点：站在空间的角度，解决该问题会花费大量金钱，金钱数量与选取的项目相关，建设行人过街天桥和地下设施，价格明显低于建设车辆通行高架桥和地道。那么，是让行人"上天入地"，还是让车辆"上天入地"呢？因此，在解决一个而不是整体的交叉口问题时，往往多选用建设人行天桥或者地下过街通道的形式。

图 6-1　行人过街现场图

另一方面，站在时间的角度，行人过街等待时间会加长（正常人二次过街可以完成过街的前提下），站在空间的角度，行人爬楼梯出行距离会增加，给行人过街增加了困难，特别是老年人、儿童、残障人士等，他们出行会因为该建设而变得无比困难。

依据《平等、参与、共享：新中国残疾人权益保障 70 年》白皮书，截至 2018 年，我国残疾人数达 8 500 万。回想一下，你是否在街上经常见到他们？

综上所述，在解决人车冲突严重的交叉口时，如果采用信控设置，应考虑不同人群的步速。如果采用过街天桥、地下过街通道设计，应设置无障碍过街设施，以满足不同人群的出行。我们这个时代应是以人为本的时代，而不是以车为本的时代。

2. 城市交通拥挤问题如何解决？

请先不要看后面的分析，拿出一张纸，尽可能多地写出解决方案，再从这些方案中选出你觉得应大力推广的方案以及你不支持的方案，并写出原因。

案例分析 2：

城市交通拥挤问题，解决的方法就是动态协调以使在空间与时间上供需平衡。

因此，方案的解决有两个维度：供给与需求。

（1）需求维度：① 减少人流产生时间的集中，如采用弹性工作时间。② 减少标准车流的形成：一方面是限制私家车的使用，如车辆限号、增加停车费、拥挤收费、私家车合乘专用道等；另一方面是增强公共交通的使用，如公交优先、定制公交等公共交通吸引。

（2）供给维度：扩大基础设施建设，满足需求，如新建或扩建道路。

交通拥挤问题解决的难点在于企事业单位的工作时间难以实现弹性，与此同时，土地利用的有限性和交通的外部效益性，使得目前私家车的优势高于公交车，这也是现实交通需求管理应用中，大量交通政策的导向，即抑制私家车的使用，推广公交车。

你认为哪种方式能更有效地解决交通拥挤问题？如果让我去选择，我选择公共交通的大力发展和公共交通的协同运营管理。理由如下：以一个五岁孩子的视角。小的时候，我生活在这里，当时房子比较少，车也没有现在多，我经常和小朋友们在草地上玩闹，踢足球，玩木头人的游戏。就在前几年大量的人来这里生活，房子盖在了草地上，车也霸占了草地。妈妈就越来越少地允许我一个人出去玩了，他们总要陪同我才可以出去玩，告诉我要注意车辆的事情。其实，这也不能怪他们，因为已经有小朋友在外面玩时，由于车辆有视野盲区，导致了悲剧的发生。但是，昨天在课堂上，老师告诉我们，由于科学技术的快速发展，智能交通的实现。车辆上只需要一台计算机、一个人、和一只狗了，计算机进行驾驶车辆，人只需要盯着仪表盘，而狗需要在人要操作汽车时咬他，那如果这样的话，我多么希望所有人都能选择公共交通工具，因为一辆公交车的人，如果每人开一辆私家车，车辆就会占满街道。如果人们选择了公交车以后，我就又有草地，可以去踢球了。

请联想四阶段法中交通量分配阶段中的系统最优与用户最优，并思考如何让用户最优达到系统最优呢？

综上所述，经济只是一个维度，效益只是一个重要指标。社会，你生活环境下与你存在关系的总和，才是必要的而经常被忽视的。

二、引例之外

综艺节目《奇葩说》中，有一期的辩题：你是选择大城床还是小城房（正反方精彩的辩论过程请见综艺节目）？这里，提一个思考角度：一个城市除了经济以外，还有很多方面，你想想都包括什么呢？

引申一下，宜居城市的评价体系：政治、社会、环境因素、个人安全、健康、教育、就业情况、交通运输、基础建设、公共服务。就像一个学生一样，他的考试成绩可能就是一个城市的经济，成绩能评价一个学生嘛，可以，但仅是一个维度。就像在星际穿越电影中的对话一样。

We got Tom's scores back. He's going to make an excellent farmer.

Yeah, he's got a knack for it. What about college?

The University only takes a handful. They don't have the resources to…

You're ruling my son out for college now?

Tom's score simply isn't high enough.

What's your waistline? About what, 32?About a 33 inseam?

I'm not sure I see what you're getting at.

It takes two numbers to measure your ass but only one to measure my son's future?

第一节 社会评估的基本内涵

一、社会评估的含义

社会评估是项目所在国家或地区的社会经济结构、生活方式、传统文化所受到的影响，以及特定的社会环境对项目能否顺利实施和达到项目目标所起的作用。社会关注哪一个群体获得收益，哪一个群体遭受损失。

社会评估是指分析投资项目对实现社会目标方面的贡献的一种方法。社会目标包括经济增长目标和收入的公平分配等。经济增长是指国民收入的增长，追求国民收入的最大化。收入的公平分配是指项目所产生的国民收入在时间和空间上实现合理的分配。时间上的分配是指在现在和将来之间的分配，即在消费和积累（再投资）之间的分配；空间上的分配是指在各收入阶层和各地区之间的分配。

进行社会评估有利于国民经济发展目标与社会发展目标协调一致，防止单纯追求项目的财务效益；有利于项目与所在地区利益协调一致，减少社会矛盾和纠纷，防止可能产生不利的社会影响和后果，促进社会稳定；有利于避免或减少项目建设和运营的社会风险，提高投资效益。

就像世界银行所言，项目评估已从单一的经济评价，发展到经济、环境和社会等方面的评价，而世界银行委员会项目决策考虑次序为社会评价、生态环境评价、经济与财务评价、管理评价、技术评价，这就体现了一种发展趋势，社会评估在世界银行的项目评价体系与决策中扮演越来越重要的角色。体现社会发展观从"以经济增长为中心"到"以人为中心"，再到20世纪90年代的"以人为中心的可持续发展"。

二、社会评估的特点

我国项目社会效益评估是以国家各项社会政策为基础，分析评估投资项目为实现国家和地方各项社会、经济发展目标所做的贡献和影响，以及项目与社会经济的相互适应性所做的系统分析评估。

（一）评估的宏观性和长期性

项目的社会评估一般要求从社会的宏观角度来考察项目的存在给社会带来的贡献和影响，项目所需实现的社会发展目标一般是根据国家的宏观经济与社会发展需要制定的，涉及社会生活的方方面面。因而项目社会评估是对投资项目社会效益的全面分析评估，它不仅包括涉及社会的经济效益，与经济活动有关的宏观社会效益、环境生态效益等，还包括更广泛的属于纯粹社会效果的非经济社会效益。而且有些社会发展目标所体现的社会效益与影响具有长远性，所涉及的对有些领域的影响或效益可能不只短短的几十年，而是上百年，甚至关乎几代人。例如项目对居民健康、寿命的影响，对生态与自然环境的影响，对居民文化生活、人口素质的影响等。

（二）多目标性与行业特征明显

项目社会评估会涉及社会生活各个领域的发展目标，因此具有多目标分析的特点，需要分析多个社会发展目标、多种社会政策、多种社会效益和多样的人文因素和环境因素。由于各行业项目的特点不同，反映社会效益指标的差异也很大。因此，社会评估指标的行业特征较强，一般各行业能通用的指标较少，而专业性的指标较多；定性分析所涉及的范围和指标差别也很大，即社会目标多元化和社会效益本身的多样性使得难以使用统一的量纲、指标和标准来计算和比较社会效益。因此，各行业项目的社会评估指标设置要注意通用与专用相结合，并更应突出行业特点。

（三）外部效益的多角度和定量分析难度大

项目社会评估所涉及的间接效益和外部效益通常较多，例如产品质量和生活质量的提高、人民物质、文化水平和教育水平的提高，自然环境与生态环境的改善、社会稳定与国防安全等等，社会效益难以使用统一的量纲、指标和标准来计算和比较。尤其是交通运输项目等基础设施和公益性项目的社会评估，主要表现在项目外的间接与相关效益上，而且这些效益大多是难以被定量描述的无形效益，没有市价可以衡量，例如对文化、社会秩序、人的素质等的影响，通常只可以进行文字描述，做定性分析，而很难实现量化。

三、社会评估的主要内容

（一）社会影响分析

项目的社会影响分析旨在分析预测项目可能产生的正面影响（通常称为社会效益）和负面影响。社会影响的定义：任何公共的或私人的活动对人类社会造成的后果。人们日常的生活、工作、娱乐、与他人互动的方式，满足需求的方式以及通常作为社会成员的适应方式发生了变化。社会影响也涵盖了文化影响，包括道德、价值观以及信仰（它们指导并将人们对自身和社会的认知合理化）的改变。影响评估的目标，是促成一个在生态、社会文化和环境上可持续和公平的环境。因此，影响评估促进社区发展和赋权、能力建设并增加社会资本（社会网络和信任）。更具体内容可以参见 2003 年国际社会影响评估协会编写出版的《国际社会影响评估原则与指南》。具体内容如图 6-2 所示。

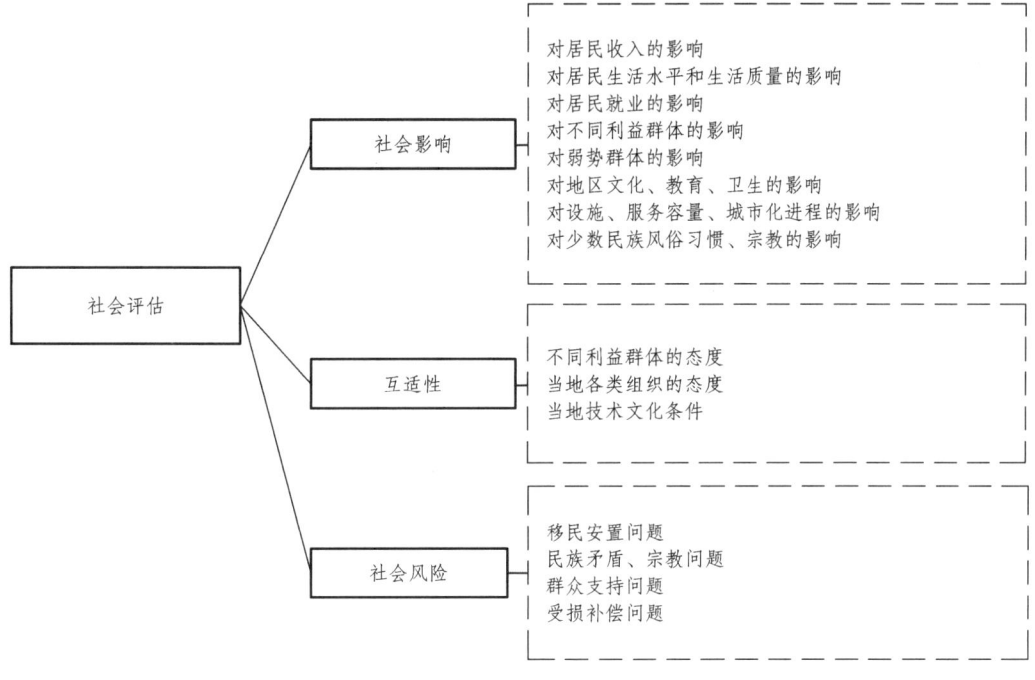

图 6-2　社会评估内容

（二）互适性分析

主要是分析预测项目能否为当地的社会环境、人文条件所接纳，以及当地政府、居民支持项目的程度，考察项目与当地社会环境的相互适合关系。其中包括：

① 分析预测与项目直接相关的不同利益群体对项目建设和运营的态度及参与程度，选择可以促使项目成功的各利益群体的参与方式，对可能阻碍项目存在与发展的因素提出防范措施。

② 分析预测项目所在地区的各类组织对项目建设和运营的态度，可能在哪些方面、在多大程度上对项目予以支持和配合。

③ 分析预测项目所在地区现有技术、文化状况能否适应项目建设和发展。具体内容如图 6-2 所示。

（三）社会风险分析

对可能影响项目的各种社会因素进行识别和排序，选择影响面大、持续时间长，并容易导致较大矛盾的社会因素进行预测，分析可能出现这种风险的社会环境和条件。具体内容如图 6-2 所示。

社会稳定风险是社会风险中的一个组成部分，但并非全部。社会稳定风险在广义上是指一种导致社会冲突、危及社会稳定和社会秩序的可能性，是一类基础性的、深层次的、结构性的潜在危害因素，会对社会的安全运行和健康发展构成严重的威胁。一旦这种可能性变成现实，社会稳定风险就会转变成公共危机。在狭义上，社会稳定风险是指由于所得分配不均、发生天灾、政府施政对抗、结社群斗、失业人口增加等造成社会不安、宗教纠纷、社会各阶级对立、社会发生内争等社会因素引起的风险，仅指社会领域的风险。

社会稳定风险评价，是指与人民群众利益密切相关的重大决策、重要政策、重大改革措施、重大工程建设项目、与社会公共秩序相关的重大活动等等重大事项在制订出台、组织实施或审批对策和预案，以便有效规避、预防、控制重大事项实施过程中可能发生的社会稳定风险事件，确保重大事项顺利实施。拟建项目可能产生各种各样的社会风险，如民族问题、性别平等问题、历史文化遗产保护问题、社会资本的损害及恢复问题、弱势群体保护问题、社会组织机构重建问题等。

2012年，在《国家发展改革委关于印发国家发展改革委重大固定资产投资项目社会稳定风险评估暂行办法的通知》中明确要求："项目单位在组织开展重大项目前期工作时，应当对社会稳定风险进行调查分析，征询相关群众意见，查找并列出风险点、风险发生的可能性及影响程度，提出防范和化解风险的方案措施，提出采取相关措施后的社会稳定风险等级建议。社会稳定风险分析应当作为项目可行性研究报告、项目申请报告的重要内容并设立独立篇章。"

除此之外，社会评估应该倾向于以可持续发展为目标，评估指标强调民族、社会性别、弱势群体、贫困人群、非自愿移民、老年人、儿童等敏感性指标。社会公平指标包括利益相关者收入提高程度及差异程度、基尼系数、恩格尔系数、公众参与度、就业率和妇女就业率、社会保障率、民族、性别公平程度、贫困人口数等。社会公正指标包括信息公开程度、教育机会、资源获得、就业权、性别公正等。可持续性指标包括人力资源建设、机构能力建设、科技贡献率、创新能力指数、信息化水平指数、社会成本等。

四、社会研究方法

社会研究是由社会学家以及其他一些寻求有关社会世界中各种问题答案的人们所从事的一种研究类型，是一种以经验的方式，对社会世界中人们的行为、态度、关系以及由此形成的各种社会现象、社会产物进行的科学的探究活动。

社会研究方法是指从事上述探究所使用的方法，社会评估方法与工具具体包括分析和咨询方法、参与式工具、研讨会方法、定性分析方法、定量分析方法，在分析和咨询方法中，包括受益人分析、冲突分析框架、性别分析、机构分析、需求分析、参与式农村评估、风险分析、方案分析、相关利益群体分析等方法。在参与式工具中，包括资源可及性、任务分析、图形、需求分析、口袋图、角色扮演、树状图、财富排序等方法。在研讨会方法中，包括目标导向的项目计划、小组工作等方法。在定性分析方法中，包括直接观察、实地研究、专题小组讨论、深入访谈、参与者观察、无结构访谈、问卷调查、半结构访谈、村级会议等方法。在定量分析方法中，包括统计调查、双变量分析、聚类分析、皮尔逊积矩相关系数、推论统计、相关关系区间估计等方法。各种方法可以灵活应用于不同研究方式中，如表6-1所示。

表6-1 基本方法表格

研究方式	子类型	资料收集方法/工具	资料分析方法	研究性质
调查研究	普遍调查 抽样调查	统计报表、问卷 访谈	统计分析	定量
实验研究	实地实验 实验室实验	问卷、访谈 观察、测量	统计分析	定量
实地研究	参与观察 案例研究	观察、访问	定性分析	定性
文献研究	统计资料分析 历史比较分析	历史文献、文字和声像文献 他人数据、官方统计	统计分析 定性分析	定量/定性

在上述方法的应用过程中，一定要注意其社会含义。例如性别是指男女之间生理方面的不同之处，而社会性别说明男女之间的社会关系。社会性别指的是由社会化过程所构建的女性和男性的角色和责任，也包括对女性和男性的特点、态度和行为的一种期望。

第二节 交通项目社会评估概述

一、交通项目社会评估的必要性

（一）开展交通项目社会评估，可以防范或化解项目的社会风险

交通项目公共产品特性决定了其具有较大的外部效应。一般而言，交通投资项目的正外部效应要大于负外部效应，但是就项目的部分影响区域而言，可能存在着项目影响群体的利益与社会共同利益之间的矛盾。构建社会主义和谐社会要求以人为本，切实尊重和保障人民权益，要求正确把握现阶段群众的共同利益和不同群体的特殊利益间的关系，统筹兼顾各方面群众的关切。因此，制度、社会文化等社会事项有可能对交通项目的成败产生决定性的影响。分析交通投资项目可能产生的重大社会影响，从制度、文化、社会结构等社会角度判定项目可行性，并提出减少或避免项目负面社会影响的措施是十分必要的。

（二）实现以人为本的发展观

经济增长的过程中，不可再生资源的消耗、环境污染等问题逐步凸现，迫使人们把资源和环境等社会发展纳入资源发展观，使发展观产生了第一次飞跃（从传统发展观到环境经济可持续的发展观如图 6-3 所示）。这次飞跃亦体现在政府对微观经济领域的管制中，其中之一就是把环境影响评估纳入项目评价体系，成为与经济评估（包括财务评价和效益费用分析）同等重要的、影响项目能否得到政府审批的关键环节。

人的需求是有层次的，低层次需求得到满足后便会追求更高的需求。人的需求是多样性的，除了生理、物质利益需求外还存在许多非物质的非经济的利益需求。社会发展到物质需求得到基本或充分满足的阶段后，开始关注非经济的方面和发展利益的公平分配，由此发展观又一次有了重要飞跃，形成了以人为本的发展观（如图 6-3 所示）。以人为本的发展观把人的发展看作社会发展的根本目的，认为发展的中心和最终目的是人而不是物。对于具体交通投资项目的评估而言，想要反映以人为本的理念，就要对项目的非经济影响方面，诸如人口、社会文化、教育、公众参与、健康等加以深入分析，即进行社会评估，这也是完善项目评价理论及方法体系的客观需要。

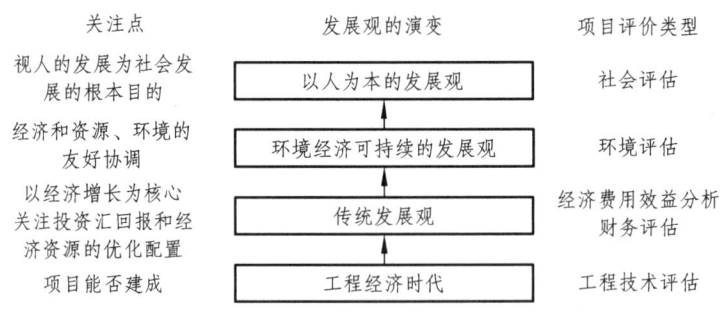

图 6-3 发展观的演变与项目评价体系的完善

（三）交通项目社会评估可以有利于国际贷款或援助项目申请

国际社会日益重视投资项目的环境问题和社会发展问题。20 世纪 70 年代，联合国工业发展组织出版的《项目评价准则》等书将收入分配、就业等社会发展目标引入费用效益分析。之后其与阿拉伯工业发展中心共同编写的《工业项目评价手册》（1980 年版）在国民经济评价中设置了社会评估指标，如就业效果、分配效果、国际竞争力等。世界银行在 20 世纪 80 年代初开始重视项目中的发展问题，社会学家和人类学者参与使项目分析的深度和广度极大扩展，1997 年世界银行成立社会发展部，强化了社会评估的作用。

美国从 1975 年开始在对外援助项目中开展社会影响评估。目前在世界银行、亚洲开发银行等国际金融机构贷款项目，或英国海外发展署等国际组织机构的援助项目中,不仅要进行项目的经济评估,还要进行项目的社会分析。交通基础设施作为经济和社会发展的基础,在国际援助项目中处于重要地位。我国作为发展中国家,积极争取国际组织机构的援助,按照相关机构要求,受援交通项目基本上进行了社会评估。项目的社会评估工作成为争取国际组织机构援助的重要组成部分。

二、交通项目社会评估的基本框架

(一)项目基本情况

分析交通项目的经济、社会背景,以及交通线路的走向、等级、场站的选址等工程概况,确定项目影响区,了解交通投资项目的机构设置。

(二)项目地区社会经济情况分析

收集项目地区的社会经济情况,可通过抽样调查等方法,掌握详细社会经济情况;项目地区的综合交通网络和运输情况;初步考察项目社会文化可接受性。根据调查情况,可为交通项目的选线和选址提出建议。

(三)项目的社会影响分析

交通项目的社会影响有宏观的或微观的、直接的或间接的、有形的或无形的、明显的或潜在的,评价时可根据项目目标和所涉及的社会因素的重要程度而有所侧重。项目的社会影响分析,是分析、预测项目可能产生的正影响(通常称为社会效益)和负影响,包括对人和地区的影响。

1. 一般社会影响分析

对项目所在地区居民收入的影响;对项目所在地区居民就业的影响;对项目所在地区居民生活水平、生活质量的影响(包括居民居住水平、消费水平、消费结构、人均寿命等的变化以及产生这些变化的原因);对项目所在地区教育、卫生等公共设施的影响等。分析项目地区人口的教育水平、文化传统等,预测项目地区的人们在文化和技术上能否接受此项目。

2. 项目的利益相关者群体分析

项目利益相关者是与项目有直接、间接的利益关系,并对项目的成功与否有直接、间接影响的所有各方。一般交通项目的利益相关者包括沿线人群及辐射地区、项目业主、交通部门、各级政府和有关部门以及设计咨询、施工机构。沿线人群、项目地区运输从业人员是项目的主要利益相关者群体,周边辐射地区的人群是项目的次要利益相关者群体。利益相关者群体的需求和态度对项目成效有直接或间接影响。分析交通项目对利益相关者的有利和不利影响,项目相关利益群体对项目建设和运营的态度,估计不同利益群体的参与程度,分析不同利益群体参与项目活动的可能方式等。

3. 脆弱群体分析

脆弱群体分析其实是利益相关者群体分析的延伸，目的是尽可能地促进项目的社会公平与发展。脆弱群体一般包括老人、妇女、儿童、贫困人口、少数民族等。交通项目的实践表明，不同的项目有不同的需要特别关注的脆弱群体，社会评估中要结合具体交通项目，识别并确定该项目的脆弱群体，分析项目对脆弱群体的不利影响。

4. 少数民族分析

少数民族群体既有可能是项目影响的脆弱群体，也有可能不是项目的脆弱群体。如果交通项目经过少数民族地区，除了一般的脆弱群体分析外，要特别关注项目与所在地区少数民族文化和宗教的相互影响。主要分析项目的建设和运营是否符合国家的民族政策，交通用地或线路是否占用、经过具有民族宗教文化意义的地区，项目建设以及以后的运输行为是否考虑了民族地区的风俗习惯、生活方式、宗教信仰，是否会引起民族矛盾、发生民族纠纷、影响当地社会安定。

（四）项目的社会设计

对于会引起如征用耕地、拆迁、大规模非自愿移民等重大社会事项的交通投资项目，要依据相关法律、国家政策，并结合具体情况，提出恢复或补偿措施，包括安置规划、安置的实施计划、补偿的标准、补偿款的使用与监督、公共设施的恢复等。

（五）项目机构与管理安排

分析项目社会事项管理的组织体系，包括实施机构、人员配备、各机构的责任、管理模式以及人员的培训等。根据需要，可提出完善项目机构与管理的建议。

（六）公众参与分析

分析公众参与项目的组织形式和方法；项目计划、准备、实施阶段公众参与协商的情况；接受公众投诉与呼吁的组织机构、申诉的步骤和途径等。

（七）内外部监测评估分析

建立实施项目社会事项的内部和外部监测机构，明确其权利与责任；确定监测评估指标和方法、监测评估报告的内容和提交周期。

三、交通项目社会评估的步骤

交通项目社会评估一般分为社会调查、识别社会因素、论证比选方案三个步骤。具体情况如图 6-4 所示。其中社会调查为了了解项目所在地区的社会环境等方面的情况。识别社会因素，分析社会调查获得的资料，对项目涉及的各种社会因素进行分类。论证比选方案，为比选推荐社会正面影响大、负面影响小的方案。

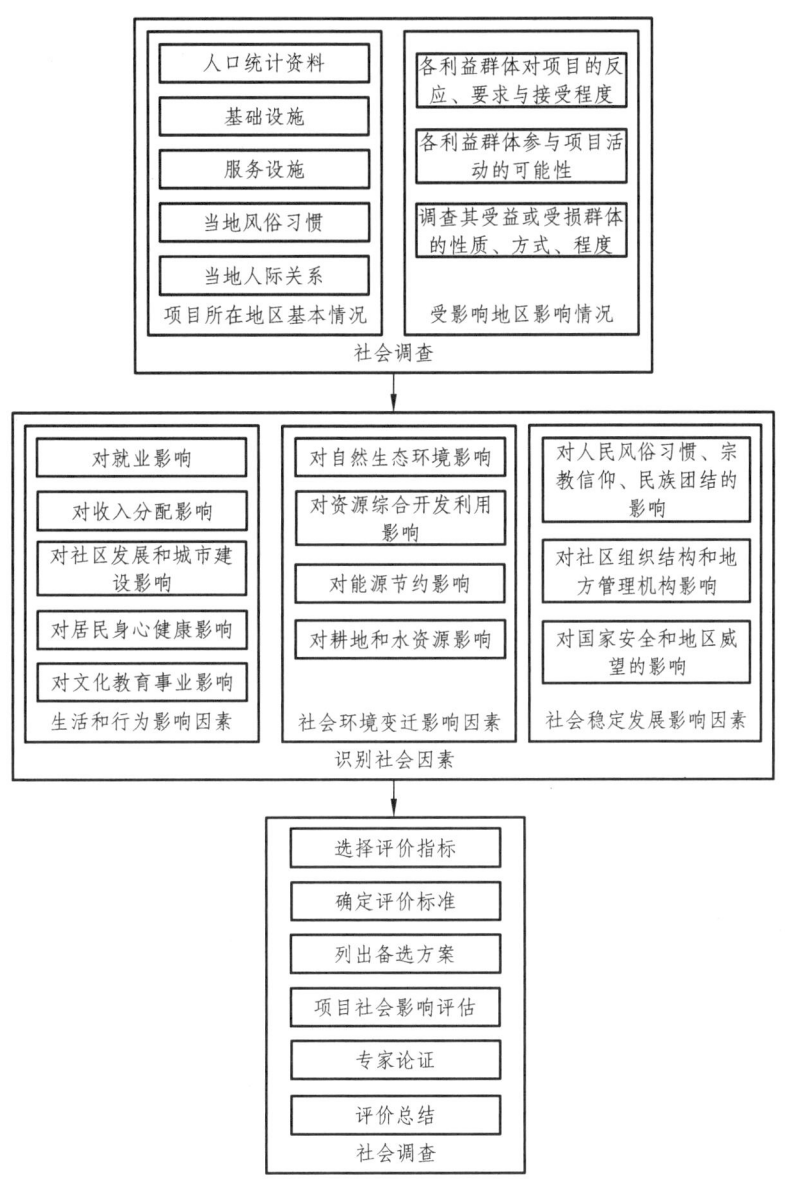

图 6-4 交通项目社会评估具体步骤

第三节 环境评估概述

一、环境影响评估概述

（一）环境影响评估含义

环境影响评估广义指对拟议中的人为活动（包括建设项目、资源开发、区域开发、政策、立法、法规等）可能造成的环境影响，包括环境污染和生态破坏，也包括对环境的有利影响进行分析、论证的全过程，并在此基础上提出采取的防治措施和对策。

狭义指对拟议中的建设项目在兴建前即可行性研究阶段，对其选址、设计、施工等过程，特别是运营和生产阶段可能带来的环境影响进行预测和分析，提出相应的防治措施，为项目选址、设计及建成投产后的环境管理提供科学依据。

（二）环境影响评估的目的

1. 保障和促进国家可持续发展战略的实施

当前，实施可持续发展战略已经成为我国国民经济和社会发展的基本指导方针。实施可持续发展的一个重要途径，就是把环境保护纳入综合决策，转变传统的经济增长模式。国家制定环境影响评估法规，建立健全环境影响评估制度，就是为了在建设项目实施前综合考虑环境保护问题，从源头上预防或减轻对环境的污染和生态的破坏，从而保障和促进可持续发展战略的实施。

2. 预防因项目建设实施对环境造成不良影响

预防为主，是环境保护的一项基本原则。对建设项目进行环境影响评估，使其在动工兴建之前，就能根据环境影响评估的要求，修改和完善建设方案设计，提出并采取相应的环保对策和措施，从而预防和减轻项目实施对环境造成的不良影响。

3. 促进经济、社会和环境的协调发展

按照中央提出的"科学发展观"思想，实现可持续发展目标，经济的发展和社会的进步要与环境相协调。为了实现经济和社会的可持续发展，必须将经济建设、城乡建设、环境建设和资源保护同步规划、同步实施，以达到经济效益、社会效益和环境效益的统一。对建设项目进行环境影响评估在于避免和减轻环境问题对经济和社会的发展可能造成的负面影响，达到促进经济、社会和环境协调发展的目的。

4. 加强企业与民众的环保意识

在项目建设前与项目建设中，需要考虑项目是否可以稳定达标排放、排污去向是否合理、项目运行之后环境质量是否达标、环境风险是否可控、公众参与的合规性等，项目审批完成之后，环评及其批复就成了环境管理的基础性文件，环评的作用会体现在项目全生命周期中。在项目建成之后会按照环评进行验收，要求落实环评中提出的各项要求，在日常监察、监测中，会核实企业实际生产、排放情况是否符合环评内容，排放水平是否达到环评提出的指标；企业如果想要上市或者找银行贷款，环评也是一个必要条件。

《环境影响评价技术导则公众参与（征求意见稿）》中提出了环境评价中公众参与工作，以维护公众合法的环境权益，在环境影响评价中体现以人为本的原则；更全面地了解环境背景信息，发现潜在环境问题，提高环境影响评价的科学性和针对性，并通过公众参与，提高环保措施的合理性和有效性。

二、环境相关法律概述

（一）《中华人民共和国环境保护法》

《中华人民共和国环境保护法》是为保护和改善环境，防治污染和其他公害，保障公众健康，推进生态文明建设，促进经济社会可持续发展而制定的法律。

1989年12月26日，第七届全国人民代表大会常务委员会第十一次会议通过，由中华人民共和国第十二届全国人民代表大会常务委员会第八次会议于2014年4月24日修订通过，自2015年1月1日起施行。

（二）《交通建设项目环境保护管理办法》

《交通建设项目环境保护管理办法》是为加强交通建设项目环境保护管理，预防交通建设项目对环境造成不良影响，促进交通事业可持续发展而制定的办法。

根据交通运输部于2017年5月23日发布的《交通运输部关于废止2件交通运输规章的决定》〔交通运输部令2017年22号〕，本办法已被2017年修订的《建设项目环境保护管理条例》取代。

（三）《建设项目环境保护管理条例》

《建设项目环境保护管理条例》是为防止建设项目产生新的污染、破坏生态环境而制定，由中华人民共和国国务院于1998年11月29日发布执行，并根据2017年7月16日《国务院关于修改〈建设项目环境保护管理条例〉的决定》修订，在2017年6月21日国务院第177次常务会议通过，自2017年10月1日起施行。

（四）《中华人民共和国环境影响评估法》

《中华人民共和国环境影响评估法》（简称《评估法》）是为了实施可持续发展战略，预防因规划和建设项目实施后对环境造成不良影响，促进经济、社会和环境的协调发展，制定的法律。

由第九届全国人民代表大会常务委员会第三十次会议于2002年10月28日修订通过，自2003年9月1日起施行。

根据2016年7月2日第十二届全国人民代表大会常务委员会第二十一次会议《关于修改〈中华人民共和国节约能源法〉等六部法律的决定》，《评估法》第一次被修正。

现行版本为2018年12月29日第十三届全国人民代表大会常务委员会第七次会议第二次修正后的版本。

（五）相关法律的画外音

（六）我国环境影响评价的发展沿革

1. 引入和确立阶段

（1）1973年第一次全国环境保护会议后，环境影响评价的概念开始被引入我国。

（2）1979年9月，《环境保护法（试行）》颁布，标志着我国的环境影响评价制度正式确立。

其中规定：一切企业事业单位的选址、设计、建设和生产，都必须注意防止对环境的污染和破坏。在进行新建改建和扩建工程中，必须提出环境影响报告书，经环境保护主管部门和其他有关部分审查批准后才能进行设计。

2. 规范和建设阶段

（1）1981年颁发的《基本建设项目环境保护管理办法》明确把环境影响评价制度纳入基本建设项目审批程序中。

（2）1982年颁布《中华人民共和国海洋环境保护法》，并于1999年修订，于2000年4月1日实施。

（3）1984年颁布《中华人民共和国水污染防治法》，1996年5月15日第八届全国人民代表大会常务委员会第十九次会议进行修正。

（4）1986年颁布《建设项目环境影响评价证书管理办法（试行）》，在我国开始实行环境影响评价单位的资质管理。1989年9月2日，由国家环保局重新颁布。

（5）1987年颁布的《中华人民共和国大气污染防治法》，2000年4月29日修订，2000年9月1日实施。

（6）1989年12月26日颁布的《中华人民共和国环境保护法》，为行政法规中具体规范环境影响评价制度提供了法律依据和基础。

其第13条规定：建设污染环境的项目，必须遵守国家有关建设项目环境保护管理的规定。

建设项目的环境影响报告书，必须对建设项目产生的污染和对环境的影响作出评价，规定防治措施，经项目主管部门预审并依照规定的程序报环境保护行政主管部门批准。环境影响报告书经批准后，计划部门方可批准建设项目设计任务书。

3. 强化和完善阶段

（1）1998年11月29日国务院253号令颁布实施《建设项目环境保护管理条例》，这是建设项目环境管理的第一个行政法规。

（2）1999年3月，国家环保总局颁布第2号令，公布《建设项目环境影响评价资格证书管理办法》；同年4月，《关于公布建设项目环境保护分类管理名录（试行）的通知》公布了分类管理名录。

（3）1990年，国家环保总局与国际金融组织合作，开始对环境影响评价人员进行培训，并实行持证上岗制度。

4．提高和拓展阶段

（1）2002年10月28日，第九届全国人大常委会通过《中华人民共和国环境影响评价法》，环境影响评价从项目环境影响评价扩展到规划影响评价，于2003年9月1日正式实施。

（2）2004年2月，人事部、国家环保总局决定在全国环境影响评价系统建立环境影响评价工程师职业资格制度。

（七）《中华人民共和国环境影响评价法》的画外音：圆明园湖底防渗工程

自2003年《中华人民共和国环境影响评价法》颁布实施以来，圆明园湖底防渗工程举行了国家环保总局首次的公众听证会，这一活动，使《中华人民共和国环境影响评价法》壮大。自此以后，未依法向环境保护行政主管部门报告环境影响评价文件即擅自开工建设，属于典型的未批先建违法工程，必须立即停建，并依法编制环境影响报告书并报国家环保总局审批。对风景名胜区、自然和文化遗产保护区内的旅游开发、资源保护等建设工程的环境影响评估，不仅要回答工程对自然生态环境的影响，同时要增加社会人文景观指标。

1．工程介绍

圆明园湖底清淤、防渗工程的建设单位为圆明园管理处，工程自2004年9月开工，计划于2005年4月中旬完工。圆明园湖底防渗工程是把湖底的水抽干，铺上防渗膜，再在上面铺上1～1.5 m厚的土，以便于水生动植物的生长。另外，在湖岸进行砌缝以防止侧漏。

2．事件起因

由于城市的高速发展和气候的持续干旱，市政府开始压缩除生活和重点工业用水及其他用水。京密引水渠自2001年开始停止向海淀区农业供水，圆明园内的补水逐渐无法得到保障（年指标150万立方，实际需900万立方），圆明园的湖面干枯时间每年长达七个月，导致大量水生物和草木死亡，2002年曾出现圆明园湖内有近7万斤鱼类因缺水而死亡的现象。长春园荷花区的严重缺水，使大面积荷花生长期缩短，甚至枯死。柳树等树木因干枯致死的超过千株。

圆明园严重缺水的状况已到了非抢救不可的地步，圆明园遗址公园面积352.13万平方米，其中水域的面积123.73万平方米，福海是圆明园最大的湖，面积30.14万平方米。因此，水源问题必须解决，圆明园湖底防渗工程因此提上日程。

3. 事件经过

在工程建设过程中,专家和媒体均给予了足够关注。2005年3月22日,兰州大学生命科学院教授张正春到圆明园参观,发现圆明园湖底在铺设防渗膜。2005年3月24日张教授向人民日报记者反映了此事,人民日报于2005年3月28日进行了报道。

在张正春教授反映此事之前,专家和媒体已经对此事进行关注:地球纵观环境教育中心的李皓博士在春节前就已经注意到此问题;在此之前,2004年12月中旬的《北京青年报》对圆明园进行湖底防渗工程之前抽干湖底水,造成大量鱼类和河蚌死亡的事件做了相关报道,题目为《圆明园福海干涸导致河蚌及成群小鱼干死》。

2005年3月30日,市环保局正式表示,圆明园的此次工程并未经过审批。

2005年3月31日,国家环保总局表示,圆明园湖底铺设防渗膜工程从开工至今未进行建设项目环境影响评估,应该立即停止建设。

2005年4月13日,在媒体和社会上一直对于圆明园防渗工程关注半个月后,此事件的第一次公众听证会在北京环保总局进行。

2005年5月17日,国家环保总局对外宣布,圆明园湖底防渗工程的环评单位已经确定。清华大学已与圆明园管理处达成环评委托协议,圆明园湖底防渗工程事件的争论暂时告一个段落。

2005年5月25日,北京市政府部门召开新闻发布会,首次回应圆明园事件,表示将根据《圆明园遗址公园规划》合理、合法地解决历史遗留问题。

2005年7月5日环保总局同意报告书结论,要求工程全面整改。对于未实施湖底防渗工程的区域,不再铺设防渗膜,全面采取天然粘土防渗。对于已铺的防渗膜全部拆除,回填粘土和原湖底底泥。

图6-5为圆明园防渗工程整改前后对比图。

图6-5 圆明园防渗工程整改前后对比

三、环境影响评估内容

(一)环境要素

环境由构成环境整体的各个独立的、性质各异而又服从总体演化规律的基本物质组成，也叫环境基质，通常是指大气、水、声、振动、生物、土壤、放射性、电磁等。

（二）环境影响因素识别

列出建设项目的直接和间接行为，结合建设项目所在区域发展规划、环境保护规划、环境功能区划、生态功能区划及环境现状，分析可能受上述项目行为（直接行为和间接行为）影响的环境影响因素。

应明确建设项目自建设阶段、生产运行、服务期满后（可根据项目情况选择）等不同阶段的各种行为与可能受影响的环境要素间的作用效应关系、影响性质、影响范围、影响程度等，定性分析建设项目对各环境要素可能产生的污染影响与生态影响，包括有利与不利影响，长期与短期影响、可逆与不可逆影响、直接与间接影响、累积与非累积影响等。

（三）环境影响评估原则

突出环境影响评估的源头预防作用，坚持保护和改善环境质量。

1. 依法评价

贯彻执行我国环境保护相关法律法规、标准、政策和规划等，优化项目建设，服务环境管理。

2. 科学评价

规范环境影响评估方法，科学分析项目建设对环境质量的影响。

3. 突出重点

根据建设项目的工程内容及其特点，明确与环境要素间的作用效应关系，根据规划环境影响评估结论和审查意见，充分利用符合时效的数据资料及成果，对建设项目主要环境影响予以重点分析和评价。

第四节　交通项目环境评估

环境影响评估和社会评估的最终目的均是为了可持续发展。经济发展、社会发展、环境保护是可持续发展相互依赖、相互促进的组成部分。交通项目，由于其效益的外部性、成本和效益无实体性等特点。因此，交通项目在建设的过程中一定要重视环境影响评估。因为交通系统的构建影响人们的出行选择，而人们的出行选择又决定了环境影响。假设同样的两个城市，一个城市免费提供私家车，并且道路供给满足需求，人们出行方式只选择私家车；另一个城市提供公共交通服务，可以实现点到点的高品质服务，人们出行方式只选择公共交通。那么他们所造成的环境污染肯定是不一样的。

一、交通项目环境影响评估体系

对于交通运输类项目,包括铁路、公路、地铁、城市交通、桥梁、隧道、港口、码头、航道、水运枢纽、光纤光缆等项目;管线、管道、仓储建设及相关工程等项目;各种民用、军用机场及其相关工程等项目,必须进行环境评价。国家环保总局和相关主管部门对公路、铁路、港口等交通项目环境影响评估作了相应规定。

(一)公路项目环境影响评估

国家环保总局颁布的《环境影响评价技术导则》对交通项目环境影响评估的内容和范围都做了规定。在此基础上,公路项目环境影响评估体系和范围可归纳为表6-2。详见《公路建设项目环境影响评价规范》(2006年版)。

表6-2 公路项目环境影响评估体系和范围

环境影响评估内容			评价范围	备注
社会环境	地区发展,沿线居民生产,生活质量		沿线的实际影响范围	1、实际影响范围一般取项目直接影响地区; 2、文物古迹应为县级以上文物保护单位; 3、重要景观较集中的区域,景观范围应适当扩大
	交通设施		项目直接影响地区	
	其他基础设施		沿线两侧各200 m范围	
	资源利用	资源开发	项目直接影响地区	
		土地利用	路线永久性利用的土地	
		文物古迹	沿线两侧各200 m范围	
	景观环境		沿线两侧各200 m范围	
生态环境	水环境质量		沿线两侧各200 m范围	政府规定的饮用水源地
			沿线两侧各300 m范围	一般水域
	土壤侵蚀		公路两侧路界以内范围及取、弃土场	对于动物可按活动范围适当扩大评价范围
	野生动植物及其他		沿线两侧各300~500 m范围	
声环境	交通噪声,环境噪声		沿线两侧各300 m范围	—
	施工期环境噪声		施工场、料场外100 m	
空气环境	空气质量		沿线两侧各200 m范围	一般地区
			沿线两侧各300 m范围	城镇、风景旅游区,名胜古迹附近

(二)铁路项目环境影响评估

1995年,铁道部颁布《铁路建设项目环境影响评价管理办法》,主要对环境影响评估的管理工作做了规定,要求铁路建设项目环境影响评估的技术必须符合《铁路工程建设项目环境影响评价技术标准》(TB 10502—1993)。当负责审批该项目环境影响报告书的国家或地方环保局对项目的环评结果的形式另有书面意见时,应按其意见处理。环评工作中或完成后，如果发生重大变化，评价单位要对变动部分及时作出调整补充，并按规定程序报请核批或重新报批（关于铁路建设项目变更环境影响评估有关问题的通知，环办〔2012〕13号）。铁路项目环境影响评估体系和范围具体如表6-3所示。

表6-3 铁路项目环境影响评估体系和范围

评价类别	评价内容	参考依据
环境噪声	主要噪声源、敏感点和到铁路边界距离	声级和声级参考距离
电磁环境	干扰源（背景噪声）、敏感点和到铁路边界距离	辐射干扰场、地电位
环境振动	振动源、敏感点和到铁路边界距离	振级和振级参考距离
大气环境	污染源和产生的污染物	耗煤量和排放浓度
水环境	污染源	污染物浓度（油、COD、SS）

（三）水运项目环境影响评估

《港口建设项目环境影响评价规范》（JTS 105-1—2011）和《内河航运建设项目环境影响评价规范》（JTJ 227—2001）同时废止，《水运工程建设项目环境影响评价指南》（JTS/T 105—2021）为水运工程建设推荐性行业标准，统一水运工程建设项目环境影响评价技术方法，防治和减缓水运工程建设项目的环境影响。其中水运工程建设项目包括海港建设项目、河港建设项目、航道、航运枢纽和通航建筑物建设项目。水运项目环境影响评估体系和范围如表6-4所示。

表6-4 水运项目环境影响评估体系和范围

评价类别		评价内容	参考依据
生态环境	陆地生态	动植物资源	近3年内物种、数量、质量等监测数据
	水生生态	河流湖泊、海洋	
水环境	地表水	水质、底泥、沉积物、水文	水文调查、水文测量，监测因子
	地下水	水文	水文调查、水文测量，监测井
大气环境		环境质量	每5 km 2个监测点，污染物情况
声环境		噪声源、声源	声源种类、噪声级、噪声特性
土壤环境		土壤情况	土壤澡泽化、次生盐碱化

（四）航空项目环境影响评估

2018年1月，为进一步规范建设项目环境影响评价文件审批，统一管理尺度，环境保护部组织编制了机场行业建设项目环境影响评价文件审批原则（试行）。提出了设置机场环境空气质量自动监测系统，以及在机场和主要声环境敏感区设置噪声实时监测系统的要求。2019年10月，生态环境部印发《京津冀及周边地区2019—2020秋冬季大气污染综合治理攻坚行动方案》中，在2019年12月底前在北京市机场建设空气质量监测站，在天津市、石家庄市、唐山市、邯郸市、太原市、郑州

□ 交通项目评估

市推进机场空气质量监测站建设，在长治市推进机场附近建成空气质量监测站，济南市充分发挥 300 辆道路颗粒物走航监测车以及机场周边空气质量微站作用，济宁市增设环境空气质量自动检测站点 2 个。

二、交通项目环境影响评估流程

（一）环境影响评估的工作程序

环境影响评估工作大体分为三个阶段，即调查分析和工作方案制定阶段、分析论证和预测评价阶段、环境影响报告书（表）编制阶段。其中分析判定建设项目选址选线、规模、性质和工艺路线等与国家和地方有关环境保护法律、法规、标准、政策、规范、相关规划、规划环境影响评价结论及审查意见的符合性，并与生态保护红线、环境质量底线、资源利用上线和环境准入负面清单进行对照，作为开展环境影响评价工作的前提和基础。依据 2017 年 1 月 1 日实施的《建设项目环境影响评价技术导则总纲》，具体过程如图 6-6 所示。

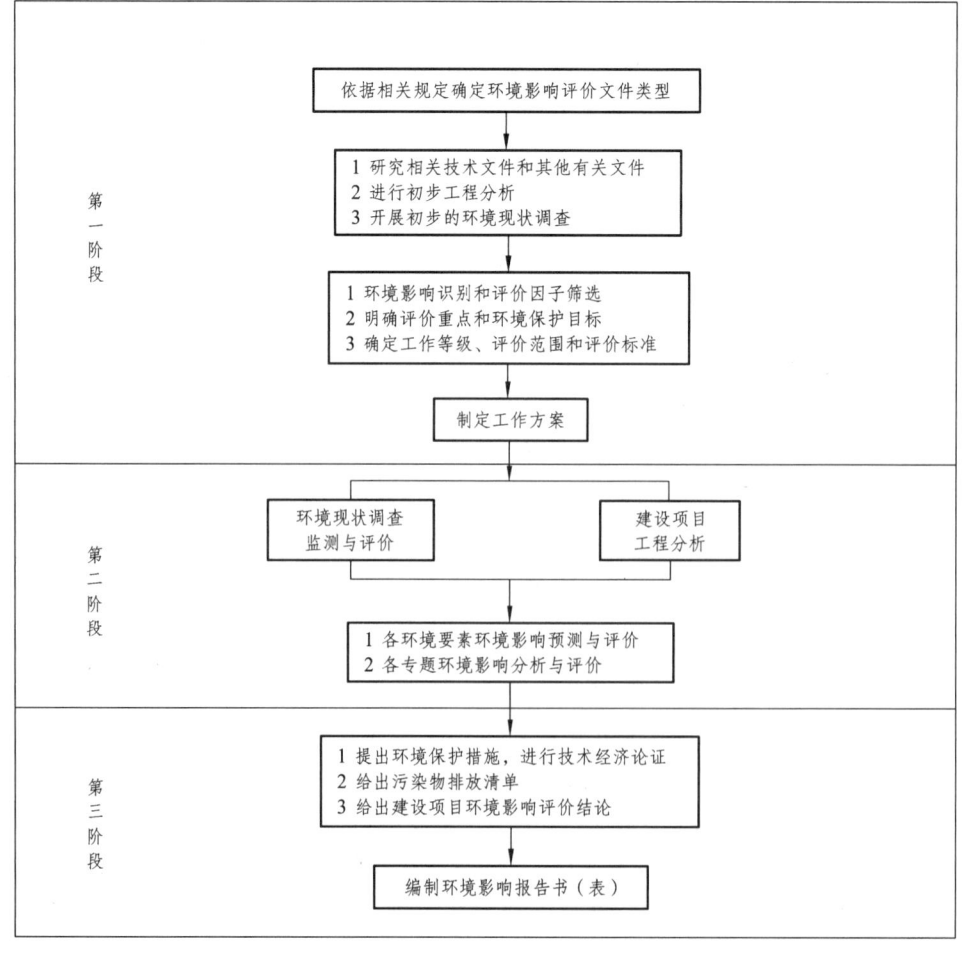

图 6-6　建设项目环境影响评估工作程序图

（二）环境影响评估标准的确定

根据环境影响评估范围内各环境要素的环境功能区划确定各评价因子适用的环境质量标准及相应的污染物排放标准。尚未划定环境功能区的区域，由地方人民政府环境保护主管部门确认各环境要素应执行的环境质量标准和相应的污染物排放标准。

（三）环境影响评估方法的选取

环境影响评估应采用定量评价与定性评价相结合的方法，以量化评价为主。环境影响评估技术导则规定了应采用的方法。选用非环境影响评估技术导则规定方法的，应根据建设项目环境影响特征、影响性质和评价范围等分析其适用性。

第五节　总结与作业

一、课后读物

扫描二维码可以获得详细知识。

公路建设项目环境影响评价规范	铁路建设项目环境影响评价	水运工程建设项目环境影响评价指南
（二维码）	（二维码）	（二维码）
机场建设项目环境影响评价文件审批原则	建设项目环境影响评价技术导则总纲	环境相关法律（《中华人民共和国环境保护法》《中华人民共和国环境影响评价法》《环境影响评价技术导则》）
（二维码）	（二维码）	（二维码）

二、课后习题

（1）为什么要进行社会评估？通过社会评估，以期实现什么目标？
（2）交通项目社会评估中需要考虑哪些内容？
（3）为什么要进行环境评估？通过环境评估，以期实现什么目标？
（4）交通项目环境评估中需要考虑哪些内容？
（5）春运期间应该大量增开什么列车？

三、课后作业

请选取一个交通项目，请将自己设定为不同的三类角色，写出这个项目的建设会对于你成为的角色的影响，从这个角色角度出发，思考该交通项目是否应该被建立。如果可以建设，原因是什么呢，如果不可以建设，有什么更好的替代方案吗？

小提示：如果想更好地成为一个角色，需要先要了解这个角色的想法。

这个作业是培养学生的系统思想，围绕原本忽略的社会内容深度思考，将多学科知识融合，解决复杂工程问题。

首先选定交通项目（包括在建、建设完成、筹建项目）和角色。然后通过问卷调查或者访谈方法成为角色。与此同时，将所学知识融合应用。最后，对该项目进行社会评估（环境评估）。

四、课后案例

（1）引申案例：重拳打击违法行为——新《环境保护法》四个配套办法综合解读。

为贯彻执行新修订的《环境保护法》，将新法赋予环保部门新的监管权力和手段落到实处，环境保护部于 2014 年 12 月 19 日发布《环境保护主管部门实施按日连续处罚办法》等 4 个配套办法。

与此同时，在环境治理的同时，对于已经存在的企业应该如何对待呢？请扫描二维码观看相关案例。

（2）与环境相关的那些事

（3）附录：大连市城市轨道交通建设规划（2014—2020 年）环境影响报告书

五、总结

一个交通项目，是否应该被建设，不可或缺的答案是社会。如果世上万物没有绝对的对错，那么世界的项目就没有绝对的优劣，项目在极大化地带来利益的同时，也在极大化地产生牺牲。因此，在社会中，不要忘记存在的每一个个体，不要忽视存在的每一个生灵。环境的持续性才能会给我们的未来带来无限可能。

第七章

交通项目不确定性分析

☐ 交通项目评估

> **章节导读：**
> "天有不测风云，人有旦夕祸福"，这一俗语说明了风险发生的不可预测性。在交通项目中，不确定性存在于各个阶段，如交通需求评估中的需求预测：乘客出行行为存在动态变化；交通技术评估中的实施方案：极端环境情况；交通财务、经济评估：原材料费用的变化；交通社会环境评估：政策环境情况。本章主要研究财务、经济评估中的不确定性，以选择收益最大的项目，这是因为财务、经济容易量化，也有明确的指标体系。
> 悄悄告诉你开启本章的口诀：融合。

引言　趣味案例，写在课前

读到本章节内容的你，现在是你的什么时间节点呢？假设你现在正在筹划开一间花店，你要开在哪里呢？你要进多少货，雇多少人才能实现收益最大化呢？请在一张纸上写下你的做法。

在交通运输领域，不确定性存在于各个方面。比如在铁路客运站修建的时候，候车室面积大小、自动检票机设置数量等都存在不确定性，当配置的面积、设备数量过多时，会造成资源的浪费；当配置的面积、设备数量过少时，又会造成旅客的服务水平下降。再如地铁线路运营初期客流量预测的不确定性，包括常规地面公交的竞争与协调的不确定性、乘客出行行为的不确定性、轨道交通运营初期服务水平的不确定性等。交通运输系统的不确定性引起了交通规划研究人员越来越多的关注。因此，交通项目的不确定性分析是有必要的。

对于花店，查看你的书写内容是明确的还是不确定的，有什么办法可以使你的小花店抵抗风险，减少亏损呢？

第一节　不确定性分析概述

一、不确定性分析的由来

客观事物发展多变的特点以及人们对客观事物认识的局限性，使得对客观事物的预测结果可能偏离人们的预期，具有不确定性，项目投资时也不例外。不确定性概念在正规意义上源于统计决策理论，并把不确定性定义为决策制定过程所处的环境背景，如果个体决策者不能完全知道其自身行动的后果，一个决策制定过程就会受不确定性的支配。

在现实社会里，一个拟建项目的所有未来结果都是未知的，尽管在投资项目决策分析与评价工作中已就项目市场、采用技术、设备、工程方案、环境保护、配套条件、投资融资和投入产出价格等方面作了尽可能详尽的研究，但项目经营的未来状况仍然可能与设想状况发生偏离，项目实施后的实际结果可能与预测的基本方案产生偏差，投资项目因而有可能面临潜在危险。这是由于上述投资项目决策分析与评价工作所采用的各项数据都是根据历史数据和经验对将来相当长一段时期进行预测得到，而预测的不确定性已为人们所共知。因此这些数据都或多或少带有某种不确定性，致使投资项目的决策分析与评价结果具有不确定性。

现实案例：珠海有轨电车 1 号线投资 21 亿余元、建造施工近 4 年、运营 3 年半、卖票收入 387 万元，在 2021 年 5 月 21 日，珠海市交通运输局发布的《关于珠海市现代有轨电车 1 号线首期项目处置重大行政决策听证会有关事项的公告》中，以 15∶1 的结果达成了同意拆除的结论。

二、不确定性分析的含义与作用

不确定性分析是对生产、经营过程中各种事前无法控制的外部因素变化与影响所进行的估计和研究。投资项目的不确定性分析是以计算和分析各种不确定因素（如价格、投资费用、项目寿命期等）变化对投资项目经济效益的影响程度为目标的一种经济分析方法。通过该分析可以尽量弄清和减少不确定性因素对经济效益的影响，预测项目投资对某些不可预见的政治与经济风险的抗冲击能力，从而证明项目投资的可靠性和稳定性，避免投产后不能获得预期的利润和收益，以致使企业亏损。不确定性分析所做出的比较可靠、接近客观实际的估计或预测，将对决策者和未来的经营者具有十分重要的参考价值。

三、不确定性产生的原因

一个投资项目，在决策过程中要考虑到政治、经济、国防、社会、资源、技术等多方面的影响。而这些因素是随时间、地点、条件改变而不断变化的。这些不确定性因素就构成了项目决策过程的不确定性。同时在项目评估所采用的数据一般都来自预测和估算，便不可避免的要涉及各种假设和推断。产生不确定性的因素如下。

1. 未来经济形势的变化。如通货膨胀和物价变动

物价是商品或劳务在市场上的交换价格，它变动的主要原因可能是劳动生产率的变化、技术革命、货币价值的变动、供求关系、竞争和垄断。物价持续较大幅度的上涨时，称为通货膨胀。物价成为市场经济变化反映在投资项目运作过程中的一个具体缩影。在财务评价中，成本费用估算中所采用的产品价格和原材料价格，以及有关的各项费用和工资等必然会发生变化。如 2010~2022 年原油价格的震荡，2011~2013 年，石油价格稳定在 90~120 美元/桶，2015 年跌至 50~70 美元/桶，到 2020 年跌至 10 美元/桶。随后，原油价格上涨至 40~50 美元/桶，直至 2022 年第一季度，原油价格升至 100 美元/桶。这对于我国公路等建设项目工程造价提高产生重大影响，导致许多工程项目总投资决算大大超过可行性研究的估算值以及初步设计的概算额。

2. 技术进步使技术装备和生产工艺变革

随着科学技术的迅猛发展，在项目可行性研究和评估时拟定的生产工艺和技术方案，有可能在项目建设和实施过程中发生变更。项目采用的技术装备甚至可能被淘汰。这样，根据原有技术条件和生产水平估计的项目收入和产品的质量、数量与价格，也将由于新技术和新产品、新工艺和新设备的出现和替代而发生变化，因而使评价产生不确定性。如沪杭超级磁悬浮工程，沪杭磁悬浮项目最早于 2006 年 3 月被国务院批准，原计划于 2006 年年内开工，2008 年年底建成，2009 年试运行，2010 年上海世博会开幕前正式投入使用。但该项目长期存在争议，开工时间被无限期搁置。2013 年 4 月，浙江省人民政府撤销沪杭磁悬浮交通项目建设领导小组。沪杭磁悬浮项目之所以进展出现反复，原因最早应追溯到京沪铁路设计初期的"轮轨派"与"磁浮派"之争。

3. 生产能力的变化

生产能力是指企业的固定资产，在一定的时期，在先进合理的组织条件下，经过综合平衡所能生产一定种类产品的最大数量。当生产能力达不到预期的设计能力时，就会导致无法按时完工等情况出现。如过街设施现场调研后发现过路天桥的通行能力有较大部分的限制，达不到设计通行量。

4. 建设资金和工期的变化

由于筹集资金的措施落实不力，外购生产设备不及时到货等原因，会使项目建设工期延长，推迟投产时间，这不仅会因贷款利息增加而提高建设成本，也会使销售收入和其他各种收益发生变化。建设资金结构每每发生变动，都会影响建设成本和经营成本，最终反映在投资效益指标上。此外，在评价项目时，由于各种原因，忽视了非定量的无形因素的估计，也会低估项目固定资产投资和流动资金投资，从

而对各种效益指标产生影响。除此之外，由于基础数据选择和估算不准或统计方法的局限性，忽视了非定量的无形因素的估计，过低估算了项目投资总额；或投资筹集措施未落实，外购设备未及时到位等原因，使项目建设工期延长，推迟投产时间，引起投资总额、经营成本等其他各种受益的变化。2009 年 7 月《大连市城市快速轨道交通建设规划》（2009～2016 年）通过国家审批。大连地铁计划在 2012 年年底前建成通车，投入试运营。2011 年 12 月国家发展改革委批准了大连市地铁 2 号线一期工程项目可行性研究报告：现计划于 2013 年年底竣工，2014 年下半年通车试运营。2012 年 10 月，经国务院批准，国家发展和改革委员会正式批复《大连市城市轨道交通近期建设规划（2009～2016 年）调整方案》，批准建设 1 号线和 2 号线。1、2 号线均已正式开工建设，实施长度 59.2 km，预计 2016 年建成通车。2017 年 2 月 19 日，大连地铁集团有限公司正式挂牌成立；同年 6 月 7 日，大连地铁 1 号线二期工程（星海广场站至河口站）开通运营，大连地铁 2 号线二期工程东段（东港站至海之韵站）开通运营。

5. 国家经济政策和法规、规定的变化

由于国内外政治形势和经济发展的影响，政府和各项经济政策和财务制度的规定也随之改变。例如，企业的经营决策将受到国家经济政策调整、市场需要变化、原材料和外环境供应条件改变、产品价格涨落、市场竞争加剧等因素的影响，这些因素大都无法事先加以控制。如在项目建设过程中，关于环境问题的政策和法规实施等。

6. 项目数据的统计偏差

由于原始统计上的误差，统计样本点的不足，公式或模型的套用不合理等造成的误差。从而导致计算获得的效益指标带有不确定性。

除上述主要原因外，还会有许多难以控制的项目运行环境变化而影响项目经济效果，尤其是某些国家经济发生的劳动罢工、市场竞争行为、政治事件、国际性金融危机和经济贸易情况的变化，甚至是自然灾害、病毒疫情等。

对于交通项目，交通量同样也会影响项目评估的结论，产生不确定性。因为交通量的数值在财务评估中与企业收益息息相关。在经济评估中，与效益息息相关。但是其预测过程中，具有不确定性。

因此，针对交通项目进行不确定性分析是必要的。应根据投资项目的类型、特点及其对国民经济的影响程度，确定对项目进行不确定性分析的内容和方法。

第二节　盈亏平衡分析

一、盈亏平衡分析的含义

盈亏平衡分析是一种在一定市场、生产能力以及经营管理条件下，通过盈亏平衡点（Break Even Point：*BEP*）分析项目成本与收益的平衡关系的一种方法。盈亏平衡分析又称保本点分析或本量利分析法，是根据产品的业务量（产量或销量）、成本、利润之间的相互制约关系的综合分析，用来预测利润，控制成本，判断经营状况的一种数学分析方法。各种不确定因素（如投资、成本、销售量、产品价格、项目寿命期等）的变化会影响投资方案的经济效果，当这些因素的变化达到某一临界值时，就会影响方案的取舍。盈亏平衡分析的目的就是找出这种临界值，即盈亏平衡点，判断投资方案对不确定因素变化的承受能力，为决策提供依据。

盈亏平衡点，又称零利润点、保本点、盈亏临界点、损益分歧点、收益转折点。通常是指全部销售收入等于全部成本时（销售收入线与总成本线的交点）的产量。以盈亏平衡点的界限，当销售收入高于盈亏平衡点时企业盈利，反之，企业亏损。盈亏平衡点既可以用销售量来表示，即盈亏平衡点的销售量；也可以用销售额来表示，即盈亏平衡点的销售额。

建设项目盈亏平衡分析是指对建设项目在各种投入、产出数据变化情况下的盈亏平衡点的测算和分析，反映项目适应市场需求变化和抵抗风险的能力，以及在一定程度上反映项目的盈利能力，是仅在财务评价中采用的不确定性分析方法之一。项目盈亏平衡点有三种表示方式：一是产量盈亏平衡点（根据固定费用、产品价格与变动成本计算保本产量的盈亏平衡点）；二是销售收入盈亏平衡点（根据固定成本与变动成本计算利润为 0 的盈亏平衡点）；三是项目负荷率盈亏平衡点（根据建设项目风险承受能力计算生产负荷率的平衡点，即投产项目某一年度的产品产量与年设计生产能力之比）。

在进行方案比较时，选择盈亏平衡点低的方案。当各方案设计规模相同时，选择收支平衡生产量小或收支平衡点销售收入小的方案；当各方案的设计规模不同时，应选择盈亏平衡点的负荷率低的方案。

二、盈亏平衡分析的样式

盈亏平衡分析是一种通过盈亏平衡点分析项目成本与收益、生产负荷与风险间平衡关系的方法。由于销售收入与产品销售量、销售成本及产品产销量、项目风险承受能力与生产负荷率之间存在着线性和非线性的关系。因此，盈亏平衡分析也分为线性盈亏平衡分析和非线性盈亏平衡分析。

（一）线性盈亏平衡分析

为了获得盈亏平衡点（销售收入=销售成本），在计算销售收入和销售成本的过程中，设置以下线性假设：① 运输价格在各个时期、各种产量水平上都相同；② 每批客货运周转量的固定成本是相等的；③ 单位可变成本与客货运周转量成正比变化；④ 运输产品多种产品共存时，如高速动车组列车按照座位差别，提供商务座、一等座、二等座的运输产品，则假定每种产品在总销售额中保持不变（即意味着设计供给能力等于实际发生的客货运周转量);⑤运输成本是客货运周转量的线性函数;⑥运输收入是运输价格、客货运周转量的线性函数。

根据假设,线性盈亏平衡图如图 7-1 所示。

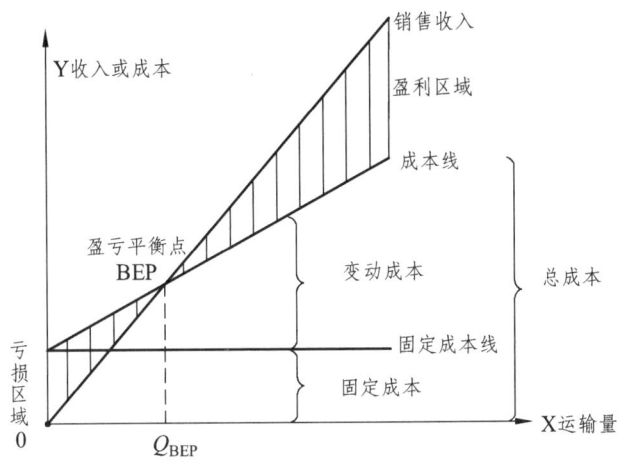

图 7-1 线性盈亏平衡图

问题:铁路上盈亏平衡运量(保本运量)怎么计算呢(提示:盈亏平衡运量是在运价一定的前提下盈亏平衡的运量临界点,即运输收入等于项目营业总成本费用时的运量)?

$$Q_0 = \frac{F}{LP(1+r)(1-b)} \tag{7-1}$$

其中 Q_0——发送量;

L——乘客平均运距;

P——运价率;

r——其他收入率;

b——营业税率及附加;

F——项目总成本费用,包括经营成本、折旧、摊销费、财务费用、营业外净支出等。

(二)非线性盈亏平衡分析

盈亏平衡分析中成本与运量、收益与运量之间的非线性关系,如图 7-2 所示。其中包括总成本呈非线性变化,运输收入呈线性变化;总成本呈线性变化,运输收入呈非线性变化;总成本呈非线性变化,运输收入呈非线性变化。

盈亏平衡点(销售收入=销售成本),其数值可能并不唯一(大于等于 1 个),如图 7-2 所示,有两个盈亏平衡点,在这两个盈亏平衡点之间的范围内盈利,但在其他范围内亏损。

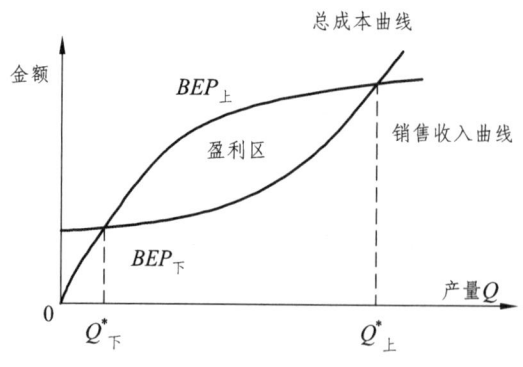

图 7-2 非线性盈亏平衡图

问题：如何测算非线性的盈亏平衡点呢（提示：如果是二元、三元的函数，可以试试消元法）？

问题：如何测算收益最大值呢（提示：求导）？

（三）动态平衡分析

动态盈亏平衡分析是指考虑货币时间价值，通过考察项目在整个寿命期内的产量、现金流入、现金流出三者的关系，测算项目的盈亏平衡点，来进行项目风险分析的一种方法。将项目盈亏平衡状态定义为净现值等于零的状态，便能将资金的时间价值考虑在盈亏平衡分析内，变静态盈亏平衡分析为动态盈亏平衡分析。

静态盈亏平衡分析没有考虑资金的时间价值、所得税、利率以及通货膨胀等因素的影响，由此计算出的盈亏平衡点销售量仅仅能使项目的当期达到盈亏平衡，却不能保证项目的净现值恰好为零。在考虑资金的时间价值和所得税等因素的条件下，项目的动态盈亏平衡点就是项目净现值为零的那一点，即动态保本销售量就是使项目净现值为零的销售量。

动态盈亏平衡分析通过考虑资金的时间价值及风险因素影响，可以突破传统的盈亏平衡分析的局限性，将动态因素引入到盈亏平衡分析中，使企业管理人员和投资人的决策建立在更接近实际内外部环境的基础上，从而使决策更科学、更准确。项目的动态盈亏平衡分析还可分为独立项目的动态盈亏平衡分析和互斥项目的动态盈亏平衡分析。

动态平衡点分析研究项目在整个寿命周期内的投入产出关系，考虑了资金的时间价值，全面反映了投资项目在整个寿命周期内的不确定性与风险，其基本模型为：

$$NAW=P_pQ-C_vQ-OC_{ft}-(k_1+k_2)(A/P, i_0, n)+(S_1+S_2)(A/F, i_0, n) \quad (7-2)$$

式中，NAW 为所得税前净年值，P_pQ 为收益，C_vQ 为变动成本，OC_{ft} 为固定经营成本（即不包括折旧的年固定成本），k_1 为固定资产投资，k_2 为流动资金，S_1 为回收固定资产余值，S_2 为回收流动资金，i_0 为基准收益率，n 为投资年限。

问题：如何测算动态盈亏平衡点呢（提示：插值法）？

（四）盈亏平衡点图的结构

尽管盈亏平衡点图所依据的理论很简单，但是，因为固定成本和可变成本之间的界线是不明确的，因而要获得绘图时的理想数据却不那么容易。如果我们把不经调查就随意进行的分类看作是有效的，那将是靠不住的。关键的问题在于：从成本因素中构造一个精确的盈亏平衡点图来反映成本因素与产量之间关系的实际特性，需要许多的先期工作。如成本与销售量之间的曲线，是否需要去掉通货膨胀造成的成本和价格上涨，或者公益变化等。因此，好的盈亏平衡点图要求有好的成本会计制度。

三、盈亏平衡分析的例子

旅客列车上座盈亏平衡点研究，铁路列车的上座率要达到多少，才能盈利呢？

一列车所获得年运输收入为：

$$I = P \times Q \times R \tag{7-3}$$

式中：I 为该列车的运输收入（元），P 为该列车不同系别的平均票价（元/人），Q 为该列车的定员总数（人）；R 为该开通列车的平均上座率（%）。

一列车所获得年运输成本：

$$C = V \times Q \times R + F \tag{7-4}$$

C 为该列车的运输成本（元），V 为旅客发送人数的单位变动成本（车站旅客服务费用）（元/人），Q 为该列车的定员总数（人），F 为该列车开行应分摊的固定成本。

因此，在不考虑税金等情况下，获得

$$R = \frac{F}{(P-V)Q} \tag{7-5}$$

因此，在有数据的情况下，可以获得盈亏平衡时上座率。

第三节 敏感性分析

一、敏感性分析的含义

敏感性分析是投资项目的经济评估中常用的分析不确定性的方法之一，是研究项目的主要不确定因素发生变化时，项目的经济效益评价指标发生变化的程度。从多个不确定性因素中逐一找出对投资项目经济效益指标有重要影响的敏感性因素，并分析、测算其对项目经济效益指标的影响程度和敏感性程度，进而判断项目承受风险的能力，以便于项目投资者集中注意力，重点研究敏感性因素发生变化的可能性，并采取相应的措施和对策，降低投资项目的风险，以确保国民经济评价结论的准确性、稳定性和实效性。

根据每次变动因素的数目不同,敏感性分析可以分为单因素敏感性分析和多因素敏感性分析。单因素敏感性分析是指每次只改变一个因素的数值来进行分析,估算单个因素的变化对项目效益产生的影响;多因素分析则是同时改变两个或两个以上因素进行分析,估算多因素同时发生变化的影响。

二、敏感性分析的一般步骤

(1)确定具体的国民经济评价指标作为分析对象。敏感性分析的对象是具体的技术方案及其反映的经济效益。因此,技术方案的某些经济效益评价指标,例如息税前利润、投资回收期、投资收益率、净现值、内部收益率等,都可以作为敏感性分析指标。

(2)计算该技术方案的目标值。一般将在正常状态下的经济效益评价指标数值,作为目标值。

(3)选取不确定因素。选取重要的参数作为敏感性分析因素并假设其变动的幅度范围。从不确定因素中寻找对项目投资经济效益产生重大影响并在建设和运营过程中可能发生较大变化的因素。影响城市轨道交通项目经济效益的敏感性因素主要有影子票价、影子工程投资、影子运营成本、影子汇率、客流量、贷款利息、工期等。

(4)计算不确定因素变动时对分析指标的影响程度。若进行单因素敏感性分析时,则要在固定其他因素的条件下,变动其中一个不确定因素;然后,再变动另一个因素(仍然保持其他因素不变),以此求出某个不确定因素本身对方案效益指标目标值的影响程度。若进行多因素敏感性分析,同时改变两个或两个以上因素进行分析,估算多因素同时发生变化的影响。

(5)建立一一对应数量关系,绘制敏感性分析图,对敏感性因素进行排序,找出敏感因素,进行分析和采取措施,以提高技术方案的抗风险的能力。

三、敏感性分析的作用

(1)确定影响项目经济效益的敏感因素。寻找出影响最大、最敏感的主要变量因素,进一步分析、预测或估算其影响程度,找出产生不确定性的根源,采取相应有效措施。

(2)计算主要变量因素的变化引起项目经济效益评价指标变动的范围,使决策者全面了解建设项目投资方案可能出现的经济效益变动情况,以减少和避免不利因素的影响,改善和提高项目的投资效果。

(3)通过各种方案敏感度大小的对比,区别敏感度大或敏感度小的方案,选择敏感度小的,即风险小的项目作为投资方案。

(4)通过可能出现的最有利与最不利的经济效益变动范围的分析,为投资决策者预测可能出现的风险程度,并对原方案采取某些控制措施或寻找可替代方案,为最后确定可行的投资方案提供可靠的决策依据。

如在公路建设项目经济评价方法与参数中，敏感性分析结果能抵御费用（支出）和效益（收入）双向20%的不利变化，表明项目经济（财务）抗风险能力很强；抵御双向10%不利变化时，抗风险能力较强；抵御单向10%不利变化时，抗风险能力一般，不能抵御单向10%不利变化时，抗风险能力较弱。

四、敏感性分析的例子

建设项目有许多不确定性因素难以预测，现针对最为敏感的两个因素，即由于交通量变化所引起的效益变化，以及受物价上涨和许多不可预见因素引起的建设费用变化对项目进行敏感性分析。本文对费用增加10%或效益减少10%分析，当费用或效益发生变化时，所得到的净效益流量和净现值如表7-1所示。

同时由表7-1中的净效益流量，可通过插值法得到变化后的经济内部收益率，以费用增加10%和效益减少10%为例，试算过程如表7-2所示。

则 $EIRR=0.09+(0.1-0.09)\times 439.21\div(439.21+8\,389.11)=9.95\%$　　　（7-6）

其余三种情况不予赘述，根据上述计算可得到经济费用敏感性分析表，如表7-3所示。

从表7-3可以看出：销售收入与净现值呈现正相关的关系，而投资和经营成本与净现值呈现负相关的关系，但效益减少或费用增加而得到的经济净现值仍能保证符合社会折现率的社会盈余。仅从0%和10%的情况对比来看，因效益变化而引起的净现值变化略大一些。从经济内部收益率来看，当效益或费用变化，效益与费用同时变化时，$EIRR$ 大于7，说明项目的抗风险能力较强。

（2）某交通投资项目其主要经济参数的估计值为：初始投资为1 500万元，寿命为20年，残值为0，年收入为350万元，年支出为100万元，投资收益率为15%，试分析初始投资、年收入与寿命三参数同时变化时对净现值的敏感性。

解：设初始投资变化率为 x，年收入变化率为 y，寿命变化率 z。

$$NPV=-1\,500(1+x)+[350(1+y)-100](P/A,i,n)$$
$$=-1\,500(1+x)+(350y+250)[P/A,i,20(1+z)] \quad (7\text{-}7)$$

分别取 z 为-5%、5%、10%、20%，并令 $NPV(z)=0$，得出临界线

$NPV(z=-5\%)=-1\,500-1\,500x+[(350y+250)(P/A,15\%,19)]=0$

∴ $y_{-5}=0.69x-0.023$

$NPV(z=5\%)=-1\,500-1\,500x+[(350y+250)(P/A,15\%,21)]=0$

∴ $y_5=0.68x-0.035$

$NPV(z=10\%)=-1\,500-1\,500x+[(350y+250)(P/A,15\%,22)]=0$

∴ $y_{10}=0.67x-0.04$

表 7-1 费用或效益变化时项目的净效益流量表

年份	效益流量	费用增加 10%	效益减少 10%	折现系数 折现率 8%	两者都变 净效益流量	两者都变 净现值	仅费用变 净效益流量	仅费用变 净现值	仅效益变 净效益流量	仅效益变 净现值
1	0.00	22 142.56	0.00	0.926	-22 142.56	-20 502.37	-22 142.56	-20 502.37	-20 129.60	-18 638.52
2	0.00	34 092.10	0.00	0.857	-34 092.10	-29 228.48	-34 092.10	-29 228.48	-30 992.82	-26 571.34
3	0.00	35 409.48	0.00	0.794	-35 409.48	-28 109.19	-35 409.48	-28 109.19	-32 190.44	-25 553.81
4	0.00	25 656.56	0.00	0.735	-25 656.56	-18 858.34	-25 656.56	-18 858.34	-23 324.14	-17 143.94
5	9 776.00	955.90	8 798.40	0.681	7 842.50	5 337.47	8 820.10	6 002.81	7 929.40	5 396.62
6	13 131.70	860.42	11 818.53	0.630	10 958.11	6 905.47	12 271.28	7 732.99	11 036.33	6 954.76
7	13 795.68	860.42	12 416.11	0.583	11 555.69	6 742.64	12 935.26	7 547.60	11 633.91	6 788.28
8	14 493.31	860.42	13 043.98	0.540	12 183.56	6 582.40	13 632.89	7 365.42	12 261.78	6 624.66
9	15 226.28	860.42	13 703.66	0.500	12 843.24	6 424.82	14 365.86	7 186.51	12 921.46	6 463.94
10	15 996.41	956.01	14 396.77	0.463	13 440.76	6 225.67	15 040.40	6 966.61	13 527.67	6 265.93
11	16 805.57	946.44	15 125.01	0.429	14 178.57	6 080.95	15 859.13	6 801.71	14 264.61	6 117.85
12	17 655.74	946.44	15 890.17	0.397	14 943.73	5 934.36	16 709.30	6 635.49	15 029.77	5 968.53
13	18 549.02	946.44	16 694.12	0.368	15 747.68	5 790.39	17 602.58	6 472.43	15 833.72	5 822.03
14	19 487.60	946.44	17 538.84	0.340	16 592.40	5 649.06	18 541.16	6 312.54	16 678.44	5 678.36
15	20 473.77	13 937.21	18 426.39	0.315	4 488.18	1 414.86	6 535.56	2 060.28	5 755.29	1 814.31
16	21 509.95	1 018.82	19 358.96	0.292	18 340.14	5 353.31	20 491.13	5 981.17	18 432.76	5 380.35
17	22 598.70	1 018.82	20 338.83	0.270	19 320.01	5 221.60	21 579.88	5 832.37	19 412.63	5 246.63
18	23 742.67	1 018.82	21 368.41	0.250	20 349.59	5 092.46	22 723.85	5 686.62	20 442.21	5 115.64
19	24 944.69	1 018.82	22 450.22	0.232	21 431.40	4 965.91	23 925.87	5 543.91	21 524.02	4 987.38
20	26 207.70	1 132.12	23 586.93	0.215	22 454.81	4 817.64	25 075.58	5 379.92	22 557.73	4 839.72
21	27 534.81	1 120.79	24 781.33	0.199	23 660.54	4 700.30	26 414.02	5 247.30	23 762.43	4 720.54
22	28 929.28	1 120.79	26 036.35	0.184	24 915.56	4 582.98	27 808.49	5 115.11	25 017.45	4 601.72
23	30 394.54	1 120.79	27 355.08	0.170	26 234.29	4 468.10	29 273.75	4 985.77	26 336.18	4 482.45
24	39 613.43	1 120.79	35 652.09	0.158	34 531.30	5 445.56	38 492.64	6 070.26	34 633.19	5 461.63
合计						11 037.58		24 228.46		20 826.70

表 7-2 试算费用+10%和效益-10%后的经济内部收益率

两者都变	净效益流量	i=9%		i=10%	
		折现系数	净现值	折现系数	净现值
1	−22 142.56	0.917	−20 314.28	0.909	−20 129.60
2	−34 092.10	0.842	−28 694.64	0.826	−28 175.29
3	−35 409.48	0.772	−27 342.62	0.751	−26 603.67
4	−25 656.56	0.708	−18 175.75	0.683	−17 523.78
5	7 842.50	0.650	5 097.09	0.621	4 869.58
6	10 958.11	0.596	6 533.96	0.564	6 185.57
7	11 555.69	0.547	6 321.36	0.513	5 929.90
8	12 183.56	0.502	6 114.52	0.467	5 683.72
9	12 843.24	0.460	5 913.38	0.424	5 446.79
10	13 440.76	0.422	5 677.52	0.386	5 181.99
11	14 178.57	0.388	5 494.66	0.350	4 969.50
12	14 943.73	0.356	5 313.01	0.319	4 761.53
13	15 747.68	0.326	5 136.56	0.290	4 561.54
14	16 592.40	0.299	4 965.22	0.263	4 369.30
15	4 488.18	0.275	1 232.18	0.239	1 074.43
16	18 340.14	0.252	4 619.33	0.218	3 991.35
17	19 320.01	0.231	4 464.34	0.198	3 822.36
18	20 349.59	0.212	4 313.98	0.180	3 660.05
19	21 431.40	0.194	4 168.19	0.164	3 504.21
20	22 454.81	0.178	4 006.63	0.149	3 337.76
21	23 660.54	0.164	3 873.18	0.135	3 197.26
22	24 915.56	0.150	3 741.86	0.123	3 060.78
23	26 234.29	0.138	3 614.60	0.112	2 929.80
24	34 531.30	0.136	4 364.93	0.102	3 505.81
合计			439.21		−8 389.11

表 7-3 经济费用敏感性分析表

效益减少	费用增加	0%	10%
0%	NPV	34 017.58	24 228.46
	IRR	11.69%	10.22%
−10%	NPV	20 826.7	11 037.58
	IRR	10.10%	9.95%

$$NPV(z=20\%)=-1\ 500-1\ 500x+[(350y+250)(P/A,15\%,24)]=0$$
$$\therefore y_{20}=0.67x-0.048$$

敏感性分析图如图7-3所示。

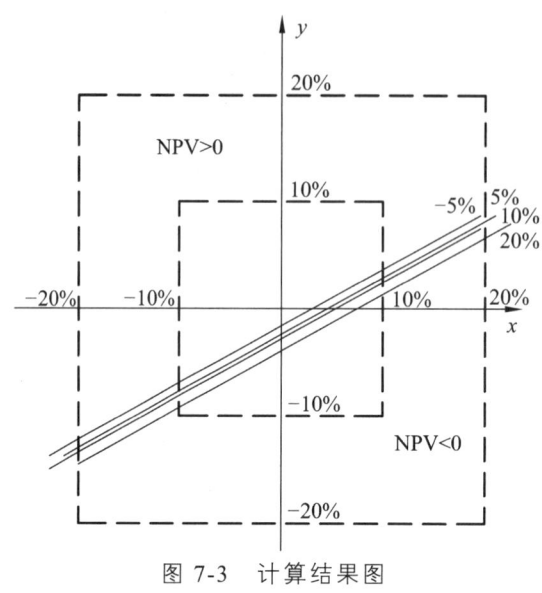

图 7-3 计算结果图

第四节 概率分析

一、概率分析含义

概率分析是使用概率预测分析不确定因素和风险因素对项目经济效果影响的一种定量分析方法。其实质是研究和计算各种影响因素的变化范围，以及在此范围内出现的概率和期望值。由于概率的原因所引起的实际价值与估计价值或预期价值之间的差异，通常称为风险性，因此概率分析亦可称为风险分析。在项目评价中所用的概率是指各种基本变量（如投资、成本、收益等）出现的频率。其分析结果的可靠性很大程度上取决于每个变量概率值判断的准确性。

概率分析的目的是通过确定影响项目经济效果的关键因素的可能的变动范围及其概率分布，对方案的经济效果评价指标做出某种概率描述，如求解概率期望值和估计各种净现值出现的概率，从而对项目的投资风险情况做出更准确的判断。有客观和主观两种意义上的概率，概率分析中主要是应用主观先验概率，也就是根据过去的经验数据和相关信息认为预测和估计而得的概率。

二、概率分析步骤

根据不确定因素在一定范围内的随机变动，分析并确定这种变动的概率分布，从而计算出其期望值及标准偏差，为项目的风险决策提供依据的一种分析方法。期望值法在项目评估中应用最为普遍,是通过计算项目净现值的期望值和净现值大于或等于零时的累计概率,来比较方案优劣、确定项目可行性和风险程度的方法。

其实施步骤如下:

(1)列出各种将要考虑的不确定因素。例如销售价格、销售量、投资和经营成本等,均可作为不确定因素。需要注意的是,所选取的几个不确定因素应是互相独立的。

(2)设想各个不确定因素可能发生的情况,即其数值发生变化的几种情况。

(3)分别确定各种可能发生情况产生的可能性,即概率。各不确定因素的各种可能发生情况出现的概率之和必须等于1。

(4)计算目标值的期望值。可根据方案的具体情况选择适当的方法。假若采用净现值为目标值,则一种方法是,将各年净现金流量所包含的各不确定因素在各可能情况下的数值与其概率分别相乘后再相加,得到各年净现金流量的期望值,然后求得净现值的期望值。另一种方法是直接计算净现值的期望值。

(5)求出目标值大于或等于零的累计概率。对于单个方案的概率分析应求出净现值大于或等于零的概率,由该概率值的大小可以估计方案承受风险的程度,该概率值越接近1,说明技术方案的风险越小,反之,方案的风险越大。我们可以列表求得净现值大于或等于零的概率。

三、概率未知情况下的分析

在概率未知的情况下,如何进行选择呢?在 ABCD 四个方案中(见表 7-4),应如何选择?

表 7-4 不同需求量的净现值　　　　　　　　　　单位:万元

方案	市场需求			
	较高	一般	较低	很低
A	60	40	−15	−35
B	80	35	−30	−70
C	35	22	5	−10
D	40	25	9	−5

不同的人有不同的选择方法,包括悲观法、乐观法、乐观系数法、等可能性法、最小最大后悔值法。根据表 7-4 的数值,你应如何选择?

根据表格,依据市场需求下各方案的净现值,C 方案是劣势方案,意味着无论是在哪种市场需求下,C 都严格小于 D,因此,不会在任何一种市场需求下,选择 C 方案。可选方案变为 A、B、D 方案。

1. 悲观法（小中取大法）

悲观准则是决策者在决策时对未来状况持悲观态度，在未来发生的各种自然状态中，最坏状态出现的可能性比较大。决策者唯恐由于决策失误可能造成较大的经济损失，在进行决策的分析时，比较小心谨慎，总是假定未来是最不理想的状态占上风，应从最不利的结果中选择最理想的结局。

决策者面对两种或两种以上的可行方案，每一种方案都对应着几种不同的自然状态，每一种方案在每一种自然状态下的收益值或损失值各不相同，且每一种损益值都可以通过科学的方法预测出来。决策者将每一种方案在各种自然状态下的收益值中的最小值选出，然后比较各种方案在不同的自然状态下所可能取得的最小收益，从各个最小收益中选出最大者，那么这个最小收益当中的最大者所对应的方案就是采用悲观决策法所要选用的方案。如果决策方案所对应的损益值表现为收益值，那么决策的形式表现为"小中取大"，如果决策方案所对应的损益值表现为损失值，那么决策的形式则表现为"大中取小"。采用悲观决策准则，通常要放弃最大利益，但由于决策者是从每一方案最坏处着眼，因此风险较小。

因此，在 A 方案中最小值为-35 万元，在 B 方案中最小值为-70 万元，在 D 方案中最小值为-5 万元。综上所述，依照乐观法，选择 B 方案。

2. 乐观法（大中取大法）

在决策时，决策者对客观情况持有一种乐观态度的准则，它假定决策对象未来的情形是理想的状态占上风。采用大中取大法进行决策时，首先计算各方案在不同自然状态下的收益，并找出各方案所带来的最大收益，即在最好自然状态下的收益，然后进行比较，选择在最好自然状态下收益最大的方案作为所要的方案。

因此，在 A 方案中最大值为 60 万元，在 B 方案中最大值为 80 万元，在 D 方案中最大值为 40 万元。综上所述，依照悲观法，选择 D 方案。

除此之外，对于损失而言，则应从各个方案的最小损失值中选取损失最小的方案。

3. 乐观系数法

它是介于乐观决策法和悲观决策法之间的一种决策方法，该方法既不像乐观法那样在所有的方案中选择效益最大的方案，也不像悲观法那样，从每一方案的最坏处着眼进行决策，而是在极端乐观和极端悲观之间，通过乐观系数确定一个适当的值作为决策依据。

乐观系数决策法的基本原理是：决策者的目光可以放在过分乐观和过分悲观之间进行决策。这种决策方法的客观基础是形势既不太乐观也不太悲观。因此，需要对乐观程度有一个基本估计，这个估计值称作乐观系数。若以 $\alpha([0,1])$ 表示乐观系数，则 $1-\alpha$ 就是悲观系数。以 α 和 $1-\alpha$ 为权数对每一方案的最大效益值和最小效益值进行加权平均，便得到每一方案可能的效益值，然后取各方案的可能效益值中最大者为决策者的目标值。当 $\alpha=0$ 时，采用悲观法的评价标准，当 $\alpha=1$ 时，采用乐观法的评价标准。

4. 等可能性法

等可能性决策是当决策人在决策过程中，不能肯定哪种状态容易出现，哪种状态不容易出现时，假定未来各种自然状态发生的概率相同，做出的决策。如果有 n 个自然状态，那么每个自然状态出现的概率即为 $1/n$，然后按收益最大的或损失最小的期望值（或矩阵法）进行决策。

因此，依据等可能性法，A 方案为 12.5 万元，B 方案为 3.75 万元，D 方案为 17.25 万元。综上所述，依照等可能性法，应选择 D 方案。

5. 最小最大后悔值法

最小最大后悔值法，也叫最小遗憾值法。该方法以避免决策者将来对自己的决策感到后悔为原则，是一种根据机会成本进行决策的方法，它以各方案机会损失大小来判断方案的优劣。即首先计算各方案在各自然状态下的后悔值，并找出各方案的最大后悔值，然后进行比较，再选择最大后悔值最小的方案作为选择方案的一种决策方法。采用最大最小后悔值法的决策者是从后悔的角度去考虑问题的。即把在各自然状态下的最大收益值作为理想目标，把各方案的收益值与这个最大收益值的差值称为未达到理想目标的后悔值，然后从各方案最大后悔值中取最小者，从而确定行动方案。

最小最大后悔值法的步骤：计算每个方案在各种情况下的后悔值（后悔值=各个方案在该情况下的最优收益-该情况下该方案的收益）；找出各方案的最大后悔值；选择最大后悔值中的最小方案作为最优方案。

因此，后悔值表如表 7-5 所示。在表 7-5 中，A 方案中最大后悔值为 30 万元，在 B 方案中最大后悔值为 65 万元，在 D 方案中最大后悔值为 40 万元。综上所述，依照最小最大后悔值法，选择 A 方案。

表 7-5 后悔值表　　　　　　　　　　　　　　　　单位：万元

方案	市场需求			
	较高	一般	较低	很低
A	20	0	24	30
B	0	5	39	65
D	40	15	0	0

四、概率已知情况下的分析

在已知和获得各备选方案的概率下，计算期望值。

某项目初始投资为 600 万元的概率是 0.3，500 万元的概率是 0.4，400 万元的概率是0.3，寿命期为5年，在这5年内每年的净收益为300万元和200万元的概率分别是0.6、0.4。试计算该项目投资的期望值并对其进行风险分析。假设期末无残值，折现率按10%计算。

解：按照每一个状态下的净现值NPV和概率值，详细所得结果如表7-6所示。

表7-6 结果详细情况

投资额/万元	年净收益/万元	概率终值	NPV净现值/万元	加权净现值/万元
600 (0.3)	300 (0.6)	0.18	537.3	96.714
600 (0.3)	200 (0.4)	0.12	158.2	18.984
500 (0.4)	300 (0.6)	0.24	637.3	152.952
500 (0.4)	200 (0.4)	0.16	258.2	41.312
400 (0.3)	300 (0.6)	0.18	737.3	132.714
400 (0.3)	200 (0.4)	0.12	358.2	42.984

表中，概率终值是相关选项的概率乘积，如投资为600万，每年净收益为300万的概率是0.3×0.6=0.18，净现值的计算过程如财务评估中所述一致，加权净现值是某一状态下的净现值与相应状态的概率值相乘得到的，所有状态下的加权净现值之和即是方案的期望净现值。

从表7-6可以看到该项目的期望值为485.66万元（96.714+18.984+152.952+41.312+132.714+42.984），略低于概率终值最大值0.24对应的净现值637.3万元。而且该项目净现值大于零的概率为1，说明该项目的投资是可行的。

第五节 总结与作业

一、课后读物

扫描二维码可以获得详细知识。

广九直通旅客列车上座率盈亏平衡点研究	轨道交通项目的国民经济评价研究

二、课后习题

（1）在本章中，你学会了哪些方法？

（2）某项目其固定资产初始投资为 200 万元，年销售收入为 40 万元，年经营费用为 3 万元，项目寿命周期为 10 年，固定资产残值为 2 万元。基准收益率为 10%，试就初始投资和年销售收入对该项目的净现值进行双因素的敏感性分析。

（3）针对财务经济中所获得的评价指标，我们可试着进行敏感性分析。

三、课后延伸

敏感度系数是指项目评价指标变化的百分率与不确定因素变化的百分率之比。其中敏感度系数高，则说明项目对该不确定因素敏感程度高。

计算公式：$S_{AF} = \dfrac{\Delta A / A}{\Delta F / F}$

S_{AF}：评价指标 A 对于不确定因素 F 的敏感系数；

$\Delta F / F$：不确定因素 F 的变化率（%）；

$\Delta A / A$：不确定因素 F 发生 ΔF 变化率时，评价指标 A 的相应变化率。

其中 $S_{AF} > 0$，表示评价指标与不确定因素同方向变化；$S_{AF} < 0$，表示评价指标与不确定因素反方向变化。$|S_{AF}|$ 较大者敏感度系数高。

将敏感性分析的结果进行汇总，编制敏感性分析表如表 7-7 所示，列车各不确定因素变动率及相应的评价指标值。具体见表 7-7 所示。

表 7-7　敏感性分析表

不确定性因素	不确定因素变化率	财务内部收益率	敏感度系数
基本方案	0		
影子票价变化	10%		
	-10%		
影子工程投资变化	10%		
	-10%		
影子运营成本	10%		
	-10%		
……			

四、总结

虽然本章写的是不确定性分析,但每节内容都在期望通过定量分析量化不确定性。盈亏平衡分析、敏感性分析、概率分析提供了面对不确定性问题时的一个思路,其虽然在简化为一个数学问题时存在误差,但其计算结果给予了一个方向性的指引。所以,遇到交通项目时,我们在各个章节做预测,期望测算的值接近真实值,但也存在着很多不确定性,我们可以用学到的方法给予它一份全面的系统性分析。

第八章

交通项目后评估

□ 交通项目评估

> **章节导读：**
>   交通项目做完以后，还需要对该项目做什么呢？试着想想你经历过的考试，考完以后你会做什么呢。你会学会错题，以使下次考试考的更好吗？这就类似于项目的后评价。从系统角度来讲，一个交通项目仅是交通运输的一个部分，这个运输系统是由上百万个或者更多的项目在不同时空构建的。因此，交通项目的后评价是非常重要的，可以总结经验，积累教训，持续改进。悄悄告诉你开启本章的魔法口诀：目标。每一个交通项目的目标构成了交通运输领域的目标。

引言　趣味案例，写在课前

一、课前游戏

还记得我们在第一章中玩的数 7 游戏吗？如果经历过前面几章的学习，我们现在再玩一次这个游戏，你猜哪个同学能获胜？对于现在交通项目为何要进行后评估，你有自己的理解了吗？请你在一张纸上写下你的想法。让我们带着答案开启这一章的学习。

二、课前案例

通过对下面案例的阅读，你觉得后评估是什么内容？应通过哪几个方面进行评估，案例中给出的评估分析对吗？你又是怎么看待的呢？请你在一张纸上写下你的想法。

案例：成都至雅安高速公路后评价之经济社会影响评价。

该案例通过从定性分析（交通运输状况、经济发展、社会发展、政治影响）和定量分析（项目投入产出效益、旅客节约时间效益）两个层面进行评估，实现成雅高速公路建设的预期效果，对未来公路建设项目的实施提供了理论依据，但是其中也有几个值得思考的点。其一，如果没有建成雅高速公路，雅安市接待国内旅游人数、旅游收入等数值会呈现什么样的情况？其二，时间节约效益等的计算，又是基于什么样的假设？整体来说，本章内容中很多涉及的知识点已经在前面章节中教授，请思考你是否可以灵活应用。

第一节 项目后评估原理与方法

一、项目后评估概述

(一) 项目后评估的概念

项目后评估,是指在项目竣工验收并投入使用或运营一定时间后,运用规范、科学、系统的评价方法与指标,将项目建成后所达到的实际效果与项目的可行性研究报告、初步设计(含概算)文件及其审批文件的主要内容进行对比分析,找出差距及原因,总结经验教训、提出相应对策建议,并反馈到项目参与各方,形成良性的项目决策机制。

项目后评估是用项目的实际成果和效益来分析评价项目的决策、管理和实施,通过经验教训的总结,为决策者和投资者服务,可为新项目的决策提供较为可靠的依据。同时,这种评价可为项目的实施反馈信息,以便及时调整建设计划,也可为建成项目进行诊断,提出完善项目的建议和方案。在项目后评估的基础上,决策部门还可以对国家、地区或行业的规划进行分析研究,为调整政策和修订规划提供依据。根据需要,可以针对项目建设(或运行)的某一问题进行专题评价,也可以对同类的多个项目进行综合性、政策性、规划性评价。

(二) 项目后评估的目的

(1) 通过项目的实际情况与预期目标的对照,考察投资项目决策的正确性和预期目标的实现程度。

(2) 通过对项目各阶段工作的回顾,查明影响项目成败的原因,总结其中的经验与教训,提出改进对策措施与建议。

(3) 此外,把后评估信息反馈到未来项目中去,改进和提高项目实施的管理水平、决策水平和投资效益,为宏观投资计划和投资政策的制订和调整提供科学依据。

(三) 项目后评估的意义

(1) 确定项目预期目标是否达到,主要效益指标是否实现;查找项目成败的原因,总结经验教训,及时有效反馈信息,提高未来新项目的管理水平;

(2) 为项目投入运营中出现的问题提出改进意见和建议,达到提高投资效益的目的;

(3) 后评估具有透明性和公开性,能客观、公正地评价项目活动成绩和失误的主客观原因,比较公正地、客观地确定项目决策者、管理者和建设者的工作业绩和存在的问题,从而进一步提高他们的责任心和工作水平。

二、项目后评估内容

项目评估基本内容包括:项目目标评价、项目实施过程评价、项目效益评价、项目影响评价和项目持续性评价。

（一）项目目标评价

项目目标评价是指对项目目标的实现程度进行评价，对照原计划的主要指标，检查项目的实际情况，找出变化，分析发生改变的原因，并对项目决策的正确性、合理性和实践性进行分析评价。

（二）项目实施过程评价

项目的过程评价应对照立项评估或可行性研究报告时所预计的情况和实际执行的过程进行比较和分析，找出差错，分析原因。过程评价一般要分析项目的立项决策、开工准备和评估；项目内容和建设规模；工程进度和实施情况；配套设施和服务条件；受益者范围及其反映；项目的管理和机制；执行情况。

（三）项目效益评价

项目效益评价是指对项目竣工后的实际经济效果所进行的财务评价和国民经济评价。其评价指标主要包括内部收益率、净现值及贷款偿还期等反映项目盈利和清偿能力的指标；评价方式是以项目建成运营后的实际数据为依据，重新计算项目的各项经济指标，并与项目评估时预测的经济指标进行对比，分析二者间的偏差及产生偏差的原因，总结经验教训；评价内容主要包括项目总投资和负债状况，重新预算项目的财务评价指标、经济评价指标和偿还能力等。项目效益分析应通过投资增量效益的分析，突出项目对企业效益的作用和影响。我国项目效益评价主要包括财务评价、国民经济评价、社会评价和环境评价。

（四）项目影响评价

（1）宏观经济影响评价：主要分析评价项目对所在地区、所属行业和国家所产生的经济方面的影响。评价内容包括就业、国内资源成本（或换汇成本）、技术进步等。由于经济影响评价的部分因素难以量化，一般只作定性分析（指标体系及定量化方法是研究发展趋势）。

（2）环境影响评价：一般包括项目的污染控制、地区环境质量、自然资源利用和保护、区域生态平衡和环境管理等几个方面的内容（标准的制定）。

（3）社会影响评价：重点评价项目对所在地区和社会的影响，一般包括贫困、公平、弱势群体和持续性等内容。

（五）项目持续性评价

项目的持续性是指在项目的建设资金投入完成之后，项目的既定目标是否还能继续，项目是否可以持续发展下去，接受投资的项目业主是否愿意继续实现既定目标，项目是否具有可重复性，即是否可在未来以同样的方式建设同类项目。目标持续性评价主要从外部条件和内部条件两个层面来进行分析、判断和评价。外部条件：

国家行业政策、法规、宏观经济发展趋势、社会环境。内部条件：企业管理制度、项目管理水平、企业及产品竞争力、财务状况及融资能力、生产及管理技术手段、技术创新能力、人才培训等。

三、项目后评估程序

（一）项目后评估计划

项目后评价计划的制订应越早越好，最好是在项目评估和执行过程中就定下来，以便项目管理者和执行者在项目实施过程中就注意收集资料。从项目周期的概念出发，每个项目都应重视和准备事后的评价工作。因此，以法律或其他规定的形式，把项目后评估作为建设程序中必不可少的一个阶段确定下来是格外重要的。

（二）项目后评估项目的选定

（1）由于项目实施而引起运营中出现重大问题的项目。
（2）一些非常规的项目，如规模过大、建设内容复杂或带有实验性的新技术项目；
（3）发生重大变化的项目，如建设内容、外部条件、厂址布局等发生了重大变化的项目；
（4）急迫需要了解项目作用和影响的项目；
（5）可为即将实施的国家预算、宏观战略和规划原则提供信息的相关投资活动和项目；
（6）为投资规划计划确定未来发展方向的有代表性的项目；
（7）对开展行业部门或地区后评估研究有重要意义的项目。

（三）项目后评估范围的确定

（1）项目后评估的目的和范围，包括对合同执行者明确的调查范围；
（2）提出评估过程中所采用的方法；
（3）提出所评项目的主要对比指标；
（4）确定完成评估的经费和进度。

（四）项目后评估咨询专家的选择

项目后评估通常分两个阶段实施，即自我评价阶段和独立评价阶段。项目后评估专家组由"内部"和"外部"两部分组成。"内部"是委托机构内部的专家，由于他们熟悉项目后评估过程和报告程序，了解后评估的目的和任务，可以顺利实施项目后评估。"外部"就是项目后评估执行机构以外的独立咨询专家。

（五）项目后评价的工作程序

根据我国项目决策体制、项目管理权限及项目审批程序的规定，国家计委提出我国项目后评估按三个阶段进行。

第一阶段：建设单位进行自我评价的阶段。即由项目业主单位或负责国家重点建设项目后评估工作单位，开展项目后评估工作，负责编写"项目后评估报告"，并按照隶属关系报送行业或地方主管部门，同时上报国家计委备案。

该层次的步骤：

（1）提出问题、明确后评估的任务；

（2）建立后评估小组，筹划准备；

（3）深入调查、收集资料；

（4）计算项目后评估结果；

（5）编制项目后评估报告。

第二阶段：行业或地方主管部门对"项目后评估报告"进行初步审查阶段。

有主管部门对项目后评估和项目建设实际情况进行深入考察，结合行业和地方建设项目反映出来的共性问题，特点及经验，站在国家的立场，从行业或地方的角度出发，提出对项目后评价报告的初步审查意见，写出后评估报告报国家纪委，并抄送有关部门和单位。

第三阶段：对"项目后评估报告"的复审阶段。

由国家计委组织有关方面或聘请专家人员对主管部门的"项目后评估审查报告"和项目单位自我评估的"项目后评价报告"进行复核审查。

由国家纪委选定后评价项目并下达年度计划，凡列入国家后评价计划的项目，均需在前两步的基础上，由国家纪委组织有关方面人员或单位聘请专家对主管部门的项目后评价审查报告和项目建设单位自我评价的项目后评估报告进行复核审查，站在国家的整体利益上，从微观与宏观相结合的角度提出项目后评估复审报告，报国家纪委，并抄送有关部门和单位。

（六）项目后评估报告

1. 项目自我总结评价报告应主要包括的内容

（1）项目概况：项目目标、建设内容、投资估算、前期审批情况、资金来源及到位情况、实施进度、批准概算及执行情况等。

（2）项目实施过程总结：前期准备、建设实施、项目运行等。

（3）项目效果评价：技术水平、财务及经济效益、社会效益、资源利用效率、环境影响、可持续能力等。

（4）项目目标评价：目标实现程度、差距及原因等。

（5）项目总结：评价结论、主要经验教训和相关建议。

项目自我总结评价报告可参照项目后评价报告编制大纲进行编制。

2. 项目单位在提交自我总结评价报告时，应同时提供开展项目后评估所需要的文件及相关资料清单

（1）项目审批文件。主要包括项目建议书、可行性研究报告、初步设计和概算、

特殊情况下的开工报告、规划选址和土地预审报告、环境影响评价报告、安全预评价报告、节能评估报告、重大项目社会稳定风险评估报告、洪水影响评价报告、水资源论证报告、水土保持报告、金融机构出具的融资承诺文件等相关的资料，以及相关批复文件。

（2）项目实施文件。主要包括项目招投标文件、主要合同文本、年度投资计划、概算调整报告、施工图设计会审及变更资料、监理报告、竣工验收报告等相关资料，以及相关的批复文件。

（3）其他资料。主要包括项目结算和竣工财务决算报告及资料，项目运行和生产经营情况，财务报表以及其他相关资料，与项目有关的审计报告、稽察报告和统计资料等。

四、项目后评估的主要方法

国际通用的后评估方法主要有：统计预测法、对比分析法、逻辑框架法、成功度分析法。

（一）统计预测法

统计预测法是以统计学原理和预测学原理为基础，对项目已经发生事实进行总结和对项目未来发展前景作出预测的项目后评估方法。具体内容如下：

（1）预测因素分析：根据预测目的，明确需要研究的主要变量，然后分析影响这些主要变量的因素。

（2）搜集和审核资料：统计资料是预测的基础。可以通过直接观察、报告、采访和调查问卷等方法进行统计调查，并认真审核资料，保证其具有完整性和可比性。

（3）选择数学模型和预测方法：根据审核后的资料绘制散点图，然后通过分析散点图变化规律，确定统计预测模型。

（4）预测并选定预测值：在检验预测技术适用性的基础上，进行预测并最终选定预测值。

（二）对比分析法

对比分析法是把客观事物加以比较，以达到认识事物的本质和规律并做出正确的评价。包括前后对比，预测和实际发生值的对比，有无项目的对比等比较法。对比的目的是要找出变化和差距，为提出问题和分析原因找到重点。"前后对比"是指将项目实施之前与项目完成之后的情况加以对比，以确定项目效益的一种方法。"有无对比"是指将项目实际发生的情况与若无项目可能发生的情况进行对比，以度量项目的真实效益和影响。对比的重点是要分清项目作用的影响与项目以外作用的影响，常用于项目的效益评价和影响评价，如表8-1所示。在此基础上，可以进行定量和定性相结合的效益分析法。

表 8-1　有无对比综合分析模式

	有项目	无项目	差别	分析
财务效益				
经济效益				
经济影响				
环境影响				
社会影响				
综合结果				

通常项目后评价的效益和影响评价要分析的数据和资料包括：项目目前的情况、项目目前预测的效果、项目实际实现的效果、无项目时可能实现的效果，无项目的实际效果等，如图 8-1 所示。

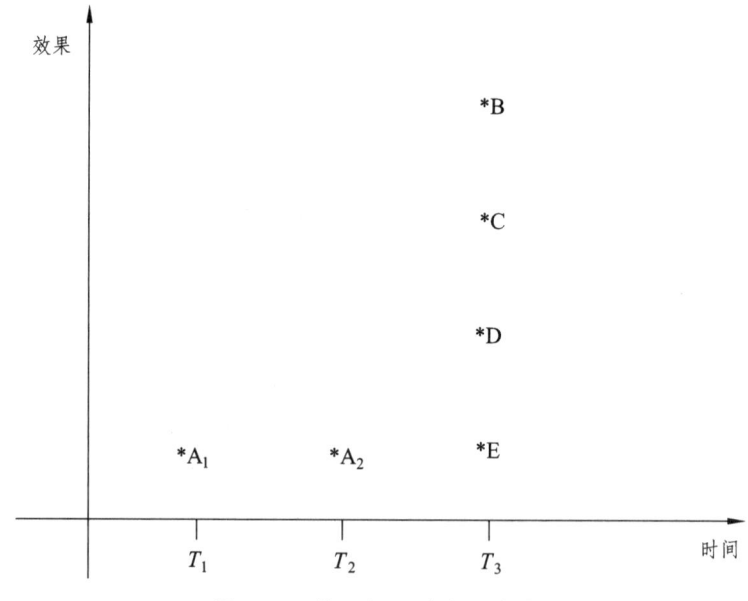

图 8-1　项目有无对比示意图

注：A_1—项目开工；A_2—项目完工；B—项目实际效果；C—项目前的预测效果；D—无项目实际效果；E—无项目、外部条件与开工时相同；T_1—项目开工时间；T_2—项目完工时间；T_3—项目后评估时间。

（三）逻辑框架法（LFA）

逻辑框架法是一种概念化论述项目的方法，将一个复杂项目的多个具有因果关系的动态因素组合起来，用一张简单的框图分析其内涵和关系，以确定项目范围和任务，分清项目目标和达到目标所需手段的逻辑关系，以评价项目活动及其成果的方法。逻辑框架法是用框图分析 1 个工程项目的投入、产出、直接目的和宏观目标之间的关系，为项目计划者和评价者提供直观清晰的逻辑框架，即 LFA 的核心概念是事物的因果逻辑关系，如果具备了某些条件，就会产生某种结果。这些条件包括事物内在的因素和所需要的外部条件。

逻辑框架法采用 4×4 的矩阵作为逻辑框架分析的基本结构，如表 8-2 所示。逻辑框架的逻辑关系分为垂直逻辑和水平逻辑。

表 8-2　逻辑框架基本结构

逻辑层次	客观验证指标	验证监测方法	外部条件或风险
宏观目标	目标指标	监测和监督手段及方法	实现目标的主要条件
直接目的	目的指标	监测和监督手段及方法	实现目的的主要条件
产出	产出物定量指标	监测和监督手段及方法	实现产出的主要条件
投入	投入物定量指标	监测和监督手段及方法	落实投入的主要条件

（1）垂直逻辑关系表示各层次的内容及上下之间的因果关系："投入"指为项目的建设和运营所投入的资源量和时间等；"产出"指项目建成后形成的有形或无形产品，即产出物；"直接目的"指项目直接发挥的作用和（或）产生的效益，通常考虑项目的社会、经济和环境效益；"宏观目标"指高层次的目标，即项目对整个国家、本地区或本行业可能产生的影响。由于进行了项目"投入"，并具备实施的前提条件，因此会得到相关的"产出"；由于项目"产出"，并具备项目发展的条件，因此能达到项目的"目的"；由于项目已达到目的，并具备持续发展的条件，因此就能达到项目的"宏观目标"。具体如图 8-2 所示。

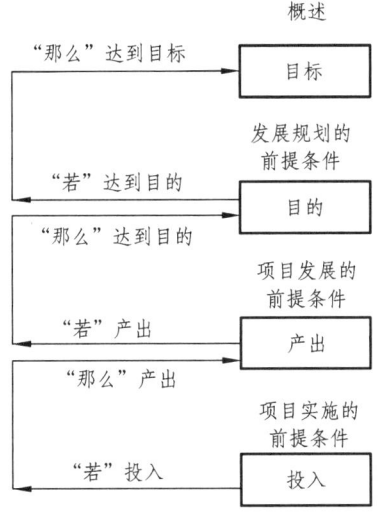

图 8-2　垂直逻辑中的因果关系图

（2）水平逻辑关系由验证指标、方法和重要的假定条件所构成："客观验证指标"是以相应的可度量的验证指标来说明各层次的内容或结果；"验证监测方法"是主要监测资料的来源和验证所采用的方法；"外部条件或风险"主要指可能对项目的进展或成果产生影响,而项目管理者通常又无法控制这些外部条件(限制条件)。水平逻辑分析的目的是通过主要验证指标和方法来衡量项目的资源和成果。

(四)成功度分析法

成功度评价是依靠评价专家或专家组的经验,综合后评价各项指标的评价结果,对项目的成功程度做出定性的结论。建议以用逻辑框架法分析的项目目标的实现程度和经济效益分析的评价结论为基础。使用成功度分析法,需要明确成功度及其标准和对成功度的测定。

1. 成功度的标准

作为用于衡量成败程度的标准——成功度,通常被分为5个等级,各个等级的标准如下:

(1)完全成功的(AA):项目的各项目标都已全面实现或超过;相对成本而言,项目取得了巨大的效益和影响。

(2)成功的(A):项目的大部分目标已经实现;相对成本而言,项目达到预期的效益和影响。

(3)部分成功的(B):项目实现了原定的部分目标,相对于成本而言,项目只取得了一定的效益和影响。

(4)不成功的(C):项目实现的目标非常有限;相对于成本而言,项目几乎没有取得什么效益和影响。

(5)失败的(D):项目的目标是不现实的,根本无法实现;相对于成本而言,项目不得不终止。

2. 成功度的测定

评估项目的成功度是项目后评估中应用成功度分析法时一项十分重要的工作,它是项目评估专家组对项目后评估结论的集体定性。一个大中型项目通常要对十几个重要的和次重要的综合评估因素指标进行定性分析,才能断定各项指标的等级。这些综合评估指标主要包括:对宏观经济、扩大或增加的生产能力、扶贫和教育的影响;对卫生和健康的影响;对妇女和儿童的影响;对环境的影响;对社会的影响;对技术进步的影响;对机构组织和管理水平的影响,以及经济效益指标等。对于每个具体的项目,上述各项指标的重要程度各不相同。因此,可以通过项目成功度评估的程序——确定评议专家,然后选定综合评估指标并确定其权重,专家个人打分,专家集体评议,进行数据处理,从而确定各项指标的重要程度,最后得出成功度评估的等级。

3. 成功度测定的步骤和方法

在评定具体项目的成功度时,并不一定要测定表中所有的指标。因此,评估人员只要根据具体项目的类型和特点,确定表中指标与项目相关的程度,把它们分为

"重要""次重要"和"不重要"3类,在表中第二列里(相关重要性)注明。对于"不重要"的指标就不用测定了,只需测定重要和次重要的项目内容,一般的项目实际需测定的指标在 10 项左右。

在测定各项指标时,采用打分制,按照上述评定等级标准的(2)~(5)四级分别用 AA、A、B、C、D 表示。通过指标重要性分析和单项成功度结论的综合,可得到整个项目的成功度指标,用 AA、A、B、C、D 表示,填在表的最底下一行(总成功度)的成功度栏内。

在实际进行具体测定各项指标的操作时,项目评估组的成员每人填好一张表后,对各项指标的取舍和等级进行内部讨论,或经必要的数据处理,形成评估组的成功度表,再把结论写入评估报告中。如表 8-3 所示。

表 8-3 成功度测定表

项目实施评价指标	相关重要性	成功度
1. 经济适应性		
2. 扩大生产能力		
3. 管理水平		
4. 对贫困的影响		
5. 人力资源:教育		
6. 人力资源:健康		
7. 人力资源:儿童		
8. 环境影响		
9. 对妇女的影响		
10. 社会影响		
11. 机构制度的影响		
12. 技术成功度		
13. 进度		
14. 预算成本控制		
15. 项目辅助条件		
16. 成本-效果分析		
17. 财务回报率		
18. 经济回报率		
19. 财务持续性		
20. 机构持续性		
21. 项目的总持续性		
总成功度		

五、交通项目后评估的相关规定

《中央政府投资项目后评价管理办法》出台的目的是为了加强和改进中央政府投资项目的管理，建立和完善政府投资项目后评价制度，规范项目后评价工作，提高政府投资决策水平和投资效益。管理办法内容包括总则、后评价工作程序、后评价管理和监督、后评价成果应用、附则五部分。

《公路建设项目后评价工作管理办法》和《公路建设项目后评价报告编制办法》，为加强和规范公路建设项目后评价管理工作，制定本办法。本办法适用于纳入交通运输部后评价工作管理的公路建设项目，其他公路建设项目可参照执行。公路建设项目后评价是用科学、系统的评价方法，通过对项目立项、可行性研究、设计、施工和运营各阶段工作的跟踪、调查和分析，全面评价项目的作用与影响、投资与效益、目标实现程度及持续能力等，总结项目的经验与教训。根据需要，也可针对项目的某一方面或问题进行专题评价。

《港口建设项目后评价报告编制办法》为了全面总结港口建设项目从决策、设计、实施到投产营运全过程的经验、教训，科学评价建设成果，使港口建设管理步入程序化、规范化、工作方法科学化的轨道，强化全行业宏观管理机制，提高港口建设的管理水平。

第二节 项目持续性评价概述

一、项目可持续发展评价的理论和概念

《可持续发展评价》在对可持续发展的理论内涵、各国关于可持续发展的研究实践详细阐述的基础上，以绿色 GDP 核算体系、真实发展、真实储蓄、生态承载力、生态足迹、区域、城市和企业为对象，采用定性与定量相结合的综合集成方法，结合实际案例，对可持续发展从宏观到微观的不同层面的发展状态及程度进行了系统分析和研究。如在逻辑框架法，确立项目目标、产出和投入与相关"持续性因素"之间的真实关系（即因果联系）。

项目的目标持续性评价是指对项目建成投入运营后，项目的既定目标是否能够按期实现，项目是否可以继续发展下去，并产生较好的效益，项目业主是否愿意，并可以依靠自己的能力继续实现既定目标，项目是否具有可重复性等方面作出评价。

二、项目持续性分析

① 进行制约因素分析。列出制约项目可持续发展的主要因素，并分析原因。

② 进行项目可持续发展的条件分析。根据上一步的因素分析，分析主要条件，区分内外部条件，并提出合理的建议和要求。

③ 根据制约因素解决方案,提出完善项目的具体的、详细的措施建议,使之具有较强的持续发展的能力。建议包括内部措施实施和外部条件创造的具体意见,重点是项目业主无法控制的外部条件,例如工艺技术创新、设备改进、价格、收费、扩建、政策性补助、立法等。

如在项目投资完成时进行持续性评价,采用逻辑框架,采用预测方法,以项目实施过程中所取得的经验、知识和能力为基础,预测项目的未来。

项目持续性评价主要包括以下几方面的内容:

① 政府政策因素。

包括参与该项目的政府部门各自的作用和目的、对项目目标的理解是什么;根据这些目的所提出的条件和各部门的政策是否符合实际,如果不符合实际,需要做哪些修改,政策的多变是否影响到该项目的持续性。

② 管理、组织和参与因素。

如项目管理人员的素质和能力、管理机构和制度、组织形式和作用、人员培训等对持续性的影响。

③ 经济财务因素。

在持续性分析中应注意:a. 评价时点之前的所有项目投资都应作为沉没成本不再考虑。项目是否持续的决策应在对未来费用和收益的合理预测以及项目投资的机会成本(重估值)基础上做出;b. 要通过项目的资产负债表等来反映项目的投资偿还能力,并分析和计算项目是否可以如期偿还贷款和它的实际还款期是多少;c. 通过项目未来的不确定性分析来确定项目持续性的条件。

④ 技术因素。

主要包括技术因素对于项目管理和财务持续性的影响,在技术领域的成果是否可以被接受并推广应用。对照前评估确定的关键技术内容和条件,分析当地时间条件是否满足所选择技术装备的需求,并分析技术选择与运转操作费用的关系,新产品的开发能力和使用新技术的潜力等。

⑤ 社会文化因素。

主要分析项目的施工、建设和运行,对所在地区风俗习惯、宗教信仰、文化水平、教育程度、技术水平等方面带来的影响,以及这种影响对项目未来的持续发展、地区社会经济的持续发展的作用情况。

⑥ 环境和生态因素。

这两部分的内容与项目影响评价的有关内容类似。但是持续性分析应特别注意这两方面可能出现的反面作用和影响,从而可能导致项目的终止以及值得今后借鉴的经验和教训。

三、可持续运输

可持续运输(Sustainable Transport)符合可持续发展要求的运输发展方式。可持续运输是在可持续发展的基础上提出的,是可持续发展的一个重要组成部分。1987 年,世界环境与发展委员会把可持续发展定义为:"既满足当代人需要而又不降低后代人的需要能力的发展。"

交通运输是社会经济生活中消耗资源的一个重要部门,因而要实施可持续发展战略,必然要直接涉及运输政策的调整问题。《保护地球——可持续生存战略》提出各国应制定与公布运输的能源效率标准,确保各种运输方式按它们的全部社会成本来付费,鼓励向节约能源的运输方式转变。总之,运输作为影响环境的一个重要的"力",其可持续发展不可避免地成为可持续发展的一个重要方面。世界银行 1996 年出版的《可持续运输:政策变革的关键》提出并阐述了可持续运输这一概念,包括以下三个方面的基本内容:

(1)经济与财务可持续性是指运输必须保证能够支撑不断改善的物质生活水平;可持续发展鼓励经济增长,它不仅重视增长数量,而且要求改善质量、优化配置、节约资源、降低消耗、减少废物、提高效率、增加效益、建立资源节约型国民经济生产体系,实施清洁生产和文明消费。

(2)环境与生态的可持续性是指运输不仅要能满足物品流动性增加的需要,而且要最大程度地改善生活质量;可持续发展建立在资源的可持续利用和良好的生态环境基础上,保护整个生命支撑系统和生态系统的完整性,保护生物多样化;保护自然资源,保证以持续的方式使用可再生资源,使人类的发展在地球承载力之内,预防和控制环境破坏和污染,积极治理和恢复已遭破坏和污染的环境。

(3)社会可持续性,即运输产生的利益应在社会的所有成员间公平分享。可持续发展以改善和提高人类的生活质量为目的,积极创造一个保障社会公正、安全、文明、健康发展的社会环境。为此,它强调要控制人口增长,提高人口质量,合理调节社会分配关系,消除两极分化、失业和不平等现象;大量发展教育、文化和卫生事业,提高人民的科学文化水平和健康水平,建立健全社会保障体系,保持社会稳定。

可持续运输所指的运输发展不仅要考虑运输本身的经济效果,更为重要的是要考虑运输的外部效用。建立可持续发展体系的一个重要原则就是要使运输使用者负担真正应该负担的运输费用。同时,可持续运输的另一个重要特点是引入了时间观念,即不仅要考虑运输对当代整个社会的经济系统资源配置的影响,并且要考虑到对动态上资源合理配置的影响。与传统的运输发展观相比,可持续运输主要有四个不同点:

(1)在生产经济效果上,把生产成本与其造成的环境后果同时考虑,尽量使运输外部成本内部化;

(2)在谋求社会发展上,将社会的进步确定为第一也是最终目标,节约使用各种运输资源,使有限的运输资源支持重大的运输需求;

(3)在运输增长方式上,要求其增长模式从粗放型转变为集约型,从数量型转变为质量型,尽量减少每单位运输经济活动造成的环境压力;

（4）在生产目标上，要从单纯以生产的高速增长为目标转向以谋求综合平衡条件下的可持续发展为目标。

建立可持续发展的运输体系，要求有相应的运输政策，如鼓励清活节能的公共交通工具的使用，有效合理地利用土地资源，减少对人的生命和健康的危害，针对拥挤和污染建立有效的收费制度等。

第三节 综合评价方法

一、熵值法

（一）方法简介

熵值法是一种客观赋权法，其根据各项指标观测值所提供的信息的大小来确定指标权重。设有 m 个待评方案，n 项评价指标，形成原始指标数据矩阵 $X=(x_{ij})_{m \times n}$，对于某项指标 x_j，指标值 x_{ij} 的差距越大，则该指标在综合评价中所起的作用越大；如果某项指标的指标值全部相等，则该指标在综合评价中不起作用。

在信息论中，熵是对不确定性的一种度量。信息量越大，不确定性就越小，熵也就越小；信息量越小，不确定性就越大，熵也越大。根据熵的特性，我们可以通过计算熵值来判断一个方案的随机性及无序程度，也可以用熵值来判断某个指标的离散程度，指标的离散程度越大，该指标对综合评价的影响越大。因此，可根据各项指标的变异程度，利用信息熵这个工具，计算出各个指标的权重，为多指标综合评价提供依据。

（二）方法计算过程

1. 原始数据的收集与整理

假定需要评价某城市 m 个综合客运枢纽服务水平，评价指标体系包括 n 个指标。便可形成评价系统的初始数据矩阵：

$$X = \begin{pmatrix} x_{11} & \cdots & x_{1n} \\ \vdots & & \vdots \\ x_{m1} & \cdots & x_{mn} \end{pmatrix}$$

其中 x_{ij} 表示第 i 个方案第 j 项指标的数值。

2. 数据标准化处理

由于各指标的量纲、数量级及指标的正负取向均有差，所以为消除因量纲不同对评价结果的影响，需要对各指标进行标准化处理。

对于越大越好的指标，采用正向指标计算公式：

$$x'_{ij} = \frac{x_j - x_{\min}}{x_{\max} - x_{\min}} \qquad (8\text{-}1)$$

对于越小越好的指标，采用负向指标计算公式：

$$x'_{ij} = \frac{x_{\max} - x_j}{x_{\max} - x_{\min}} \qquad (8\text{-}2)$$

其中 x'_{ij} 为标准化值，x_j 为第 j 项指标值，$x_{\max}$ 为第 j 项指标的最大值，$x_{\min}$ 为第 j 项指标的最小值。

3. 计算第 j 项指标下第 i 个方案占该指标的比重

$$P_{ij} = \frac{x'_{ij}}{\sum_{i=1}^{m} x'_{ij}} \quad (0 \leqslant P_{ij} \leqslant 1) \qquad (8\text{-}3)$$

4. 计算第 j 项指标的熵值

$$e_j = -k \times \sum_{i=1}^{m} P_{ij} \ln(P_{ij}) \qquad (8\text{-}4)$$

其中 $k>0$，$e_j \geqslant 0$，式中常数 k 与方案数 m 有关，一般令 $k = \dfrac{1}{\ln m}$。

5. 计算第 j 项指标的差异系数

对于第 j 项指标，指标值的差异越大，对方案的评价作用越大，熵值就越小。

$$g_j = 1 - e_j \qquad (8\text{-}5)$$

6. 计算评价指标权重

利用熵值法估算各指标的权重，其本质是利用该指标信息的价值系数来计算，其价值系数越高，对评价的重要性就越大。第 j 项指标的权重为：

$$W_j = \frac{g_j}{\sum_{j=1}^{n} g_j} \qquad (8\text{-}6)$$

7. 计算各方案的综合得分

$$S_i = \sum_{j=1}^{n} W_j \times P_{ij} \qquad (8\text{-}7)$$

（三）实例应用

已知某城市综合客运枢纽服务水平评价体系如图 8-3 所示，该城市 8 个综合客运枢纽的 7 个指标原始和标准化后的数值如表 8-4 所示。

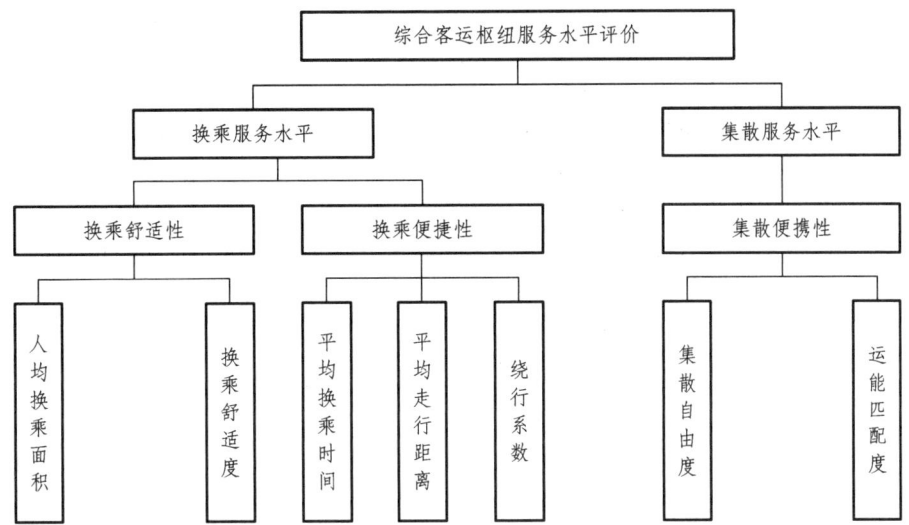

图 8-3 综合客运枢纽服务水平评价指标体系

表 8-4 指标原始及标准化后的数值

枢纽编号	原始数值 A							标准化后数值 B						
	a_1	a_2	a_3	a_4	a_5	a_6	a_7	a_1	a_2	a_3	a_4	a_5	a_6	a_7
x_1	5.4	7.9	10	520	1.20	0.60	0.80	1.00	0.85	0.67	0.72	0.11	0.63	0.80
x_2	4.0	8.2	6	490	1.15	0.75	0.85	0.61	0.92	1.00	0.79	0.22	1.00	0.70
x_3	2.8	6.0	7	690	0.80	0.45	0.70	0.28	0.46	0.92	0.36	1.00	0.25	1.00
x_4	4.2	6.5	8	390	1.10	0.65	0.75	0.67	0.56	0.83	1.00	0.33	0.75	0.90
x_5	4.4	8.6	9	440	1.12	0.70	0.75	0.72	1.00	0.75	0.89	0.29	0.88	0.90
x_6	1.8	4.0	18	860	1.25	0.35	1.20	0.00	0.04	0.00	0.00	0.00	0.00	0.00
x_7	3.4	4.5	12	580	0.90	0.40	0.80	0.44	0.15	0.50	0.60	0.78	0.13	0.80
x_8	2.6	3.8	16	770	1.25	0.35	0.90	0.22	0.00	0.17	0.19	0.00	0.00	0.60

应用熵值法对 8 个综合客运枢纽的服务水平进行评价并排序。

① 求得 P_{ij} 矩阵:

$$P_{ij} = \begin{pmatrix} 0.2538 & 0.2136 & 0.1384 & 0.1582 & 0.0403 & 0.1731 & 0.1404 \\ 0.1548 & 0.2312 & 0.2066 & 0.1736 & 0.0806 & 0.2747 & 0.1228 \\ 0.0711 & 0.1156 & 0.1901 & 0.0791 & 0.3663 & 0.0687 & 0.1754 \\ 0.1701 & 0.1407 & 0.1715 & 0.2198 & 0.1209 & 0.2060 & 0.1579 \\ 0.1827 & 0.2513 & 0.1550 & 0.1956 & 0.1062 & 0.2418 & 0.1579 \\ 0 & 0.0100 & 0 & 0 & 0 & 0 & 0 \\ 0.1117 & 0.0377 & 0.1033 & 0.1319 & 0.2857 & 0.0357 & 0.1404 \\ 0.0558 & 0 & 0.0351 & 0.0418 & 0 & 0 & 0.1053 \end{pmatrix}$$

② 求得 $P_{ij} \times \ln(P_{ij})$ 矩阵

$$P_{ij} \times \ln(P_{ij}) = \begin{pmatrix} -0.3480 & -0.3297 & -0.2737 & -0.2917 & -0.1294 & -0.3036 & -0.2756 \\ -0.2888 & -0.3386 & -0.3258 & -0.3040 & -0.2030 & -0.3549 & -0.2575 \\ -0.1880 & -0.2895 & -0.3156 & -0.2007 & -0.3679 & -0.1840 & -0.3053 \\ -0.3013 & -0.2759 & -0.3024 & -0.3330 & -0.2554 & -0.3255 & -0.2915 \\ 0.3106 & -0.3471 & -0.2890 & -0.3192 & -0.2381 & -0.3433 & -0.2915 \\ 0 & -0.0461 & 0 & 0 & 0 & 0 & 0 \\ -0.2448 & -0.1236 & -0.2345 & -0.2672 & -0.3579 & -0.1190 & -0.2756 \\ -0.1610 & 0 & -0.1176 & -0.1327 & 0 & 0 & -0.2370 \end{pmatrix}$$

③ 求得 $k = \dfrac{1}{\ln m} = \dfrac{1}{\ln 8} = 0.4809$

④ 求得 $e_j = (0.8861, 0.8418, 0.8938, 0.8889, 0.7462, 0.7840, 0.9300)$

⑤ 求得 $g_j = (0.1139, 0.1582, 0.1062, 0.1111, 0.2583, 0.2160, 0.0700)$

⑥ 求得指标权重 $W_j = (0.1102, 0.1530, 0.1027, 0.1075, 0.2499, 0.2090, 0.0677)^T$

⑦ 各方案综合得分

$S_1 = 0.5998$，$S_2 = 0.7070$，$S_3 = 0.6043$，$S_4 = 0.6524$，

$S_5 = 0.7224$，$S_6 = 0.0061$，$S_7 = 0.4635$，$S_8 = 0.1027$。

则 8 个综合客运枢纽服务水平的优劣排序为：$x_5 > x_2 > x_4 > x_3 > x_1 > x_7 > x_8 > x_6$。

二、层次分析法

（一）方法简介

层次分析法（The analytic hierarchy process）简称 AHP，在 20 世纪 70 年代中期由美国运筹学家托马斯·塞蒂（T.L.Saaty）提出的一种层次权重决策分析方法。它根据问题的性质和要达到的目标分解出问题的组成因素，并按因素间的相互关系将因素层次化，组成一个层次结构模型，然后按层分析，最终获得最低层因素对于最高层（总目标）的重要性权值。

这种方法的特点是在对复杂的决策问题的本质、影响因素及其内在关系等进行深入分析的基础上，利用较少的定量信息使决策的思维过程数学化，从而为多目标、多准则或无结构特性的复杂决策问题提供简便的决策方法。

（二）方法计算过程

1. 建立层次结构模型

将决策的目标、考虑的因素（决策准则）和决策对象按它们之间的相互关系分为最高层、中间层和最低层，绘出层次结构图。最高层（目标层）：决策的目的、要解决的问题；中间层（准则层）：考虑的因素、决策的准则；最低层（指标层）：

决策时的备选方案。依据图 8-3 划分目标层、准则层、指标层。

2. 构造判断（成对比较）矩阵

设某层有 n 个因素，$X=\{x_1,x_2,\cdots,x_n\}$，要比较它们对上一层某一准则（或目标）的影响程度，确定在该层中相对于某一准则所占的比重（即把 n 个因素对上层某一目标的影响程度排序）。

上述比较是两两因素之间进行的比较，比较时按 1~9 的比例标度来度量，如表 8-5 所示。用 A_{ij} 表示第 i 个因素相对于第 j 个因素的比较结果，则 $a_{ij}=\dfrac{1}{a_{ji}}$。

$$A=(a_{ij})_{n\times n}=\begin{pmatrix} a_{11} & a_{12} & \cdots & a_{1n} \\ a_{21} & a_{22} & \cdots & a_{2n} \\ \vdots & \vdots & \ddots & \vdots \\ a_{n1} & a_{n2} & \cdots & a_{nn} \end{pmatrix}$$

A 称其为成对比较矩阵。若成对比较矩阵 $A=(a_{ij})_{n\times n}$ 满足性质：（a）$a_{ij}>0$；（b）$a_{ij}=\dfrac{1}{a_{ji}}$；（c）$a_{ii}=1$，则称矩阵为正反矩阵。

表 8-5 判断矩阵（1~9）标定及其内容

标度	含义
1	两指标对同一特性重要度相同
3	两指标对某特性，一指标比另一指标稍微重要
5	两指标对某特性，一指标比另一指标基本重要
7	两指标对某特性，一指标比另一指标强烈重要
9	两指标对某特性，一指标比另一指标极端重要
2，4，6，8	表示相邻两标度的折中标度
上列标数倒数	指标 i 对指标 j 的标度是 a_{ij}，反过来为 $1/a_{ij}$

3. 层次单排序及其一致性检验

层次单排序指确定下层各因素对上层某因素影响程度的过程。用权值表示影响程度，先从一个简单的例子看如何确定权值。例如一块石头重量记为 1，打碎分成 n 个小块，各块的重量分别记为：$\omega_1,\omega_2,\cdots,\omega_n$，则可得成对比较矩阵：

$$A=\begin{bmatrix} 1 & \dfrac{\omega_1}{\omega_2} & \cdots & \dfrac{\omega_1}{\omega_n} \\ \dfrac{\omega_2}{\omega_1} & 1 & \cdots & \dfrac{\omega_2}{\omega_n} \\ \vdots & \vdots & \ddots & \vdots \\ \dfrac{\omega_n}{\omega_1} & \dfrac{\omega_n}{\omega_2} & \cdots & 1 \end{bmatrix}$$

由上述矩阵可以看出：$\frac{\omega_i}{\omega_j} = \frac{\omega_i}{\omega_k} \times \frac{\omega_k}{\omega_j}$，即 $a_{ij} = a_{ik} \times a_{kj}$，$i, j = 1, 2, \cdots, n$。在正互反矩阵 A 中，若 $a_{ij} = a_{ik} \times a_{kj}$，则称 A 为一致阵。

（1）若成对比较矩阵是一致阵，则取对应于最大特征根 n 的归一化特征向量 $\{\omega_1, \omega_2, \cdots, \omega_n\}$，且 $\sum_{i=1}^{n} \omega_i = 1$。则 ω_i 表示下层第 i 个因素对上层某因素影响程度的权值。

（2）若成对比较矩阵不是一致阵，Saaty 等人建议用其最大特征根 λ 对应的归一化特征向量作为权向量 ω。

$$A\omega = \lambda\omega$$

$$\omega = \{\omega_1, \omega_2, \cdots, \omega_n\}$$

这种确定权向量的方法称为特征根法。

由于 λ 的连续依赖于 A_{ij}，则 λ 比 n 大得越多，A 的不一致性越严重。用最大特征值对应的特征向量作为被比较因素对上层某因素影响程度的权向量，其不一致程度越大，引起的判断误差越大。因而可以用 $\lambda - n$ 数值的大小来衡量 A 的不一致程度。

定义一致性指标：$CI = \frac{\lambda - n}{n - 1}$。 （8-8）

定义随机一致性指标：RI。随机一致性指标 RI 的数值如表 8-6 所示。

表 8-6　RI 数值

阶数 n	1	2	3	4	5	6	7	8	9
RI	0.00	0.00	0.58	0.90	1.12	1.24	1.32	1.41	1.45

定义一致性比率：$CR = \frac{CI}{RI}$。若 $CR = \frac{CI}{RI} < 0.1$，认为矩阵 A 的不一致程度在容许范围之内，有满意的一致性，表明通过了一致性检验。可用其归一化的特征向量作为最终的权重向量，否则要重新构造成对比较矩阵 A，对 a_{ij} 取值予以调整。

一致性检验：就是基于随机一致性指标的数值表，计算一致性指标，判断一致性比率的值是否小于 0.1，而对矩阵 A 进行检验的过程。

4. 层次总排序及其一致性检验

计算某一层次所有因素对于最高层（总目标）相对重要性的权值，称为层次总排序。注意，这一过程是从最高层次到最低层次依次进行的。

利用总排序一致性比率：

$$CR = \frac{a_1 CI_1 + a_2 CI_2 + \cdots + a_m CI_m}{a_1 RI_1 + a_2 RI_2 + \cdots + a_m RI_m}$$ （8-9）

其中 $a_1, a_2, \cdots, a_m$ 为得到的权数。若 $CR < 0.1$，则通过检验，可按照总排序权向量表示

的结果进行决策，否则需要重新考虑模型或重新构造那些一致性比率 CR 较大的成对比较矩阵。

（三）实例应用

已知某城市综合客运枢纽服务水平评价体系如图 8-3 所示，该城市 8 个综合客运枢纽的 7 个指标原始和标准化后的数值如表 8-7 所示。

表 8-7 指标原始及标准化后的数值

枢纽编号	原始数值 A							标准化后数值 B						
	a_1	a_2	a_3	a_4	a_5	a_6	a_7	a_1	a_2	a_3	a_4	a_5	a_6	a_7
x_1	5.4	7.9	10	520	1.20	0.60	0.80	1.00	0.85	0.67	0.72	0.11	0.63	0.80
x_2	4.0	8.2	6	490	1.15	0.75	0.85	0.61	0.92	1.00	0.79	0.22	1.00	0.70
x_3	2.8	6.0	7	690	0.80	0.45	0.70	0.28	0.46	0.92	0.36	1.00	0.25	1.00
x_4	4.2	6.5	8	390	1.10	0.65	0.75	0.67	0.56	0.83	1.00	0.33	0.75	0.90
x_5	4.4	8.6	9	440	1.12	0.70	0.75	0.72	1.00	0.75	0.89	0.29	0.88	0.90
x_6	1.8	4.0	18	860	1.25	0.35	1.20	0.00	0.04	0.00	0.00	0.00	0.00	0.00
x_7	3.4	4.5	12	580	0.90	0.40	0.80	0.44	0.15	0.50	0.60	0.78	0.13	0.80
x_8	2.6	3.8	16	770	1.25	0.35	0.90	0.22	0.00	0.17	0.19	0.00	0.00	0.60

应用层次分析法确定指标权重值并对 8 个综合客运枢纽的服务水平进行评价。

（1）建立层次结构模型如表 8-8 所示。

表 8-8 层次结构模型

目标层	准则层	准则层	指标层
综合客运枢纽服务水平评价指标体系 A	换乘服务水平 B_1	换乘舒适性 C_1	人均换乘面积 C_{11}
			换乘舒适度 C_{12}
		换乘便捷性 C_2	平均换乘时间 C_{21}
			平均走行距离 C_{22}
			绕行系数 C_{23}
	集散服务水平 B_2	集散便捷性 C_3	集散自由度 C_{31}
			运能匹配度 C_{32}

（2）构造判断矩阵。

（3）层次单排序及其一致性检验。

① 判断矩阵 $A-B$。

A	B_1	B_2	ω
B_1	1	1	0.500 0
B_2	1	1	0.500 0

$\lambda_{\max} = 2.000\,0$; $CI = 0$; $RI = 0$; $CR = 0 < 0.1$

② 判断矩阵 $B_1 - C$。

B_1	C_1	C_2	ω
C_1	1	1	0.500 0
C_2	1	1	0.500 0

$\lambda_{\max} = 2.000\,0$; $CI = 0$; $RI = 0$; $CR = 0 < 0.1$

③ 判断矩阵 $B_2 - C$。

B_2	C_3	ω
C_3	1	1

$\lambda_{\max} = 1.000\,0$; $CI = 0$; $RI = 0$; $CR = 0 < 0.1$

④ 判断矩阵 $C_1 - P$。

C_1	C_{11}	C_{12}	ω
C_{11}	1	3	0.750 0
C_{12}	1/3	1	0.250 0

$\lambda_{\max} = 2.000\,0$; $CI = 0$; $RI = 0$; $CR = 0 < 0.1$

⑤ 判断矩阵 $C_2 - P$。

C_2	C_{21}	C_{22}	C_{23}	ω
C_{21}	1	3	5	0.637 0
C_{22}	1/3	1	3	0.258 3
C_{23}	1/5	1/3	1	0.104 7

$\lambda_{\max} = 3.038\,5$; $CI = 0.019\,3$; $RI = 0.58$; $CR = 0.033\,2 < 0.1$

⑥ 判断矩阵 $C_3 - P$。

C_3	C_{31}	C_{32}	ω
C_{31}	1	1/3	0.250 0
C_{32}	3	1	0.750 0

$\lambda_{\max} = 2.000\,0$; $CI = 0$; $RI = 0$; $CR = 0 < 0.1$

以上各判断矩阵均通过一致性检验。

(4) 层次总排序及其一致性检验。

总排序一致性比率：$CR = \dfrac{a_1 CI_1 + a_2 CI_2 + \cdots + a_m CI_m}{a_1 RI_1 + a_2 RI_2 + \cdots + a_m RI_m} = \dfrac{0.5 \times 0 + 0.5 \times 0}{0.5 \times 0 + 0.5 \times 0} = 0 < 0.1$

总排序的结果具有满意的一致性，通过一致性检验，以上各指标权重 $\omega = (0.187\,5, 0.062\,5, 0.159\,2, 0.064\,6, 0.026\,2, 0.125\,0, 0.375\,0)^T$ 即为所求。

准则层	B_1		B_2	各指标相对于总目标的权重
	0.500 0		0.500 0	
	C_1	C_2	C_3	
	0.500 0	0.500 0	1	
C_{11}	0.750 0			0.187 5
C_{12}	0.250 0			0.062 5
C_{21}		0.637 0		0.159 2
C_{22}		0.258 3		0.064 6
C_{23}		0.104 7		0.026 2
C_{31}			0.250 0	0.125 0
C_{32}			0.750 0	0.375 0

(5) 各方案综合评价

$S_1 = 0.775\,43$，$S_2 = 0.775\,37$，$S_3 = 0.683\,42$，$S_4 = 0.797\,26$，
$S_5 = 0.829\,49$，$S_6 = 0.002\,50$，$S_7 = 0.546\,92$，$S_8 = 0.305\,59$。

则 8 个综合客运枢纽服务水平的优劣排序为：$x_5 > x_4 > x_1 > x_2 > x_3 > x_7 > x_8 > x_6$。

可以直接借助 Yaahp 层次分析软件进行求解。

三、模糊综合评价法

(一) 方法简介

模糊综合评价是借助模糊数学的一些概念，对实际的综合评价问题提供一些评价的方法。具体地说，模糊综合评价就是以模糊数学为基础，应用模糊关系合成的原理，将一些边界不清、不易定量的因素定量化，从多个多因素对被评价事物隶属等级状况进行综合性评价的一种方法。

首先确定被评价对象的因素（指标）集合评价（等级）集；再分别确定各个因素的权重及它们的隶属度向量，获得模糊评判矩阵；最后把模糊评判矩阵与因素的权向量进行模糊运算，得到模糊综合评价结果。

(二)方法计算过程

1. 建立评判因素集

因素集是各种评价指标集合,具体如下:

$$U = \{U_1, U_2, \cdots, U_i, \cdots, U_m\}$$

式中:U 为评判因素集。

2. 构建决策评语集

评语集是评价者对被评价对象可能做出的各种各样的评价结果组成的集合,用 V 表示:

$$V = \{V_1, V_2, \cdots, V_i, \cdots V_n\}$$

实际上就是对被评价对象变化区间的一个划分,每一个等级相对于一个模糊的等级。其中 V_i 代表第 i 个评价结果,n 为总的评价结果数。

具体等级可以依据评价内容用适当的语言进行描述,比如评价产品的竞争力可用 $V = \{强, 中, 弱\}$,评价地区经济发展水平可用 $V = \{好, 较好, 一般, 较差, 差\}$ 等。

3. 确立模糊关系矩阵

单独从一个因素出发进行评价,以确定评价对象对评价集合 V 的隶属程度,称为单因素模糊评价。

在建立起等级的模糊子集以后,就要对选取的评判对象的每个因素 U_i 进行量化,也就是确定被评价对象的模糊子集的隶属矩阵:

$$\boldsymbol{R} = \begin{pmatrix} r_{11} & r_{12} & \cdots & r_{1n} \\ r_{21} & r_{22} & \cdots & r_{2n} \\ \vdots & \vdots & \ddots & \vdots \\ r_{m1} & r_{m2} & \cdots & r_{mn} \end{pmatrix}$$

矩阵 $\boldsymbol{R}$ 中第 i 行第 j 列元素 r_{ij},表示某个被评价对象从因素 U_i 来看对 V_j 等级模糊子集的隶属度。一个被评事物在某个因素 U_i 方面的表现,是通过模糊向量 $r_i = (r_{i1}, r_{i2}, \cdots, r_{im})$ 来刻画的,而在其他评价方法中多是由一个指标实际值来刻画的,因此,想从这个角度讲模糊综合评价需要有更多的信息。r_i 称为单因素评价矩阵,可以看作是因素集 U 和评价集 V 之间的一种模糊关系,即影响因素与评价对象之间的"合理关系"。

在确定关系时,定性指标通常是由专家或与评价问题相关的专业人员依据评判等级对评价对象进行打分,然后可根据绝对值减数法求得 r_{ij},即:

$$r_{ij} = \begin{cases} 1, (i = j) \\ 1 - c \sum_{k=1}^{} |x_{ik} - x_{jk}|, (i \neq j) \end{cases} \quad (8-10)$$

其中，c 可以适当选取，使得 $0 \leqslant r_{ij} \leqslant 1$。

定量指标可根据插值法求得：假设 $[x_{ij}]$ 为定量指标 U_{ij} 量值，而 $[x_{ij}]_{\max}$ 为 $[x_{ij}]$ 可取的最大值，则效果测度评价值为：

$$f_{ij} = [x_{ij}]/[x_{ij}]_{\max} \qquad (8-11)$$

若 f_{ij} 属于 V 区段中的第 k 个 $[\Delta_k, \Delta_{k+1}]$，则 U_{ij} 对第 k 个评语等级的隶属度为：

$$r_{ij(k)} = 1 - (\Delta_k - f_{ij})/(\Delta_k - \Delta_{k+1}) \qquad (8-12)$$

对第 $k+1$ 个评语等级的隶属度为：

$$r_{ij(k+1)} = 1 - r_{ij(k)}$$

对其余评价等级的隶属度为：

$$r_{ij(l)} = 0 (l \neq k, k+1)$$

4. 确定指标权向量

为了反应各因素的重要程度，对各因素 U 应分配给一个相应的权数 a_i $(i=1,2,\cdots,m)$，通常要求 a_i 满足 $a_i \geqslant 0$；$\sum a_i = 1$，于是 a_i 表示第 i 个因素的权重，再由各权重组成的一个模糊集合 A 就是权重集。

在模糊综合评价法中，指标权重的确定非常重要。确定指标权重的方法有主观赋权法、客观赋权法和组合赋权法。

5. 多因素模糊评价

利用合适的合成算子将 A 与模糊矩阵 R 合成得到各评价对象的模糊综合评价结果向量 B。R 中不同的行反映了某个被评价对象从不同的单因素来看对各等级模糊子集的隶属程度。用模糊权向量 A 将不同的行进行综合就可以得到该被评价对象从总体上来看对各等级模糊子集的隶属程度，即模糊综合评价向量 B。模糊综合评价的模型为：

$$B = A \cdot R = (a_1, a_2, \cdots, a_m) \begin{pmatrix} r_{11} & r_{12} & \cdots & r_{1n} \\ r_{21} & r_{22} & \cdots & r_{2n} \\ \vdots & \vdots & \ddots & \vdots \\ r_{m1} & r_{m2} & \cdots & r_{mn} \end{pmatrix} = (b_1, b_2, \cdots, b_n) \qquad (8-13)$$

其中，b_j 表示被评价对象从整体上看对 V_j 等级模糊子集的隶属程度。

常用的模糊算子有以下四种：

$M(\wedge, \vee)$

$$b_j = \bigvee_{i=1}^{m}(a_i \wedge r_{ij}) = \max_{1 \leqslant i \leqslant m}\{\min(a_i, r_{ij})\}, j=1,2,\cdots,n$$

$M(\bullet, \vee)$

$$b_j = \bigvee_{i=1}^{m}(a_i, r_{ij}) = \max_{1 \leq i \leq m}\{a_i, r_{ij}\}, j=1,2,\cdots,n$$

$M(\wedge, \oplus)$

$$b_j = \min\left\{1, \sum_{i=1}^{m}\min(a_i, r_{ij})\right\}, j=1,2,\cdots,n$$

$M(\bullet, \oplus)$

$$b_j = \min\left(1, \sum_{i=1}^{m}a_i r_{ij}\right), j=1,2,\cdots,n$$

模糊算子类型如表 8-9 所示：

表 8-9 模糊算子类型

特点	算子			
	$M(\wedge,\vee)$	$M(\bullet,\vee)$	$M(\wedge,\oplus)$	$M(\bullet,\oplus)$
体现权数作用	不明显	明显	不明显	明显
综合程度	弱	弱	强	强
利用 R 的信息	不充分	不充分	比较充分	充分
类型	主因素突出型	主因素突出型	加权平均型	加权平均型

6. 对模糊综合评价结果进行分析

模糊综合评价的结果是被评价对象对各等级模糊子集的隶属度，它一般是一个模糊矢量，而不是一个模糊点值，因而它能提供的信息比其他方法更丰富。对多个评价对象比较并排序，就需要进一步处理，即计算每个评价对象的综合分值，按大小排序，按序择优。将综合评价结果 B 转换为综合分值，于是可依其大小进行排序，从而挑选出最优者。

处理模糊综合评价向量 $B = (b_1, b_2, \cdots, b_n)$ 常用的两种方法如下：

一种方法是：最大隶属度原则

若模糊综合评价向量中的 $\exists b_r = \max_{1 \leq j \leq k}\{b_j\}$，则被评价对象总体上来讲隶属于第 r 等级。

另一种方法是：加权平均原则

将等级看作一种相对位置，使其连续化。为了能定量处理，不妨用 "$1,2,\cdots,m$" 表示各等级，并称其为各等级的秩。然后用 B 中对应分量将各等级的秩加权求和，从而得到被评价对象的相对位置，其表达方式如下：

$$A = \frac{\sum_{j=1}^{n}b_j^k \cdot j}{\sum_{j=1}^{n}b_j^k}$$

其中 k 为待定系数 ($k=1$ 或 2)，目的是控制较大的 b_j 所引起的作用。当 $k \to \infty$ 时，加权平均原则就是最大隶属原则。

（三）实例应用

已知某城市综合客运枢纽服务水平评价体系如图 8-3 所示，该城市 8 个综合客运枢纽的 7 个指标原始数值如表 8-4 所示，建立的指标范围如表 8-10 所示。

表 8-10 指标范围

等级	a_1	a_2	a_3	a_4	a_5	a_6	a_7
A	>3.4	>8.5	<10	<480	<1.1	>0.9	<0.75
B	2.2-3.4	6.5-8.5	10-15	480-720	1.1-1.2	0.6-0.9	0.75-0.85
C	<2.2	<6.5	>15	>720	>1.2	<0.6	>0.85

应用模糊综合评价法对 8 个综合客运枢纽的服务水平进行评价并排序。

1. 评判因素集

本算例中共有 7 个指标，所以构建如下因素集：

$$U = \{U_1, U_2, \cdots, U_7\}$$

2. 决策评语集

本算例中将城市综合客运枢纽服务水平的评语集描述为 $V = \{优, 良, 差\}$。

3. 模糊关系矩阵

由于本算例中 7 个指标都为定量指标，所以采用插值法进行计算：

对于枢纽 x_1，在表 8-4 中指标 a_1 实际测得的值为 5.4，在表 8-10 中指标 a_1 的范围最大值为 3.4，实际值超出了范围的最大值，所以计算时取此指标的最大值计算，则

$$f = [x]/[x]_{\max} = 3.4/3.4 = 1$$

因为指标 a_1 实际测得 5.4>3.4 属于 A 等级的，所以在此级别中的隶属度为：

$$r_{(A)} = 1 - (\Delta_k - f)/(\Delta_k - \Delta_{k+1}) = 1 - (3.4/3.4 - 1)/(3.4/3.4 - 1^+) = 1$$

对 B 等级的隶属度为：

$$r_{(B)} = 1 - r_{(B)} = 1 - 1 = 0$$

对 C 等级的隶属度为：

$$r_{(C)} = 0$$

对于枢纽 x_1，在表 8-4 中指标 a_2 实际测得的值为 7.9，在表 8-10 中指标 a_2 的范围内，则

$$f = [x]/[x]_{\max} = 7.9/8.5 = 0.93$$

因为指标 a_2 实际测得 7.9，属于 B 等级，所以在此级别中的隶属度为：

$$r_{(B)} = 1-(\Delta_k - f)/(\Delta_k - \Delta_{k+1}) = 1-(6.5/8.5 - 0.93)/(6.5/8.5 - 8.5/8.5) = 0.3$$

对 C 等级的隶属度为：

$$r_{(C)} = 1 - r_{(C)} = 1 - 0.3 = 0.7$$

对 A 等级的隶属度为：

$$r_{(A)} = 0$$

对于枢纽 x_1，在表 8-4 中指标 a_3 实际测得的值为 10，在表 8-10 中指标 a_3 的范围内，则

$$f = [x]/[x]_{max} = 10/15 = 0.67$$

因为指标 a_3 实际测得 10，属于 B 等级，所以在此级别中的隶属度为：

$$r_{(B)} = 1-\Delta_k - f)/(\Delta_k - \Delta_{k+1}) = 1-(10/15 - 0.67)/(10/15 - 15/15) = 1$$

对 C 等级的隶属度为：

$$r_{(C)} = 1 - r_{(C)} = 1 - 1 = 0$$

对 A 等级的隶属度为：

$$r_{(A)} = 0$$

对于枢纽 x_1，在表 8-4 中指标 a_4 实际测得的值为 520，在表 8-10 中指标 a_4 的范围内，则

$$f = [x]/[x]_{max} = 520/720 = 0.72$$

因为指标 a_4 实际测得 520，属于 B 等级，所以在此级别中的隶属度为：

$$r_{(B)} = 1-(\Delta_k - f)/(\Delta_k - \Delta_{k+1}) = 1-(480/720 - 0.72)/(480/720 - 720/720) = 0.83$$

对 C 等级的隶属度为：

$$r_{(C)} = 1 - r_{(C)} = 1 - 0.83 = 0.17$$

对 A 等级的隶属度为：

$$r_{(A)} = 0$$

对于枢纽 x_1，在表 8-4 中指标 a_5 实际测得的值为 1.2，在表 8-10 中指标 a_5 的范围内，则

$$f = [x]/[x]_{max} = 1.2/1.2 = 1$$

因为指标 a_5 实际测得 1.2，属于 B 等级，所以在此级别中的隶属度为：

$$r_{(B)} = 1-(\Delta_k - f)/(\Delta_k - \Delta_{k+1}) = 1-(1.1/1.2 - 1)/(1.1/1.2 - 1.2/1.2) = 0$$

对 C 等级的隶属度为：

$$r_{(C)} = 1 - r_{(C)} = 1 - 0 = 1$$

对 A 等级的隶属度为：

$$r_{(A)} = 0$$

对于枢纽 x_1，在表 8-4 中指标 a_6 实际测得的值为 0.6，在表 8-10 中指标 a_6 的范围内，则

$$f = [x]/[x]_{\max} = 0.6/0.9 = 0.67$$

因为指标 a_6 实际测得 0.6，属于 B 等级，所以在此级别中的隶属度为：

$$r_{(B)} = 1 - (\Delta_k - f)/(\Delta_k - \Delta_{k+1}) = 1 - (0.6/0.9 - 0.67)/(0.6/0.9 - 0.9/0.9) = 1$$

对 C 等级的隶属度为：

$$r_{(C)} = 1 - r_{(C)} = 1 - 1 = 0$$

对 A 等级的隶属度为：

$$r_{(A)} = 0$$

对于枢纽 x_1，在表 8-4 中指标 a_7 实际测得的值为 0.8，在表 8-10 中指标 a_7 的范围内，则

$$f = [x]/[x]_{\max} = 0.8/0.85 = 0.94$$

因为指标 a_7 实际测得 0.8，属于 B 等级，所以在此级别中的隶属度为：

$$r_{(B)} = 1 - (\Delta_k - f)/(\Delta_k - \Delta_{k+1}) = 1 - (0.75/0.85 - 0.94)/(0.75/0.85 - 0.85/0.85) = 0.5$$

对 C 等级的隶属度为：

$$r_{(C)} = 1 - r_{(C)} = 1 - 0.5 = 0.5$$

对 A 等级的隶属度为：

$$r_{(A)} = 0$$

则利用上述计算过程求得 8 个综合客运枢纽指标模糊关系矩阵：

$$x_1 = \begin{pmatrix} 1 & 0 & 0 \\ 0 & 0.3 & 0.7 \\ 0 & 1 & 0 \\ 0 & 0.83 & 0.17 \\ 0 & 0 & 1 \\ 0 & 1 & 0 \\ 0 & 0.5 & 0.5 \end{pmatrix} \quad x_2 = \begin{pmatrix} 1 & 0 & 0 \\ 0 & 0.15 & 0.85 \\ 1 & 0 & 0 \\ 0 & 0.96 & 0.04 \\ 0 & 0.5 & 0.5 \\ 0 & 0.5 & 0.5 \\ 0 & 0 & 1 \end{pmatrix} \quad x_3 = \begin{pmatrix} 0 & 0.5 & 0.5 \\ 0 & 0 & 1 \\ 1 & 0 & 0 \\ 0 & 0.125 & 0.875 \\ 1 & 0 & 0 \\ 0 & 0 & 1 \\ 1 & 0 & 0 \end{pmatrix}$$

$$x_4 = \begin{pmatrix} 1 & 0 & 0 \\ 0 & 1 & 0 \\ 1 & 0 & 0 \\ 1 & 0 & 0 \\ 0 & 1 & 0 \\ 0 & 0.833 & 0.167 \\ 0 & 1 & 0 \end{pmatrix} \quad x_5 = \begin{pmatrix} 1 & 0 & 0 \\ 1 & 0 & 0 \\ 1 & 0 & 0 \\ 1 & 0 & 0 \\ 0 & 0.8 & 0.2 \\ 0 & 0.67 & 0.33 \\ 0 & 1 & 0 \end{pmatrix} \quad x_6 = \begin{pmatrix} 0 & 0 & 1 \\ 0 & 0 & 1 \\ 0 & 0 & 1 \\ 0 & 0 & 1 \\ 0 & 0 & 1 \\ 0 & 0 & 1 \\ 0 & 0 & 1 \end{pmatrix}$$

$$x_7 = \begin{pmatrix} 0 & 1 & 0 \\ 0 & 0 & 1 \\ 0 & 0.6 & 0.4 \\ 0 & 0.583 & 0.416 \\ 1 & 0 & 0 \\ 0 & 0 & 1 \\ 0 & 0.5 & 0.5 \end{pmatrix} \quad x_8 = \begin{pmatrix} 0 & 0.67 & 0.33 \\ 0 & 0 & 1 \\ 0 & 0 & 1 \\ 0 & 0 & 1 \\ 0 & 0 & 1 \\ 0 & 0 & 1 \\ 0 & 0 & 1 \end{pmatrix}$$

4. 确定权向量

本算例应用粗集多属性决策理论得到 7 个指标客观权重分别为 0.2、0.2、0.4、0.2、0、0、0。由于在计算对象所属等级时主观上对各指标赋予相同的权重。因此，为尽可能消除主观因素带来的影响，取客观权重的比例为 70%，主观权重的比例为 30%，最后得到修正后的权重系数矩阵：

$$\omega = (0.183, 0.183, 0.322, 0.183, 0.043, 0.043, 0.043)^T$$

5. 模糊综合评价

将评价指标的权重向量与综合客运枢纽服务水平的模糊关系矩阵进行模糊合成变换，本算例中模糊合成算子取为普通矩阵乘积算法，即得：

$$x_1 = (0.183, 0.623, 0.194) \quad x_2 = (0.505, 0.374, 0.121) \quad x_3 = (0.408, 0.114, 0.478)$$
$$x_4 = (0.688, 0.276, 0.036) \quad x_5 = (0.871, 0.077, 0.052) \quad x_6 = (0, 0, 1)$$
$$x_7 = (0.043, 0.505, 0.452) \quad x_8 = (0, 0.060, 0.940)$$

6. 结果分析

本算例应用最大隶属度原则，则 8 个综合客运枢纽服务水平评级结果如下：

属于优等级的有（按数值大小排列）

$$x_2 < x_4 < x_5$$

属于良等级的有（按数值大小排列）

$$x_7 < x_1$$

属于差等级的有（按数值大小排列）

$$x_3 < x_8 < x_6$$

可以应用 Fuzzy 软件进行求解。

第四节　总结与作业

一、课后读物

扫描二维码可以获得详细知识。

《中央政府投资项目后评价管理办法》《中央政府投资项目后评价报告编制大纲（试行）》《公路建设项目后评价工作管理办法》《公路建设项目后评价报告编制办法》《港口建设项目后评价报告编制办法》

二、课后习题

（1）为什么要进行项目后评估，你认为是否有必要。

（2）请针对交通项目后评估内容制作思维导图，你认为项目后评估与项目持续性之间是什么关系呢？

（3）你掌握了哪种后评估的方法呢？

答案就在书中哟！

三、课后作业

请选定一个已经建设完成并开通运行的交通项目，且该项目在当时进行项目申报时的项目可行性研究报告可查找到，调研或者查找项目建设完成后的现有情况，书写一份调查报告，对该项目进行后评估。

四、课后案例

案例：公路建设项目后评估案例分析。

依据《公路建设项目后评价工作管理办法》和《公路建设项目后评价报告编制办法》，公路建设项目后评价报告编制的主要依据和基础如下：

① 公路建设项目管理的相关法律、法规，行业标准、规范等。

② 国家及区域经济社会发展规划、综合运输发展规划和公路专项发展规划等。

③ 项目各阶段有关委托、评审、批复等文件。主要包括：项目建议书、可行性研究报告、项目申请报告、初步设计、技术设计、施工图设计的审查意见，批复文件；资金申请报告，招投标文件，重大变更的请示及批复；经审计的决算报告和工程竣工验收鉴定书等。

④ 项目建成通车后的运营数据及相关调查。主要调查包括：交通量调查、交通安全性调查、车辆运行特征调查、车辆运输费用调查、工程质量调查、经济社会调查、环境调查等。

公路建设项目后评价报告的主要内容如下：

① 建设项目的过程评价：项目前期工作、建设实施、运营管理等；项目重大变化及其原因。

② 建设项目的投资与效益评价：投资执行情况、资金筹措评价及经济评价。

③ 建设项目的影响评价：项目对区域的综合交通体系、经济社会、环境、能源等方面的影响。

④ 建设项目目标持续性评价：交通量、经济社会效益、财务效益、环境保护等目标的实现程度及持续能力。

⑤ 经验与教训，措施与建议。

案例：南宁至北海高速公路后评估之过程评价。

五、总结

经过本书的学习，你学习本书前设定的目标实现了吗？你有任何改善建议，欢迎提出，这即是对于我们这本书的后评价。

参考文献

[1] 王宇. 铁路货物运输发展演化机理研究[D]. 成都：西南交通大学，2016.

[2] 何南. 城市客运交通需求的系统动力学预测与分析[J]. 武汉理工大学学报：交通科学与工程版，2017（4）：569-574.

[3] 何南，李季涛. 考虑运输方式间影响关系的公路客运交通需求预测[J]. 公路交通科技，2017（7）：153-158.

[4] 闫军印，马晓国. 建设项目评估[M]. 北京：机械工业出版社，2016.

[5] 李红镝. 工程项目评估[M]. 北京：人民交通出版社，2013.

[6] 谢海红，罗江浩，贾元华. 交通项目评估与管理[M]. 北京：人民交通出版社，2017.

[7] 李农. 交通建设项目可行性研究报告编制办法汇编[M]. 北京：人民交通出版社，2010.

[8] 武嘉璐. 我国水运基础设施建设成就回顾与发展建议[J]. 水运管理，2019，041（007）：1-5.

[9] 埃米尔 J. 波萨瓦茨，雷蒙德 G. 凯里. 项目评估：方法与案例[M]. 重庆：重庆大学出版社，2014.

[10] 唐军军. 京唐城际铁路北京至香河段线路方案研究[J]. 建筑工程技术与设计，2016（12）.

[11] 吴寿昌，许映梅. 苏通大桥主桥前期工程方案论证概述[J]. 中国工程科学，2009，11（3）：8-13.

[12] 中华人民共和国国家发展改革委员会，中华人民共和国建设部. 关于建设项目经济评价工作的若干规定[S]. 2006.7.3

[13] 简 R. 威廉姆斯等著，赵德银等译. 会计学：企业决策的基础（财务会计分册）[M]. 北京：机械工业出版社，2017.

[14] 刘峰. 会计学[M]. 北京：清华大学出版社，2019，7.

[15] 路国平，黄中生. 中级财务会计[M]. 北京：高等教育出版社，2018.

[16] 国家发展改革委，建设部. 建设项目经济评价方法与参数[S]. 北京：中国计划出版社，2006.

[17] 郭复初，王庆成. 财务管理学[M]. 高等教育出版社，2018.

[18] 希金斯著；沈艺峰等译. 财务管理分析[M]. 北京：北京大学出版社，2009.

[19] 布雷利等著；胡玉明改编. 财务管理基础[M]. 北京：中国人民大学出版社，2015.

[20] 中华人民共和国住房和城乡建设部,中华人民共和国国家发展和改革委员会,中华人民共和国铁道部. 铁路建设项目经济评价方法与参数[S]. 中国计划出版社,2012,5.

[21] 马立强,温国锋. 投资项目评价与决策[M]. 成都:西南交通大学出版社,2014.

[22] 中华人民共和国住房和城乡建设部,中华人民共和国交通运输部. 公路建设项目经济评价方法与参数[S]. 北京:中国计划出版社,2010,7.

[23] 成其谦. 投资项目评价[M]. 北京:中国人民大学出版社,2017.

[24] 曹世超. 城市轨道交通国民经济评估方法及参数研究[D]. 成都:西南交通大学,2013.

[25] 侯荣华. 交通项目的经济性分析[M]. 上海:上海交通大学出版社,2008.

[26] 王红岩. 公共项目经济评估体系研究[D]. 上海:东北财经大学,2007.

[27] 建设部标准定额研究所. 建设项目经济评估案例[M]. 北京:中国计划出版社,2006.

[28] 姚培. 公路运输项目经济评估理论与方法研究[D]. 西安:长安大学,2006.

[29] 张婕. 关于港口社会经济效益评估的研究[D]. 上海:上海海事大学,2008.

[30] 冯芬玲,陈治亚,侯捷明. 广九直通旅客列车上座率盈亏平衡点研究[J]. 铁道科学与工程学报,2007,4(002):76-79.